Agite 2

| Herausgegeben von: | Jörgen Vogel |
| | Benedikt van Vugt |

Erarbeitet von:	Barbara Beier
	Thomas Dold
	Sven Lorenz
	Christoph Sauer
	Werner Scheibmayr
	Karina Scholz
	Jörgen Vogel
	Benedikt van Vugt

Schöningh

© 2012 Bildungshaus Schulbuchverlage
Westermann Schroedel Diesterweg Schöningh Winklers GmbH
Braunschweig, Paderborn, Darmstadt

Schöningh Verlag, Jühenplatz 1–3, 33098 Paderborn

Das Werk und seine Teile sind urheberrechtlich geschützt.
Jede Nutzung in anderen als den gesetzlich zugelassenen Fällen bedarf der
vorherigen schriftlichen Einwilligung des Verlages.
Hinweis zu § 52a UrhG: Weder das Werk noch seine Teile dürfen ohne eine
solche Einwilligung gescannt und in ein Netzwerk gestellt werden.
Das gilt auch für Intranets von Schulen und sonstigen Bildungseinrichtungen.

Druck 5 4 3 2 1 / Jahr 2016 15 14 13 12
Die letzte Zahl bezeichnet das Jahr dieses Druckes.

Umschlaggestaltung: Nora Krull, Bielefeld
Umschlagabbildung: © Hajo Dietz (U1), akg/Bildarchiv Steffens (U4)
Illustrationen: Maja Wagner, Münster
Druck und Bindung: westermann druck GmbH, Braunschweig

ISBN 978-3-14-010406-7

Inhaltsverzeichnis

	Vorwort 6		Grammatik und Vokabeln 118

Mythen Europas   8

Lektion	Thema	Grammatik
26	Der Mythos von Europa 10 L: Europa – Die Entführung einer Königstochter	F: ferre und Komposita 119
27	Der Mythos von Ödipus 14 L: Niemand kann seinem Schicksal entkommen	F: Verben (a-, e-, i-, konsonantische 121 Konjugation; esse): Konj. Imperfekt S: Irrealis der Gegenwart (Konditionalsätze)
28	Orpheus und Eurydike 18 L: Gibt es eine Rückkehr aus der Unterwelt?	F: Verben (a-, e-, i-, konsonantische 123 Konjugation; esse): Konj. Plusquamperfekt S: Irrealis der Vergangenheit (Konditionalsätze)
29	Der Trojanische Krieg 22 L: Das hölzerne Pferd	F: e-Deklination 125 S: dativus commodi, dativus finalis
30	Vergils Aeneis 26 L: Die Flucht des Aeneas aus Troja als göttlicher Auftrag	F: Verben (a-, e-, i-, konsonantische 127 Konjugation; esse): Konjunktiv Präsens S: Abhängige Begehrsätze (mit verba timendi); consecutio temporum (I)
26 – 30	Plateaulektion: Aeneas in der Unterwelt 30	Methodenkompetenz (8): Die Bildung der Formen im Konjunktiv Methodenkompetenz (9): Konjunktiv: Funktionen und Übersetzung (I)

Die römische Republik im Wandel   34

Lektion	Thema	Grammatik
31	Die römische Adelsgesellschaft und ihre Bräuche 36 L: Die Masken der Verstorbenen	F: Demonstrativpronomina: hic; ille 131 S: Doppelter Akkusativ
32	Die Ämterlaufbahn der römischen Republik L: Marius – ein homo novus 40	F: u-Dekl. 134 S: ablativus qualitatis
33	Soziale Probleme und innenpolitische Kämpfe in Rom 44 L: Tod eines Bandenführers	F: Verben (a-, e-, i-, konsonantische 137 Konjugation; esse): Konjunktiv Perfekt S: cum-Sätze: Temporal-, Kausalsätze; consecutio temporum (II)

Lektion	Thema	Grammatik
34	Caesar und Pompeius – 48 Verbündete werden Feinde L: „Iacta alea est!"	F: Interrogativpronomina 140 (substantivisch, adjektivisch) S: Fragesätze (Satzfragen, Wortfragen)
35	Das Ende der res publica – 53 Wollte Caesar König werden? L: Die Iden des März	S: indirekter Fragesatz 143
31 – 35	Plateaulektion: Aufruf zum Umsturz 58	Methodenkompetenz (10): Texte analysieren Methodenkompetenz (11): Konjunktiv: Funktionen und Übersetzung (II)

Aus der römischen Kaiserzeit 62

Lektion	Thema	Grammatik
36	Die Herrschaft des Augustus 64 L: Die Einweihung der Ara Pacis	F: Verben (a-, e-, i-, konsonantische 145 Konjugation): Passiv im Präsensstamm (Indikativ) S: Genera verbi (Diathesen); doppelter Nominativ
37	Der Dichter Ovid 68 L: Ovid – Verbannung fern der Heimat	F: Verben (a-, e-, i-, konsonantische 148 Konjugation): Passiv im Perfektstamm (Indikativ)
38	Antike Fabeln 72 L: Die Dreistigkeit des Stärkeren	F: Pronomina: iste; ipse; Grund- 153 und Ordnungszahlen
39	Der Brand Roms: Kaiser Nero und die 76 Christen L: Wer hat Rom in Brand gesteckt?	F: Partizip Perfekt Passiv 158 S: Participium coniunctum
40	Konstantin der Große 80 L: „Hoc signo vinces!"	Final- und Konsekutivsätze 162 Passiv im Präsens- und Perfektstamm (Konjunktiv)
36 – 40	Plateaulektion: Wie soll ich mit 84 den Christen verfahren?	Methodenkompetenz (12): Stammformen lernen mit Verstand Methodenkompetenz (13): Konjunktivische Gliedsätze unterscheiden

Die Ausdehnung des Imperium Romanum 88

Lektion	Thema	Grammatik
41	Caesar in Gallien 90 L: Caesars Truppen in schwerer Bedrängnis	F: Partizip Präsens Aktiv 167 S: Participium coniunctum
42	Eine bittere Niederlage in Germanien 95 L: „Vare, legiones redde!"	F: Adverb 171 S: Adjektive und Substantive als Prädikativum

Lektion	Thema	Grammatik
43	**Der Rückzug der Römer aus** 99 **Germanien** **L: Zwei feindliche Brüder**	S: Der Ablativus absolutus (PPP) 174
44	**Römer und Germanen im Grenzgebiet** 104 **L: Besonnenheit in unruhigen Zeiten**	S: Der Ablativus absolutus (PPA); 176 nominaler Ablativus absolutus
45	**Die Römer in Britannien** 109 **L: „Gierige Römer –** **unersättliche Eroberer!"**	F: Adjektive der 3. Deklination: 178 dives, vetus, pauper S: genitivus subiectivus und obiectivus; genitivus qualitatis
41–45	**Plateaulektion: Erinnerungen an** 113 **die Kindheit in Cambodunum**	Methodenkompetenz (14): Ein Participium coniunctum im Kontext auflösen Methodenkompetenz (15): Einen Ablativus absolutus im Kontext auflösen

Grammatik und Vokabeln 118

Formenlehre 181

Anhang

– Grammatisches Register **200**

– Eigennamenverzeichnis **203**

– Vokabelverzeichnis Latein – Deutsch **215**

Bildquellenverzeichnis **247**

Vorwort

Liebe Schülerin, lieber Schüler,

mit dem Lehrwerk „Agite" lernst du die lateinische Sprache. Dabei machst du dich nicht nur mit der Grammatik und den Vokabeln vertraut, sondern erfährst auch vom Leben der Römer in der Antike.

Der zweite Band von „Agite" beginnt mit einer Sequenz zu Mythen Europas. Hier erfährst du von Sagen aus der griechisch-römischen Antike, die seit weit mehr als zweitausend Jahren zu unserem kulturellen Erbe zählen. Die folgenden Sequenzen führen dich wieder zurück nach Rom. Du lernst die Bräuche und Werte der vornehmen römischen Adelsfamilien kennen, du erlebst, wie die römische Republik im ersten Jahrhundert vor Christus in eine schwere Krise gerät. Du hörst von Cäsar und Augustus, dessen Herrschaft zu Beginn des ersten Jahrhunderts nach Christus eine kulturelle Blütezeit für die Stadt Rom ist. Anhand der Kaiser Nero und Konstantin erfährst du, wie die Römer mit den Anhängern einer neuen Religion in ihrem Reich, den Christen, umgegangen sind. In den beiden genannten Jahrhunderten wächst das Imperium Romanum weit über die Grenzen Italiens hinaus. Dadurch wird der Grundstock dafür gelegt, dass sich die römische Kultur auch in den Gegenden, die weit von Rom entfernt sind, nachhaltig durchsetzt. Von einigen Begegnungen der fremden Völker mit den Römern, die teilweise auch ganz in der Nähe deines Wohnortes stattgefunden haben, handelt die letzte Sequenz in diesem Band.

Der Aufbau des zweiten Bandes entspricht dem ersten; die Orientierung wird dir daher leichtfallen: Jede Lektion umfasst vier Seiten. Sie beginnt mit einer Sachinformation, die das Thema dieser Lektion erläutert. Dann folgt der Grammatik-Teil (G), der keine neuen Vokabeln enthält, sondern dir den neuen grammatischen Stoff vermittelt. In „ersten Übungen" kannst du die neue Grammatik schon üben. In dem anschließenden Wortschatz-Teil (W) werden einige neue Vokabeln eingeführt, aber keine neue Grammatik. Zentraler Bestandteil jeder Lektion ist das lateinische Lesestück.

Die Übungen leiten dazu an, das Lesestück zu erschließen, den neuen grammatischen Stoff einzuüben, das Weiterleben der lateinischen Sprache zu erkennen und sich mit den Abbildungen intensiv zu beschäftigen. Die verschiedenen Übungsformen und -bereiche sind durch folgende Symbole gekennzeichnet:

  Übungen zur Texterschließung des Lesestücks

  Übungen zur Formenlehre, zur Syntax und zur Wortschatzarbeit

  Aufgaben zur Beobachtung und Beschreibung der Abbildungen

  Aufgaben zum Fortleben und zur Rezeption der lateinischen Sprache und römischen Kultur

Vorwort

Fünf Lektionen sind immer zu einer Sequenz zusammengefasst. Am Anfang einer jeden Sequenz führt eine Doppelseite in das Thema ein. Abgeschlossen werden die Sequenzen durch sogenannte Plateaulektionen, die aus vier Teilen bestehen:
- aus der Zusammenfassung des Grundwissens,
- aus dem lateinischen Lesestück, in dem schwerpunktmäßig die Grammatik der letzten fünf Lektionen wiederholt wird,
- aus praktischen Lernhilfen und
- aus Übungen, mit denen du deine Fortschritte selbst überprüfen kannst.

Die Plateaulektionen enthalten keinen neuen grammatischen Stoff und keine neuen Vokabeln. Sie sind daher fakultativ und können je nach Bedarf zum gezielten Wiederholen eingesetzt werden.

Ab Seite 118 findest du zu jeder Lektion die Grammatik mit ihren Erklärungen und den Wortschatz. Die Prinzipien, nach denen die Lernvokabeln aufgelistet sind und wichtige Hinweise zur Wiederholung der Stammformen ab der Lektion 37 findest du ebenfalls auf der Seite 118.

Am Ende des Buches befinden sich ein Register grammatischer Begriffe, ein Eigennamenverzeichnis und ein Verzeichnis aller Vokabeln.

Wir wünschen dir viel Freude und Erfolg bei der Arbeit mit diesem Buch. Und nun geht frisch ans Werk, oder lateinisch ausgedrückt: Agite!

Die Herausgeber

Lektion 26 – 30

Mythen Europas

Europa und der Stier, römisches Mosaik aus Sparta, 4. Jh. n. Chr.

Mythen sind mündlich überlieferte Erzählungen von Göttern, Halbgöttern und berühmten Helden. Die Darstellungen von sagenhaften Abenteuern oder übermenschlichen Leistungen sind oft anschauliche Erklärungsversuche zu Fragen, welche die Menschen seit frühester Zeit beschäftigt haben. Sie lauten etwa: Wie ist die Welt entstanden? Wer lenkt das Schicksal der Menschen? Wie ist es gelungen, die Natur zu unterwerfen und ein zivilisiertes Zusammenleben zu erreichen?

Orpheus umgeben von wilden Tieren, die seinem Gesang lauschen, römisches Mosaik (Palermo, Archäologisches Museum)

Gerade die Mythen der Griechen sind von großer Bedeutung für die gemeinsame europäische Kultur. Sie wurden von den Römern übernommen, teilweise umgestaltet, teilweise weiterentwickelt und dann bis in unsere Zeit überliefert, sodass sie bis heute lebendig geblieben sind. In den folgenden Lektionen lernst du einige Mythen der Griechen und Römer kennen, die bis heute zum festen Bestandteil der europäischen Kultur gehören.

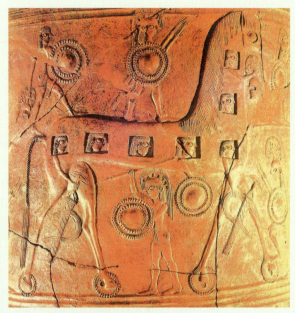

Odysseus und das hölzerne Pferd, Vorratsgefäß von der Insel Mykonos mit der ältesten Darstellung des hölzernen Pferdes, etwa 670 v. Chr.

■ Informiere dich im Lexikon oder im Internet: Auf welchen Mythos gehen die Wendungen von der Sisyphusarbeit, von den Tantalusqualen, vom Damoklesschwert und vom Danaergeschenk zurück?

Aeneas rettet seinen Vater Anchises aus dem brennenden Troja, von einer schwarzfigurigen Bauchhenkelamphora, attisch, um 500 v. Chr. (Antikenmuseum Basel)

Lektion 26

Der Mythos von Europa

Der Mythos vom Raub der Europa gehört zu den ältesten Erzählungen des Abendlandes. Er wird schon im 8. Jahrhundert v. Chr. im Epos „Ilias" des griechischen Dichters Homer erwähnt. Der Mythos erzählt, dass Zeus (Iuppiter) sich in eine junge Königstochter aus Phönizien (im heutigen Libanon und Syrien) verliebt hat
5 und sie dann in Gestalt eines Stieres über das Mittelmeer auf die Insel Kreta entführt hat.

Diese Erzählung berichtet zunächst nur von einem der vielen Liebesabenteuer des Göttervaters Zeus. Andererseits aber konnte der Mythos von Europa und ihren Verwandten den Menschen in der Antike auch erklären, wie der Mittelmeerraum im
10 Laufe der Zeit besiedelt wurde und warum die verschiedenen Herrscherfamilien in den jeweiligen Ländern zum Teil miteinander verwandt waren: So begründete ein Sohn der Europa, Minos, auf der Insel Kreta eine große Seeherrschaft und eine hohe Kultur, die nach ihm „minoisch" benannt ist. Ein anderer Sohn der Europa, Sarpedon, wanderte nach Lykien in Kleinasien aus und wurde dort König. Der Vater
15 Europas, der König Agenor, schickte seine Söhne, die Brüder der Europa, im ganzen Mittelmeerraum aus, mit dem Auftrag, ihre Schwester zu suchen. Dabei reisten sie durch die gesamte damals bekannte griechische Welt und gründeten unterwegs zahlreiche Städte, z. B. auf der Insel Rhodos, in Thrakien und in Böotien.

Die Figur des jungen Mädchens Europa, das von einem Stier über das Meer in eine
20 neue Heimat getragen wird, ist bis heute das bekannteste Symbol für unseren Kontinent geblieben.

Europa auf dem Stier, Fresko in Pompeji, 1. Jh. v. Chr.

Moderne griechische Zwei-Euro-Münze

Lektion 26

Das Verbum ferre

Catō Rōmānōs mōnet:
„Carneadēs philosophus sapientiam Graecōrum Rōmam trāns-fert. Graecī, quōs bellō vīcimus, mōrēs suōs in urbem nostram īn-ferunt. Quis id ferre potest?
Iam temporibus antīquīs Graecī in Magnā Graeciā urbēs condidērunt et mōrēs
5 suōs in Italiam intulērunt.
Nunc iuvenēs Rōmānī, quī labōrēs bellī semper ferēbant, verba philosophōrum audīre mālunt. Sī sententiīs philosophōrum studuerint, labōrēs bellī nōn iam ferent."

Erste Übungen

1 portāre et ferre: Ordne den Formen von portāre die entsprechenden Formen von ferre zu und übersetze sie dann in deinem Heft:

1. portō   2. portābās   3. portābit   4. portāvimus   5. portāverātis
a) feret   b) tulerātis   c) tulimus   d) ferēbās   e) ferō

2 Komposita mit Köpfchen! Ordne ferre und sein Präfix der entsprechenden deutschen Bedeutung zu:

1. re- 2. au- (< ab-) 3. in- ferre 4. trāns- 5. af- (< ad-)	a) hinüberbringen b) herbeibringen c) zurückbringen d) hineinbringen e) wegbringen

3 Hin und weg! Ersetze die Formen von afferre jeweils durch die entsprechende Form von auferre und übersetze beide Formen:

afferō – afferēbat – afferent – attulimus – attulisse – attulerātis – attuleris

Virgō taurō *flōrēs offert*.

Taurus *virginem* ā lītore *aufert*.

Taurus *virginem* per mare *fert*.

Lektion 26

Europa – Die Entführung einer Königstochter

Der aus Griechenland stammende Eutychus erzählt Nonia und Quintus die Sage von Europa:

[1] **placidus, a, um** sanft, friedfertig
[2] **palpāre** streicheln

Eutychus narrat: „Aliquandō Eurōpa, fīlia Agēnōris rēgis, cum amīcīs in lītore lūdēbat. Subitō taurus pulcher appāret et virginibus appropinquat. Amīcae māgnō in timōre sunt, Eurōpa autem fōrmā taurī stupet et sentit eum placidum[1] esse. Itaque taurum adit et flōrēs eī offert. Dēnique etiam
5 corpus taurī tangit, eum palpat[2], in taurō cōnsīdit.
Statim taurus surgit, cum virgine abit, marī appropinquat, fīliam rēgis in mare īnfert. Eurōpa autem clāmat: ‚Afferte mihi auxilium, amīcae! Taurus mē ad lītus nōn refert. Quō mē auferet?'"

Quīntus: „Quō taurus virginem miseram abstulit?"

10 Eutychus: „Taurus, ut Graecī ferunt, Eurōpam in Crētam īnsulam trānstulit, ubī virgō multōs annōs procul ā patriā vīvēbat."

Nōnia: „Quōmodo Eurōpa fortūnam miseram perferēbat?"

Europa und der Stier, Nolanische Amphora, um 490 v. Chr. (Berlin, Staatliche Museen)

Eutychus: „Eurōpa valdē dolēbat sē nōn iam in patriam redīre posse."

15 Nōnia: „Cūr nēmō Eurōpae auxilium attulit vel eam in patriam rettulit?"

Eutychus: „Nēmō Eurōpae auxilium afferre poterat, nam taurus Iuppiter erat, quī Eurōpam abīre nōn sīvit."

20 Quīntus: „Cūr Iuppiter fōrmam suam mūtāvit?"

Eutychus: „Deus summus Eurōpam amābat, sed virginem māiestāte suā terrēre nōn voluit. Itaque sē in taurum pulchrum mūtāvit."

Übungen

1 Erläutere, wie Europa auf das Erscheinen des Stieres reagiert. Nenne dazu die entsprechenden Wörter im Text.

2 Beschreibe die sprachliche Gestaltung des Satzes Z. 6 f. und bringe sie in Zusammenhang mit dem Inhalt des Satzes.

Lektion 26

3 Verwandle die Präsensformen von ferre der Reihe nach in die angegebenen Tempora:

Imperfekt → Futur I → Perfekt → Plusquamperfekt → Futur II

a) ferō   b) offert   c) auferunt   d) refers   e) trānsferimus

4 Liebesschwüre: Was Jupiter zu Europa gesagt haben könnte, bekommst du heraus, wenn du von portāre ausgehst und die entsprechenden Formen von ferre bildest. Trage in deinem Heft die angegebenen Buchstaben in die Lücken ein.

V   E   ?   ?   ?   ?   ?   ?   ?   ?
1. 2. 3. 4.   5. 6. 7.   8. 9.

Beispiel: 1. portat → fert (2. Buchstabe)

2. portant → (5. Buchstabe)   3. portāvimus → (6. Buchstabe)
4. portābas → (7. Buchstabe)   5. portāmus → (5. Buchstabe)
6. portābat → (4. Buchstabe)   7. portābō → (4. Buchstabe)
8. portābunt → (4. Buchstabe)   9. portāvistis → (5. Buchstabe)

5 Wähle die richtige Übersetzung:

1. offert	a) du bietest an	b) er bietet an
2. auferunt	a) sie tragen herbei	b) sie tragen weg
3. tulistī	a) ich habe getragen	b) du hast getragen
4. rettulerāmus	a) wir haben zurückgebracht	b) wir hatten zurückgebracht
5. pertulī	a) ich habe ertragen	b) ich habe vorgezogen
6. ferte	a) ihr bringt	b) bringt
7. ferē	a) fast, in der Regel	b) tragen, bringen
8. fortis	a) tapfer	b) ihr tragt

6 Suche im Lexikon oder im Internet nach einem weiteren griechischen Mythos, in dem eine Frau entführt wird. Als Folge dieser Entführung kommt es zu einem großen Krieg. Trage das Ergebnis deiner Suche in deiner Klasse vor.

7 Versuche, die Beschriftungen auf der griechischen Zwei-Euro-Münze (S. 10) zu entziffern. Überlege, warum die Griechen dieses Motiv für ihre Münze gewählt haben.

8 Welches lateinische Wort liegt den folgenden Wörtern jeweils zugrunde? Erkläre ausgehend vom lateinischen Wort die heutige Bedeutung. Nimm auch ein Fremdwörterbuch zu Hilfe.

Offerte – sensibel – Tangente – Transfer – Form – Mutation – Referat

Lektion 27

Der Mythos von Ödipus

Der Mythos von Ödipus enthält alle Elemente einer klassischen Tragödie. Denn diese Geschichte veranschaulicht die antike Auffassung, dass kein Mensch seinem vorbestimmten Schicksal entkommen kann. Je mehr er sich bemüht, vor dem drohenden Unglück zu fliehen, umso mehr gerät er in die unausweichliche Katastrophe.

Laius, der König von Theben (Thēbae), war einst gewarnt worden: Wenn er mit seiner Frau Iokaste einen Sohn bekomme, werde dieser ihn später töten. Daher ließ Laius sofort nach der Geburt eines Sohnes dem Kind die Fußknöchel durchbohren und befahl, es im Kithairongebirge bei Theben auszusetzen. Aber ein Hirte (pāstor) fand den Säugling und übergab ihn Polybus, dem König von Korinth (Corinthus), der selbst kinderlos war. Polybus zog das Kind wie seinen eigenen Sohn auf und nannte ihn wegen seiner Fußverletzungen Ödipus („Schwellfuß").

Als Ödipus viele Jahre später im Streit mit einem Korinther vorgeworfen wurde, er sei gar nicht der leibliche Sohn des Königs, wollte er sich darüber Gewissheit beim Orakel von Delphi (ōrāculum Delphicum) verschaffen. Doch statt einer deutlichen Auskunft erhielt er die drohende Antwort, er werde seinen Vater töten und seine Mutter heiraten. Entsetzt beschloss Ödipus, nicht nach Korinth zu seinen vermeintlichen Eltern zurückzukehren, um so dem Unheil aus dem Weg zu gehen. An einer Kreuzung, die nach Theben führte, traf er aber einen alten Mann (senex), mit dessen Dienern Ödipus in Streit geriet. Voller Zorn tötete er die Diener und den Alten, ohne zu wissen, dass dieser sein leiblicher Vater Laius war und er damit schon den ersten Teil der Prophezeiung erfüllt hatte!

Als Ödipus in Theben ankam, wurde die Stadt gerade von der Sphinx belagert. Dieses Ungeheuer fraß alle Einwohner der Stadt, die ihr Rätsel nicht lösen konnten. Ödipus jedoch gelang es leicht, die Frage der Sphinx zu beantworten, und so rettete er die Stadt. Zum Dank erlaubten ihm die Thebaner, die Königin Iokaste zur Frau zu nehmen. So erfüllte sich auch der zweite Teil des Orakels an Ödipus.

Ödipus löst das Rätsel der Sphinx, rotfigurige Kylix des sog. Oedipus-Malers, um 470 v. Chr. (Rom, Vatikanische Museen)

Lektion 27

Der Konjunktiv Imperfekt/Der Irrealis der Gegenwart

Eurōpa in lītore taurum pulchrum videt. Amīcīs dīcit:
„Fōrmā taurī stupeō. Sī taurō flōrēs obtulerō, corpus eius tangere poterō. Sī corpus eius tetigerō, in taurō cōnsīdere poterō."
Amīcae autem Eurōpam monent: „Sī taurō appropinquāveris, multa perīcula tibi
5 īnstābunt: Nam sī taurō flōrēs offerrēs, taurum lacesserēs. Taurus, sī in eō cōnsīderēs, in mare tē auferret. Sī autem in marī essēs, nēmō tibi adesse posset."

Erste Übungen

1. Vergleiche: laudāre → laudārem; timēre → timērem; audīre → audīrem; agere → agerem; capere → caperem.
   Nenne die Bestandteile, aus denen der Konjunktiv Imperfekt gebildet ist.
   Erkläre, inwiefern der Infinitiv für die Bildung der neuen Form hilfreich ist.

2. Bilde die entsprechende Form im Konjunktiv:
   dolēbat – mūtābam – sentiēbās – abībant – cōnsīdēbātis – tangēbāmus – afferēbat – erant

3. Formenstaffel. Bilde die entsprechenden Verbformen:

   parō → 1. Plural → Futur I → 3. Singular → Perfekt → 3. Plural → Futur II → 2. Singular → Imperfekt → Konjunktiv → 2. Plural → Indikativ → 1. Singular → Präsens

   sunt → 2. Plural → Futur I → 1. Singular → Imperfekt → 3. Singular → Konjunktiv → 1. Plural → Indikativ → Perfekt → 2. Singular → Futur II → 1. Singular → Präsens → 3. Plural

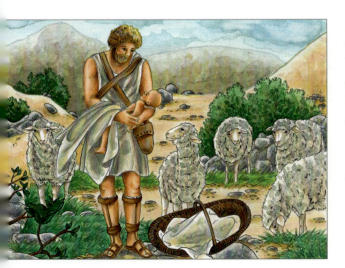

Iocasta, uxor rēgis Thēbārum, fīlium *parit*. Sed Lāius rēx eum in montibus *expōnit*. Cāsū pāstor Polybī, rēgis Corinthī, 5 fīlium *invenit*. Pāstor puerum servat et Polybō rēgī fert. Quī *cōnstituit* puerum ut fīlium suum *alere*.

Lektion 27

Niemand kann seinem Schicksal entkommen

Ōlim Lāius, rēx Thēbārum, ōrāculum mīrum accēperat: „Sī Iocasta, uxor tua, fīlium pepererit, is puer aliquandō tē occīdet." Itaque Lāius, postquam Iocasta puerum peperit, servum fīdum arcessīvit et: „Sī fīlium alerem", inquit, „mihi mortem offerret. Itaque iubeō tē īnfantem[1] in montibus
5 expōnere." Quī fēcit, quod rēx iusserat.

Cāsū autem pāstor Polybī, rēgis Corinthī, īnfantem[1] in montibus invēnit et sēcum cōgitāvit: „Nisī puerum miserum servārem, certē īram deōrum excitārem! Īnfāns[1] perīret, nisī eī adessem." Itaque puerum ad Polybum rēgem tulit. Quī eum Oedipum[2] nōmināvit et ut fīlium suum alēbat.

10 Ödipus wuchs bei König Polybus zu einem jungen Mann heran, der bald alle Gleichaltrigen an Kraft und Intelligenz übertraf. Dies rief den Neid einiger junger Männer hervor. Eines Tages geriet ein Korinther mit ihm in Streit und machte sich dabei über dessen Herkunft lustig:

„Tū, quī putās tē omnēs adulēscentēs vīribus corporis et animī superāre,
15 nōn fīlius rēgis, sed pāstōris es. Nam sī fīlius rēgis essēs, tibi etiam mōrēs rēgis essent."

Oedipus, postquam ea verba audīvit, cōnsilium cēpit ōrāculum Delphicum adīre et Apollinem deum cōnsulere. Ibi sacerdōs eī respondit: „Sī in patriam redieris, patrem occīdēs, mātrem uxōrem dūcēs." Tum Oedipus
20 dīxit: „Sī Corinthum redīrem, parentibus māgnam calamitātem īnferrem" et cōnstituit Thēbās iter facere.

Sed in itinere senex cum servīs eī occurrit. Quī adulēscentem iussērunt senī viam dare[3]. Oedipus autem, quī nescīvit se-
25 nem Lāium patrem esse, īrātus eum et servōs eius occīdit.

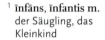

[1] īnfāns, īnfantis m. der Säugling, das Kleinkind
[2] **Oedipus** „Schwellfuß". Der Sklave des Laius hatte dem Kind die Knöchel an den Füßen durchbohrt, um zu verhindern, dass es weglief.
[3] **viam dare** (jemandem) den Weg frei machen

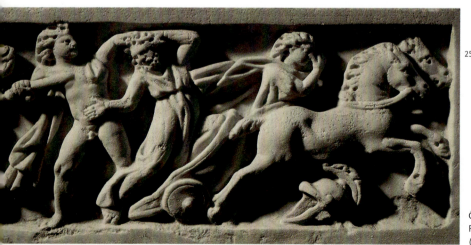

Ödipus tötet seinen Vater Laios, Römischer Sarkophagdeckel, 3. Jhd. n.Chr. (Rom, Katakomben an der Via Latina)

Lektion 27

Übungen

1 Schreibe aus dem Lesestück alle Konditionalsätze heraus und ordne sie nach Realis und Irrealis.

2 Erkläre aus dem Lesestück (Z. 17–27), warum man das Schicksal des Ödipus als tragisch bezeichnen kann.

3 Bilde die entsprechenden Formen im Indikativ und Konjunktiv Imperfekt:

arcessit – alunt – sum – nomināris – nescīs – fers – sumus – studet – facitis

4 Falsche Zwillinge! Nur jeweils eine Form ist eine Verbform im Konjunktiv Imperfekt, die andere ist ein Substantiv. Bestimme alle Formen genau:

clāmārem – clāmōrem	dolōrēs – dolērēs	regerem – rēgem
cōnsulem – cōnsulerem	imperārem – imperātōrem	salūtem – salūtārem
dūcerem – dūcem	labōrem – labōrārem	timērem – timōrem

5 Vorsicht Falle! Ordne die folgenden Formen den richtigen Infinitiven zu und bestimme sie genau:

parant – pārent – parient – pariunt – parārent – pārērent – parerent – parat – pāret – parāret – pareret – pariet – pārēret

6 Was wäre, wenn ...? Nachdem Ödipus das verhängnisvolle Orakel erhalten hat, überlegt er, was passieren würde. Ergänze die jeweils passenden Verben und übersetze:

adīrem – dūcerem – essent – facerem – īnferrem – excitārem – neglegerem – occīderem – redīrem – servārem – vīverem

a) Sī verba sacerdōtis [?], īram deī [?].
b) Sī in patriam [?], parentēs meī in māgnō perīculō [?].
c) Sī autem Thēbās iter [?], calamitātem mihi nōn [?].
d) Sī parentēs meōs nōn [?], patrem nōn [?], mātrem uxōrem nōn [?].
e) Sī multōs annōs procul ā patriā [?], mē parentēsque [?].

7 Informiere dich in einem Lexikon oder im Internet: Welches Rätsel hat die Sphinx den Thebanern gestellt und wie hat Ödipus es gelöst? Wie geht der Mythos von Ödipus weiter, nachdem er König von Theben geworden ist?

Lektion 28

Orpheus und Eurydike

Orpheus, der Sohn des thrakischen Königs Oiagros und der Muse Kalliope, galt in der Antike als der berühmteste Sänger. Man erzählte, dass er das Spiel mit der Lyra und der Kithara bei dem Gott Apollo gelernt hatte und diese Kunst so gut beherrschte, dass sich ihm sogar wilde Tiere friedlich näherten, um ihm zuzuhören. Selbst
5 Bäume und Steine sollen von seinem Gesang (carmen) angelockt worden sein.
Am bekanntesten ist der Mythos des Sängers Orpheus und der Nymphe Eurydike. Kurz nach ihrer Hochzeit mit Orpheus wurde Eurydike von dem Hirten Aristaeus verfolgt, der sich ebenfalls in die Nymphe verliebt hatte. Auf ihrer Flucht trat sie auf eine Schlange, wurde von ihr tödlich gebissen und starb durch das Gift. Orpheus
10 war über den Verlust seiner frisch vermählten Ehefrau untröstlich und beschloss daher, in die Unterwelt hinabzusteigen. Dort wollte er Eurydike mithilfe seiner Sangeskunst in die Welt der Lebenden zurückholen. Für diesen Wunsch wagte Orpheus etwas, was außer ihm nur ein Held wie Herakles geschafft hatte: den Eintritt in das Totenreich. Unerschrocken trat der Sänger vor Pluto, den König der Unter-
15 welt, und dessen Gattin Proserpina.
Der Mythos von Orpheus und Eurydike spiegelt auch die uralte Sehnsucht der Menschen wider, den Tod eines geliebten Menschen rückgängig machen zu können. Der Ausgang der Geschichte zeigt aber, dass es den Menschen trotz aller Anstrengungen und Opfer eben doch nicht gegeben ist, die Endgültigkeit des
20 Schicksals zu verändern.

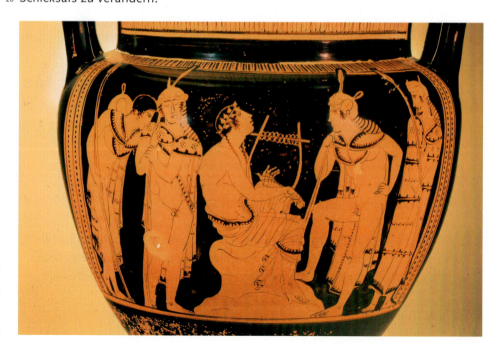

Orpheus singt vor thrakischen Soldaten, Kolonettenkrater aus Gela des sog. Orpheus-Malers, um 440 v. Chr. (Berlin, Antikensammlung)

Lektion 28

Der Konjunktiv Plusquamperfekt/Der Irrealis der Vergangenheit

Oedipus, postquam ōrāculum audīvit, sēcum cōgitat: „Sī Corinthum redīrem, parentibus māgnam calamitātem īnferrem." Itaque cōnstituit Thēbās iter facere. Post multōs annōs autem cōgnōvit:
„Sī Corinthum redīssem, parentibus calamitātem nōn intulissem. Nam sī Corinthum redīssem, Lāius pater mihi numquam occurrisset. Nisī servī regis mē lacessīvissent, Lāium nōn occīdissem. Nisī Sphinx Thēbānōs terruisset, cīvēs māgnō in timōre nōn fuissent. Nisī Sphingem superāvissem, mātrem uxōrem nōn dūxissem."

Erste Übungen

1 Vergleiche:

superāvī → superāvissem; redīstī → redīsses; terruit → terruisset; lacessīvērunt → lacessīvissent

Nenne die Bestandteile, aus denen der Konjunktiv Plusquamperfekt gebildet ist. Erkläre, inwiefern der Indikativ Perfekt für die Bildung der neuen Form hilfreich ist.

2 Bilde die entsprechende Form im Konjunktiv:

nomināverās – fuerāmus – arcessīverat – pepererant – invēnerat – cōnstituerāmus – obtulerās – abīeram

3 Vom Präsensstamm in den Perfektstamm. Verwandle die folgenden Formen (Präsens → Perfekt, Imperfekt → Plusquamperfekt, Futur I → Futur II). Achte dabei auch auf den Modus.

tangō – sentiēbās – erit – ferimus – dolerētis – expōnent – dūcis – nescīret – lacessēbant

Omnēs hominēs, quī *carmina* Orpheī audiēbant, poētam et *vōcem* eius laudābant. Post mortem uxōris Orpheus diū per agrōs *errābat* et fortūnam suam *carminibus trīstibus flēbat*. Tandem in Tartarum iit et Plūtōnem, rēgem Tartarī, rogāvit: „*Redde* mihi meam uxōrem! Sī mihi licuerit cum eā ad *lūcem* redīre, semper tibi grātiās agam."

19

Lektion 28

Gibt es eine Rückkehr aus der Unterwelt?

Orpheus, postquam Eurydicēn[1] uxōrem dūxit, paulō post māgnam calamitātem accēpit. Nam Eurydicē, dum Aristaeum pāstōrem fūgit, in altā herbā[2] serpentem[3] nōn vīdit et periit.

Orpheus, quī dē uxōris morte valdē doluit, māgnā vōce clāmāvit: „Heu[4], mē miserum! Quantam calamitātem deī mihi intulērunt! Eurydicē, nisī Aristaeum fūgisset, numquam perīsset. Sī ego affuissem, certō uxōrem servāvissem!" Diū per agrōs errābat et fortūnam trīstem flēbat.

Tandem Plūtōnem et Prōserpinam, quī Tartarum regēbant, adiit et animōs eōrum carminibus movēbat: „Etiam mihi, deī immortālēs", inquit, „nōtum est omnēs hominēs mortuōs in Tartarum pervenīre. Sī Eurydicē uxor post vitam longam perīsset, vōs nōn adīssem. Sī eī licuisset multōs annōs mēcum vīvere, beātus essem. Nunc autem mortua est. Itaque vōs rogō: Reddite mihi Eurydicēn[1]! Sī nōnnūllōs annōs mēcum vīxerit, hūc redībit."

Ac profectō Plūtō respondit: „Tibi licet Eurydicēn[1] tēcum ad lūcem dūcere. Sed eam condiciōnem tibi pōnō: In itinere tibi nōn licet cōnsistere et ad uxōrem tē vertere."

Māgnō cum gaudiō Orpheus cum Eurydicē[5] ē Tartarō iter fēcit. Iam lūcem vidēbat, cum sē subitō ad uxōrem vertit. Statim Eurydicē vōce trīstī clāmāvit: „Heu[4], mē miseram! Nisī tē ad mē vertissēs, mē servāvissēs! Nunc autem in Tartarō vītam agere dēbeō."

[1] **Eurydicēn** Akk. Sg. zu Eurydice
[2] **herba, ae** f. das Gras
[3] **serpēns, serpentis** m. die Schlange
[4] **heu!** O weh! Ach!
[5] **Eurydicē** Abl. Sg. zu Eurydice

Hermes, Eurydike und Orpheus, römische Kopie eines attischen Reliefs um 409 v. Chr. (Neapel, Archäologisches Nationalmuseum)

Gerhard Marcks, Eurydike, Orpheus, Hermes, Holzschnitt 1948

Lektion 28

Übungen

1 a) Gib mit eigenen Worten wieder, wie Orpheus Pluto dazu bewegte, ihm Eurydike zurückzugeben.

b) Was wäre, wenn Orpheus sich nicht umgedreht hätte? Schreibe die Geschichte weiter.

2 Falsche Zwillinge! Bestimme jeweils die Verbform und unterscheide dabei genau, ob sie zu reddere oder redīre gehört:

reddō – redeō   reddidissēmus – redīssēmus   redderem – redīrem
redit – reddit   reddunt – redeunt

3 Vom Präsensstamm in den Perfektstamm. Bilde die entsprechenden Formen im Perfektstamm:

a) cōnsistunt   b) vertēbās   c) invenient   d) ferēmus   e) arcesserētis
f) tangēbam   g) auferrēs   h) affert   i) sentient   j) abītis

4 Ō tempora, ō modī! Ergänze jeweils die fehlenden Verbformen:

	Ind. Imperfekt	Konj. Imperfekt	Ind. Plusquamperfekt	Konj. Plusquamperfekt
a)	errābat	?	?	?
b)	?	flērent	?	?
c)	?	?	?	fuissēmus
d)	ferēbam	?	?	?

5 Was wäre, wenn …? Nachdem Orpheus allein aus der Unterwelt zurückgekehrt ist, macht er sich Vorwürfe. Ergänze die jeweils passenden Verben und übersetze die Sätze:

appropinquāvisset – ēgissem – fūgisset – mōvissem – pāruissem – reddidisset – redīsset – rettulissem – servāvissem – vertissem

a) Eurydicē nōn per herbās ? , nisī Aristaeus pāstor eī ? .
b) Nisī Plūtōnem carminibus meīs ? , Eurydicēn mihi nōn ? .
c) Sī verbīs Plūtōnis ? , Eurydicē mēcum ad lūcem ? .
d) Nisī mē in itinere ad uxōrem ? , Eurydicen ? .
e) Sī uxōrem meam ad lūcem ? , semper deīs grātiās ? .

6 Vergleiche die beiden Abbildungen (S. 20) miteinander und erläutere, welche Szene aus dem Mythos jeweils dargestellt ist. Überlege, warum die Künstler jeweils diesen Moment gewählt haben.

21

Lektion 29

Der Trojanische Krieg

Zur Vorgeschichte des Trojanischen Krieges gehört ein Streit zwischen den Göttinnen Juno (Hera), Minerva (Athene) und Venus (Aphrodite), wer die schönste sei. Der trojanische Königssohn Paris, der um sein Urteil gebeten worden war, entschied sich für Venus, weil sie ihm Helena, die schönste Frau der Welt, versprochen hatte. Da Helena jedoch mit Menelaos, dem König von Sparta, verheiratet war, musste Paris sie von dort nach Troja entführen. Als Paris Helena ihrem Mann nicht zurückgeben wollte, stellte Agamemnon, der König von Mykene und Bruder des Menelaos, mit anderen Königen Griechenlands ein Heer auf. Sie zogen gemeinsam gegen Troja.

Zehn Jahre lang belagerten die Griechen vergeblich die Stadt Troja. Da hatte Odysseus, der listige König von Ithaka, die Idee, ein hölzernes Pferd zu bauen; in seinem Bauch sollten sich die tapfersten griechischen Kämpfer verbergen. Das griechische Heer täuschte seinen Abzug vor, sodass die Trojaner glaubten, sie hätten den Krieg gewonnen. Am Strand ließen die Griechen ein großes hölzernes Pferd zurück. Der Priester Laokoon warnte jedoch die Trojaner davor, dieses Pferd in die Stadt zu ziehen. Der Sage nach wurden er und seine Söhne sofort nach dieser Warnung von zwei Seeschlangen getötet. Die Trojaner erkannten die Gefahr dagegen nicht: Sie zogen das Pferd in die Stadt und feierten den ganzen Abend ihren Sieg.

Mitten in der Nacht kletterten Odysseus und seine Gefährten aus dem Pferd heraus und öffneten für die übrigen Griechen, die sich auf ihren Schiffen hinter einer nahen Insel versteckt hatten, die Stadttore. Sie überfielen die wehrlosen Trojaner im Schlaf. Viele, unter ihnen der König Priamus, wurden getötet, nur wenige konnten entkommen. Troja wurde dem Erdboden gleichgemacht.

Auf der Grundlage älterer mündlicher Erzählungen über den trojanischen Krieg hat im 8. Jahrhundert v. Chr. der griechische Dichter Homer sein Epos Ilias geschrieben. Ilion war der griechische Name für Troja. Heinrich Schliemann, der schon als Kind begeistert die Ilias las und an die Erzählungen Homers glaubte, hatte den Traum, Troja zu finden und auszugraben. In den Jahren 1871–73 fand er den Ort des antiken Troja (heute: Hisarlık).

Die Laokoon-Gruppe (Rom, Vatikanische Museen)

Lektion 29

Der dativus finalis

Orpheus dē morte uxōris doluit. Mors uxōris Orpheō dolōrī erat.
Diū clāmābat: „Cūr nōn affuī uxōrī meae? Cūr uxōrī auxiliō nōn vēnī?
Aristaeō pāstōrī īrātus sum. Aristaeus pāstor mihi semper odiō erit!"
Tandem Orpheus in Tartarum iit et Plūtōnem deum carminibus mōvit. Verba deī
Orpheō summō gaudiō fuērunt: Nam Orpheō uxōrem sēcum dūcere licuit.

Die e-Deklination

Orpheus amīcō dē fortūnā suā nārrat:
„Herī calamitātem gravem accēpī. Nam is *diēs* uxōrī meae *perniciēī* fuit: Eō *diē*
Eurydicē periit. Deī immortālēs calamitātem eius *diēī* nōn prohibuērunt. Eam
perniciem perferre nōn possum! Ante paucōs *diēs* Eurydicēn uxōrem dūxeram.
Multōs *diēs* cum eā vīvere in animō habuī."

Erste Übungen

1 In jeder Reihe sind vier Dativformen enthalten. Suche sie heraus:

a) vōcī, dominī, flēvī, uxōrī, deī, senī, aluī, ōrāculī, flōrī
b) mortuō, sentiō, virgō, gaudiō, sociō, cōnsīdō, nūntiō
c) fōrmīs, carminis, mortuīs, trīstis, dīvitiīs, lūcis, nautīs, māiestātis

2 Schreibe die folgenden Sätze ab. Unterstreiche dann jeweils den Dativ der Person und den Dativ des Zwecks mit einer unterschiedlichen Farbe und übersetze die Sätze wörtlich. Formuliere anschließend jeweils eine angemessene deutsche Übersetzung.

a) Salūs uxōris Orpheō cūrae est.
b) Amīcae Eurōpae flōrēs dōnō dant.
c) Sphinx Thēbānīs odiō fuit.
d) Respōnsum sacerdōtis Laiō rēgī māgnō dolōrī erat.

3 Bilde jeweils mit māgna perniciēs und diēs ultimus die folgende Formenkette:

Genitiv Singular → Plural → Ablativ → Singular → Dativ → Akkusativ → Plural
→ Dativ → Nominativ → Singular

23

Lektion 29

Das hölzerne Pferd

Graecī, quamquam iam decem annōs urbem Trōiam oppūgnābant, tamen eam expūgnāre nōn poterant. Tandem Ulixēs cōnsilium cēpit Trōiānōs dolō superāre. Rēgēs Graecōrum convocāvit et: „Iam diū", inquit, „frūstrā urbem hostium oppūgnāmus. Sed mox nōbīs spēs victōriae erit. Equum
5 līgneum[1] aedificābimus et …"

Post paucōs diēs Graecī castra relīquērunt et nāvēs solvērunt. Trōiānī, postquam eam rem comperērunt, statim castra hostium petīvērunt. Sed nihil vīdērunt nisī ingentem equum līgneum[1]. Dum dē eā rē mīrā disserunt, subitō vir, cui faciēs trīstis erat, appāruit et dīxit: „Mihi nōmen est
10 Sinōn. Graecus sum. Rēs incrēdibilēs vōbīs nārrābō: Graecī, quia spem victōriae deposuērunt, in patriam navigāvērunt. Mē hīc relīquērunt, quia Ulixī odiō sum. Eum equum līgneum Minervae deae dōnō dant. Is, sī eum in urbem tuleritis, vōbīs praesidiō erit."

Trōiānī valdē gaudēbant. Tum Lāocoōn sacerdōs māgnā vōce clāmāvit:
15 „Numquam fidem habēte Graecīs! Nam timeō Danaōs et dōna ferentēs![2] Equus urbī nostrae perniciēī erit!"

Trōiānī, sī verbīs sacerdōtis pāruissent, urbem servāvissent. Sed equum in urbem trāxērunt et mediō in forō posuērunt. Sīc is diēs ultimus diēs urbis fuit: Nam in equō Ulixēs cum multīs mīlitibus latēbat. Quī mediā nocte ex
20 equō exiērunt et portās urbis cōpiīs Graecōrum, quī clam redīerant, aperuērunt. Tum Graecī tōtam urbem dēlēvērunt.

[1] līgneus, a, um
hölzern, aus Holz

[2] timeō Danaōs et dōna ferentēs! Ich fürchte die Danaer (Griechen), auch wenn sie Geschenke bringen!

Amphora aus Mykonos mit der Darstellung des Trojanischen Pferdes, um 670 v. Chr. (Mykonos, Archäologisches Museum)

Die Trojaner ziehen das Pferd in ihre Stadt. Filmszene aus W. Petersens „Troja" (2004)

Lektion 29

Übungen

1 Richtig oder falsch? Entscheide dich und korrigiere die falschen Aussagen:

a) Graecī urbem Trōiam novem annōs oppūgnābant.
b) Tum Ulixēs Trōiam dolō expūgnāre voluit.
c) Mīlitēs Trōiānōrum castra hostium petīvērunt et ibi equum parvum vīdērunt.
d) Subitō vir appāruit, cui nōmen Achillēs erat.
e) Is vir equum dōnum deae Minervae esse dīxit.
f) Quamquam Trōiānī valdē gaudēbant, Lāocoōn sacerdōs Trōiānōs māgnā vōce monuit.
g) Trōiānī verbīs sacerdōtis pāruērunt et equum in mare trāxērunt.

2 Ersetze durch die passende Form von perniciēs:

calamitāte – calamitātī – calamitās – calamitātis – calamitātem – calamitātēs

3 Ordnung muss sein. Bestimme jeweils den Kasus und ordne die folgenden Substantive den richtigen Deklinationen zu:

cōnsulem – fidem – noctem – spem; diērum – flōrum – ingenium – ōrāculum – pāstōrum – rērum; amīce – māiestāte – perniciē – sene – serve – spē; condiciōnēs – diēs – faciēs – vīrēs

4 Lateinischer Doppel-Dativ und seine Übersetzung. Nenne in den folgenden Sätzen die beiden Dative und gib an, welcher von ihnen der dativus commodi (incommodi) und welcher der dativus finalis ist. Übersetze dann:

a) Fōrma taurī Eurōpae māgnō gaudiō fuit.
b) Sed taurus pulcher virginī perniciēī fuit.
c) Amīcae Eurōpae auxiliō venīre nōn potuērunt.
d) Trōiānī Graecīs odiō fuērunt.
e) Trōiānī equum līgneum Minervae deae dōnō dare voluērunt.
f) Putavērunt mūrōs altōs urbis sibi praesidiō esse.
g) Perniciēs Trōiae cīvibus māgnō dolōrī fuit.

5 Ordne den Substantiven das richtige Adjektiv zu. Achte dabei auf KNG-Kongruenz:

1. fidem   a) malā
2. diēs   b) paucōrum
3. rēbus   c) ultimus
4. perniciē   d) nūlla
5. faciēī   e) pulchrae
6. diērum   f) mīrīs
7. spēs   g) māgnam

25

Lektion 30

Vergils Aeneis

Der griechische Dichter Homer überliefert in seinem Epos Ilias eine Episode aus dem Mythos vom Kampf um Troja. In der Odyssee berichtet derselbe Dichter von der Heimkehr des Odysseus auf seine Insel Ithaka und von den Abenteuern, die Odysseus dabei auf seiner zehnjährigen Irrfahrt zu bestehen hatte.

Der wichtigste Ependichter der Römer war Publius Vergilius Maro (Vergil), der von 70 bis 19 v. Chr. lebte und zu den bedeutendsten Dichtern zur Zeit des Kaisers Augustus zählt. Sein lateinisches Epos trägt den Titel Aeneis und berichtet vom Schicksal des Trojaners Aeneas, des Sohnes der Liebesgöttin Venus. Vergil erzählt vom Fall Trojas und der Flucht des Aeneas gemeinsam mit seinem Vater Anchises und seinem Sohn Ascanius sowie von langen Irrfahrten und Abenteuern der Trojaner. Besonders berühmt ist die Geschichte von der Liebe der karthagischen Königin Dido zu Aeneas, die jedoch unglücklich endet: Aeneas muss Dido verlassen, denn die Götter haben ihm eine neue Heimat in Italien vorbestimmt. Dort wird sein Sohn Ascanius (Iulus) nach langen Kriegen die Stadt Alba Longa gründen, und unter den Nachfahren des Ascanius werden dann Romulus und Remus, die Gründer Roms, sein. Diese ruhmreiche Zukunft hebt auch Jupiter hervor, als er der besorgten Venus erklärt, warum ihr Sohn auf den gefährlichen Meeren die lange Reise nach Italien unternehmen muss: Immerhin ist Aeneas der Ahnherr des römischen Volkes – eines Volkes, das einmal große Teile der Welt beherrschen wird. So lässt Vergil den Göttervater prophezeien: Imperium sine fine dedī. („Ich habe ihnen ein Reich ohne Grenzen gegeben.")

Für Kaiser Augustus war die Aeneis ein besonders wichtiges Werk. Der mächtige Herrscher stellte sich nämlich gerne als Nachkommen des Aeneas dar, dessen Zielstrebigkeit und Pflichtbewusstsein für jeden Herrscher vorbildhaft waren.

Aeneas' Flucht aus Troja, Gemälde von Federico Barocci (1598)

Konjunktiv Präsens/Abhängige Begehrsätze

Lāocoōn sacerdōs clāmāvit: „Urbs nostra māgnō in perīculō est.
Trōiānī, vōs rogō: Servāte urbem nostram, pārēte verbīs meīs, relinquite equum ad lītus!
Vōs rogō, ut urbem nostram servētis, verbīs meīs pareātis, equum ad lītus
5 relinquātis.
Vōs moneō, ut callidī sītis. Vōs rogō, nē equum in urbem trahātis.
Nam perīculum est, nē Graecī eō modō in urbem nostram perveniant et eam dēleant. Sed timeō, nē equum in urbem ferātis."
Lāocoōn timuit, nē equus urbī Trōiae perniciēī esset, sed Trōiānī eī nōn pāruērunt.

Erste Übungen

1 Unterscheide Indikativ Präsens, Indikativ Imperfekt, Konjunktiv Präsens und Konjunktiv Imperfekt. Lege in deinem Heft eine Tabelle an und ordne die Formen zu. Markiere danach mit verschiedenen Farben das jeweilige Modus- und Tempuskennzeichen.

a) a- und e-Konjugation: adiuvat – dābat – tenēret – prohibet – putet – adhibeat – rogat – excitet – pūgnāret – respondēbat – videt – properet – servāret
b) i- und konsonantische Konjugation und ferre: audiat – invenit – mittit – referat – reddat – regat – reperiat – fugiēbat – veniat – vinceret – refert
c) esse und posse: sunt – sint – possint – possunt – possent – essent – erant – poterant

2 Indikativ Präsens – Konjunktiv Präsens – Indikativ Imperfekt – Konjunktiv Imperfekt: Stelle fest, welche Form in jeder Reihe fehlt, und ergänze sie. Alle vier Verbformen müssen in Person und Numerus übereinstimmen.

a) adsum – adsim – adessem
b) condit – condēbat – conderet
c) studēs – studeās – studēbās
d) petāmus – petēbāmus – peterēmus
e) venītis – veniēbātis – venīrētis
f) vincunt – vincant – vincerent
g) fugiat – fugiēbat – fugeret

Quia Graecī Trōiam diū oppūgnābant, rēs Trōiānōrum secunda nōn erat. Itaque Trōiānī *rēs adversās* timēbant, *rēs secundās* dēsīderābant. Venus in somnō Aenēae appāruit et dīxit: „*Dēsere* Trōiam et *quaere* patriam novam!" Tum filius Veneris cum nōnnūllīs *comitibus fugā* salūtem petīvit. Post longōs errōrēs ad lītora Ītaliae pervēnit.

Lektion 30

Die Flucht des Aeneas aus Troja als göttlicher Auftrag

Das hölzerne Pferd der Griechen bedeutet das Ende von Troja: Die Feinde wüten in der brennenden Stadt. Aber die überlebenden Trojaner spielen im antiken Mythos noch eine wichtige Rolle – vor allem für die Geschichte Roms.

[1] somnus, ī m. der Schlaf
[2] Aenēā Vokativ zu Aeneas
[3] penātēs, um m. die Hausgötter
[4] manū (Abl.) an der Hand

Dum Graecī Trōiam dēlent, Aenēās dormīvit. Subitō in somnō[1] Hector, quem Achillēs occīdit, adest et eum monet, ut fugiat: „Fuge, Aenēā[2], hostis habet mūrōs! Servā rēs sacrās penātēsque[3] Trōiānōs! Quōs cape et quaere eīs patriam novam!"

5 Aenēās, postquam ea verba audīvit, prīmō dē salūte dēspērāvit. Tum autem Venus dea appāruit et dīxit: „Fīlī, es bonō animō! In rebus secundīs tibi semper aderam. Etiam in rēbus adversīs tē tuōsque nōn dēseram. Ōrō tē, ut ex urbe Trōiā fugiās! Moneō tē, nē
10 frūstrā patriam dēfendere studeās! Rogō tē, ut tē tuōsque servēs! Itaque vōbīs imperō, ut fugā salūtem petātis!"
Aenēās verbīs mātris pāruit: Anchīsem patrem, quī iam senex erat, umerīs tulit,
15 Ascanium fīlium manū[4] tenuit. Tum sē cum nōnnūllīs comitibus ad nāvēs contulit et ē patriā fūgit.
Venus dea etiam Iovem adiit et implōrāvit, ut fīlium servāret. Nam timuit, nē Aenēās
20 in marī tempestātibus perīret. Iuppiter autem Venerī respondit: „Bonō animō es, mea fīlia! Perīculum nōn est, nē Aenēās in marī pereat. Tempestātēs adhūc Aenēam impediēbant, nē patriam
25 novam reperīret. Sed brevī tempore ad lītora Italiae perveniet. In Latiō bellum longum geret, multōs hostēs vincet. Postrēmō Ascanius fīlius Albam Longam condet."

Flucht des Aeneas mit seinem Sohn und seinem Vater, der die Penaten hält. Marmorgruppe von Gianlorenzo Bernini, um 1619 (Rom, Museo Borghese)

28

Lektion 30

Übungen

1 Namen, Namen, Namen – Dīc mihi nōmen ...

   a) ... virī Trōiānī, quem Achilles occīdit.
   b) ... patris Aenēae.
   c) ... filiī Aenēae.
   d) ... deae, quae timuit, nē Aenēās perīret.
   e) ... terrae, in quā Aenēās patriam novam invēnit.
   f) ... deī, quī Rōmānīs imperium sine fine dedit.

2 Moduswechsel: Indikativ – Konjunktiv
Trenne die folgenden Formen in einer Tabelle nach Indikativ und Konjunktiv. Bestimme dann das Tempus und die Konjugationsklasse und setze die jeweilige Form in den anderen Modus. Übersetze die Indikativformen.

tenēret – ēgisset – gesserat – dēfendēbat – lacesseret – monueram – pāream – rīdēbam – sciās – tacuerās – vīsitās

3 īre – esse – posse. Setze die Konjunktivformen in den Indikativ.

eam – īrem – īssem – esset – est – sīs – potuissēs – possīs – posset – īret

4 Begehrsatz oder Konditionalsatz? Schreibe vor der Übersetzung die Konjunktivformen und die Subjunktionen heraus. Bestimme, ob ein Begehrsatz oder ein irrealer Konditionalsatz vorliegt, und übersetze dann:

„Aenēās comitēs, quī tempestātem ingentem timēbant, monuit, nē dēspērārent: „Deī nōbīs semper aderant; etiam nunc adsunt. Nisī deī nōbis affuissent, iam in marī perīssēmus. Nisī deī nōbīs adessent, nunc in perīculō essēmus. Vōs implōrō, ut deīs fidem dētis. Nunc deōs rogābō, nē nōs dēserant."

5 Wünsche über Wünsche. Setze sowohl in den Hauptsätzen als auch in den Nebensätzen die passenden Prädikate ein. Übersetze dann den Text.

a) agō – b) perīculum est – c) dēseram – d) dēspērāret – e) impediēbam – f) monuit – g) pereat – h) perīret – i) perveniat – j) rogō – k) servēs – l) timēs

Venus Iovī patrī dīxit: „Tē 1 , ut filium meum ē perīculō 2 . 3 , nē in marī 4 ." Pater deōrum deam amōris 5 , nē 6 : „Cūr 7 , nē ego filium tuum 8 ? Semper 9 , nē Aenēās 10 . Etiam nunc 11 , ut filius tuus in Italiam 12 ."

6 Beschreibe die Darstellung des Aeneas auf dem Gemälde Baroccis (S. 26) und die Statue Berninis (S. 28). Nenne Gemeinsamkeiten und Unterschiede.

Plateaulektion 26 – 30

Grundwissen: Griechische und römische Sagenwelt

Die Römer übernahmen zahlreiche griechische Sagenstoffe in die römische Mythologie und setzten die griechischen Götter mit ihren eigenen Gottheiten gleich. Sie werden sowohl mit griechischen als auch lateinischen Namen bezeichnet, z. B.:

Zeus/Iuppiter   Hera/Iuno   Athene/Minerva   Artemis/Diana   Apollon/Apollo
Hermes/Mercurius   Aphrodite/Venus   Ares/Mars

Bekannte Sagenstoffe der Griechen
- **Europa:** Eine phönizische Königstochter, die **Jupiter in Gestalt eines Stieres** nach Kreta entführte. Sie gab unserem Kontinent den Namen.
- **Ödipus:** Der Königssohn aus **Theben**, der seinem vorbestimmten Schicksal entgehen wollte und gerade dadurch die tragische Katastrophe für sich und seine Familie auslöste.
- **Orpheus:** Der großartigste Sänger in der antiken Mythologie bewegte durch seinen Gesang die Unterweltgottheiten dazu, dass seine verstorbene Frau **Eurydike** die Unterwelt verlassen konnte. Da Orpheus aber auf dem Rückweg die Bedingungen Plutos und Proserpinas missachtete, verlor er seine Frau zum zweiten Mal.

Der trojanische Sagenkreis
- **Paris**, ein Sohn des Königs von **Troja**, erklärte in einem Wettstreit der Göttinnen **Juno**, **Minerva** und **Venus** die Liebesgöttin für die schönste („**Parisurteil**") und erhielt zur Belohnung **Helena**, die schönste sterbliche Frau. Deren Mann **Menelaos** rief seinen Bruder **Agamemnon** zu Hilfe. Dieser führte voller Zorn die Griechen zum Krieg gegen Troja.
- Nach zehn Jahren brachte eine List des Griechen **Odysseus** die Entscheidung: Verborgen in einem hölzernen Pferd („**Trojanisches Pferd**") gelangten griechische Soldaten in die Stadt, öffneten die Tore und zerstörten Troja.
- Sowohl **Odysseus**, der zehn Jahre benötigte, um zu seiner Ehefrau **Penelope** nach Hause zurückzukehren, als auch der junge Held **Aeneas**, einer der wenigen überlebenden Trojaner, mussten nach Ende des Krieges lange **Irrfahrten** über die Meere erdulden.

- **Aeneas** hatte die Bestimmung, nach **Italien** zu fahren. Diesen Auftrag vergaß er, als er in **Karthago** (Nordafrika) strandete und sich dort in Königin **Dido** verliebte. Auf Druck der Götter verließ er Dido, die sich daraufhin das Leben nahm.
- Nach der Ankunft in Italien gründete Aeneas' Sohn **Ascanius** die Stadt **Alba Longa**. Später haben dessen Nachfahren **Romulus und Remus** Rom gegründet.

Aeneas in der Unterwelt

Der Dichter Vergil berichtet, wie Aeneas mithilfe der Apollopriesterin Sibylle in die Unterwelt hinabsteigt, um seinen inzwischen verstorbenen Vater Anchises wiederzusehen. Nachdem ihn der Fährmann Charon über den Unterweltsfluss Acheron gebracht hat, muss Aeneas jedoch zunächst die Unterweltsregion durchwandern, in der sich die zu früh Verstorbenen aufhalten. Doch dort befindet sich der Schatten Didos, die sich aus Kummer darüber, dass Aeneas sie verlassen hat, das Leben genommen hat.

Aenēās per Tartarum iit, cum subitō Dīdōnem vīdit. Statim eam adiit et multīs cum lacrimīs clāmābat: „Nōlī abīre! Tē rogō, nē abeās! Tē ōrō, ut cōnsistās et verba mea
5 audiās!"
Quamquam Dīdō nihil respondit, Aenēās dīxit: „Ergō nūntius vērus fuit: Tū mortua es! Tē ipsam[1] interfēcistī. Sed ego causa mortis tuae fuī. Nisī patriam relīquissem, adhūc
10 vīverēs. Nisī tē dēseruissem, vītā tē nōn prīvāvissēs[2]. Sī Carthāgō patria mea esset, ibi nunc tēcum vīverem.
Sed deīs immortālibus pārēre dēbuī: Iuppiter cōnstituit, ut cum comitibus patriam novam in Italiā quaererem. Itaque pater deōrum impedīvit, nē tēcum in urbe tuā vīverem. Per Mercurium, nūntium deōrum, Iuppiter
15 mihi imperāvit, ut tē relinquerem et Italiam peterem.
Mercurius mē monuit, nē glōriam gentis Trōiānōrum neglegerem. Nōs enim in Italiā urbem novam condēmus. Hoc cupiunt deī immortālēs. Ego autem tē dēserere nōluī. Crēde mihi! Numquam ā lītore tuō abīre voluī. Tēcum vīvere cupīvī, sed mihi nōn licuit. Neque crēdere possum mē tibi
20 tantum dolōrem parāvisse. Sed cūr mē fugis? Cūr nōn cessās? Tē implōrō, ut respondeās." Dīdō autem tacēbat atque fūgit.

Äneasmosaik aus einer römischen Villa in Low Ham (Südengland) mit Motiven des Liebesgeschichte von Dido und Aeneas, 2. Jh. n. Chr. (Taunton, Museum of Somerset)

[1] tē ipsam (Akk. Sg. f.) dich selbst
[2] sē vītā prīvāre Selbstmord begehen

- Beschreibe mit eigenen Worten, wie Dido sich verhält und welche Wirkung dies auf Aeneas hat.

- Lies die Sachinformation zu Lektion 30 durch und sammle mögliche Gründe, die dafür sprechen, dass Aeneas Dido verlässt, sowie solche, die dagegen sprechen. Veranstaltet in der Klasse eine Diskussionsrunde, in der einige von euch für Aeneas Partei ergreifen und andere die Gegenposition vertreten.

P 26 – 30

Methodenkompetenz (8):
Die Bildung der Formen im Konjunktiv

Zur Wiederholung stellen wir noch einmal die wichtigsten Regeln zur Bildung der Konjunktivformen zusammen (vgl. die Grammatikkapitel zu den Lektionen 27, 28 und 30).

1. Der Konjunktiv Präsens

Der **Konjunktiv Präsens** ist ein Tempus des Präsensstamms. Er wird zumeist durch das **Moduszeichen -a-** gebildet, z. B.:

Indikativ	Konjunktiv
monet	mon**ea**t

Nur bei Verben der a-Konjugation lautet das Moduszeichen des Konjunktiv Präsens **-e-**. Dieses ersetzt das -a- des Präsensstamms, z. B.:

Indikativ	Konjunktiv
vocat	voc**e**t

Hilfsverben bilden den Konjunktiv Präsens zumeist unter Verwendung des Buchstaben -i-:

esse → s**i**m, s**ī**s, s**i**t, ...   posse → poss**i**m, poss**ī**s, poss**i**t, ...

velle → vel**i**m, vel**ī**s, vel**i**t, ...   nolle → nōl**i**m, nōl**ī**s, nōl**i**t, ...   usw.

2. Der Konjunktiv Imperfekt

ist ebenfalls ein Tempus des Präsensstamms. Er wird zumeist durch das Moduszeichen **-re-** gebildet. Noch einfacher ist folgende Faustregel:

Konjunktiv Imperfekt = Infinitiv Präsens + Personalendungen

monēre → <u>monēre</u>m, <u>monēre</u>s, <u>monēre</u>t, ...   posse → <u>posse</u>m, <u>posse</u>s, <u>posse</u>t, ...

vocāre → <u>vocāre</u>m, <u>vocāre</u>s, <u>vocāre</u>t, ...   velle → <u>velle</u>m, <u>velle</u>s, <u>velle</u>t, ...

esse → <u>esse</u>m, <u>esse</u>s, <u>esse</u>t, ...   nolle → <u>nolle</u>m, <u>nolle</u>s, <u>nolle</u>t, ...   usw.

3. Der Konjunktiv Plusquamperfekt

ist ein Tempus des Perfektstamms. Er wird mit dem Moduszeichen **-isse-** gebildet:

monēre → monu**isse**m, monu**isse**s, monu**isse**t, ...

vocāre → vocāv**isse**m, vocāv**isse**s, vocāv**isse**t, ...

esse → fu**isse**m, fu**isse**s, fu**isse**t, ...

īre → **īsse**m, **īsse**s, **īsse**t, ...   usw.

Übungen

Formen erkennen und bestimmen

1 Im Übersetzungstext findest du insgesamt 15 Verben im Konjunktiv. Zeichne eine dreispaltige Tabelle in dein Heft und ordne diese Verben nach den Tempora Konjunktiv Präsens, Konjunktiv Imperfekt, Konjunktiv Plusquamperfekt.

Formen bilden

2 Im Übersetzungstext stehen 10 Verben im Indikativ Präsens und Imperfekt.
a) Schreibe diese heraus und setze sie in den entsprechenden Konjunktiv.
b) Ergänze zu diesen Verbformen jeweils den Konjunktiv Plusquamperfekt.

P 26–30

Methodenkompetenz (9): Die Funktionen des Konjunktivs und seine Übersetzung I

Die unterschiedlichen Funktionen des Konjunktivs wirken sich auch auf die Übersetzung aus.

1. **Abhängige Begehrsätze** werden mit **ut** (verneint: **nē**) eingeleitet. Sie gehören zu den Gliedsätzen, die immer im Konjunktiv stehen. Bei der Übersetzung solcher Gliedsätze wird der Konjunktiv normalerweise mit dem **deutschen Indikativ** wiedergegeben:

Tē ōrō, **ut** verba **audiās**.	Ich bitte dich, **dass** du die Worte **anhörst**.
Konjunktiv Präsens	*Indikativ Präsens*

Das Tempus des lateinischen Konjunktivs im Gliedsatz folgt den Regeln der **consecutio temporum**: Steht im Hauptsatz **Präsens oder Futur**, so steht im Gliedsatz der **Konjunktiv Präsens**. Steht im Hauptsatz ein **Tempus der Vergangenheit**, steht im Gliedsatz der **Konjunktiv Imperfekt**.

Ōrat, ut verba **audiant**.	Er bittet, dass sie die Worte **anhören**.
Präsens *Konjunktiv Präsens*	*Indikativ Präsens*

Ōrāvit, ut verba **audīrent**.	Er bat, dass sie die Worte **anhörten**.
Perfekt *Konjunktiv Imperfekt*	*Indikativ Imperfekt*

2. **Der Irrealis** kommt in Hauptsätzen und in konditionalen Gliedsätzen vor. Er drückt aus, dass eine Handlung **nicht wirklich** oder **nicht möglich** ist. Bei der Übersetzung wird er auch mit einem deutschen Konjunktiv wiedergegeben. Der **Konjunktiv Imperfekt** steht für den **Irrealis der Gegenwart** und der **Konjunktiv Plusquamperfekt** für den **Irrealis der Vergangenheit**.

Sī Aenēās cum Didōne **viveret**,	Wenn Aeneas mit Dido **zusammenlebte (zusammenleben würde)**,
glōriam gentis Trōiānae **neglegeret**.	würde er den Ruhm des trojanischen Volkes **vernachlässigen**. (Gegenwart)
Nisī Aenēās Dīdōnem **relīquisset**,	Wenn Aeneas Dido nicht **verlassen hätte**,
glōriam gentis Trōiānae **neglexisset**.	**hätte er** den Ruhm des trojanischen Volks **vernachlässigt**. (Vergangenheit)

Übungen

1   Gib zu jeder der 15 Konjunktivformen aus dem Übersetzungstext an, ob der Konjunktiv im abhängigen Begehrsatz steht oder als Irrealis der Gegenwart bzw. Vergangenheit verwendet wird.

> **Formen erkennen und bestimmen**

2   Übersetze und verwandle in den folgenden Sätzen das Prädikat des übergeordneten Hauptsatzes jeweils in die entsprechende Form des Perfekts. Inwiefern verändert sich dadurch auch der Gliedsatz?

> **Formen und Sätze bilden**

Tē rogō, nē abeās! – Tē ōrō, ut cōnsistās et verba mea audiās! – Iuppiter mē monet, ut patriam novam quaeram. – Mihi imperat, ut tē relinquam.

33

Lektion 31 – 35

Die römische Republik im Wandel

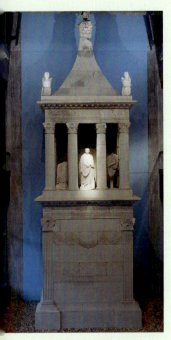

Grabmal des Poblicius, ca. 40 n. Chr. (Köln, Römisch-Germanisches Museum)

Nach der Vertreibung der Könige wurde die römische Republik über Jahrhunderte von einer Gruppe adeliger Familien regiert. Ein Kennzeichen dieser angesehenen Familien war, dass sie eine lange Ahnenreihe hatten und über großen Grundbesitz verfügten. Mitglieder dieser Familien übernahmen auch die wichtigsten Ämter des Staates. Politiker aus nichtadeligen Familien konnten nur selten hohe Ämter bekleiden.

Der Stolz der adligen Familien auf ihr Alter und auf die Angehörigen, die seit mehreren Generationen politische Ämter bekleidet hatten, kam in besonderer Weise beim Begräbnis eines vir nobilis zum Ausdruck, wie es auf dem Relief dargestellt ist.

Die Verstorbenen wurden außerhalb der Stadt bestattet, oft an beiden Seiten einer Straße. Wie vor Rom z. B. die Via Appia, so gab es auch in den römischen Provinzen Gräberstraßen, an denen Grabdenkmäler nach römischem Vorbild errichtet wurden. Das Grabmal des Poblicius wurde in Köln an einer Straße gefunden, die nach Bonn führte.

■ Informiere dich, wie die Verstorbenen bestattet wurden, die nicht aus adeligen Familien stammten, und berichte darüber in deiner Klasse.

■ Informiere dich über das Grabmal des Poblicius und berichte darüber in deiner Klasse.

Pompeji, Gräberstraße (Via dei Sepolcri), die vom Herculaner Tor stadtauswärts führte

Grabrelief aus Amiternum (Abruzzen) mit der Darstellung eines Leichenzuges, 1. Jh. v. Chr. (L'Aquila, Museum)

- Beschreibe das Grabrelief von Amiternum und informiere dich, wer an einem Leichenzug teilnahm.

In der Spätzeit der römischen Politik kam es zwischen den politischen Gruppen zu Straßenschlachten und sogar Bürgerkriegen. In den letzten Jahrzehnten waren es vor allem zwei Persönlichkeiten, die das politische Leben bestimmten: Pompeius und Caesar. Zuerst miteinander verbündet, wurden sie zu Rivalen um die führende Stellung in Rom. Beiden gemeinsam waren eine hohe Feldherrnkunst und der Ehrgeiz, wie Alexander der Große neue Gebiete zu erobern.

Gaius Iulius Caesar (100–44 v. Chr.), zeitgenössisches Porträt (Turin, Archäologisches Museum)

Gnaeus Pompeius Magnus (106–48 v. Chr.), Porträt in Anlehnung an eine Statue aus dem Jahr 55 v. Chr. (Kopenhagen, Ny Carlsberg Glyptotek)

- Beschreibe die beiden Porträts von Caesar und Pompeius und vergleiche sie in ihrem Ausdruck miteinander.

Lektion 31

Die römische Adelsgesellschaft und ihre Bräuche

Der römische Staat (rēs pūblica) war nach Vertreibung der Könige Jahrhunderte lang eine Adelsrepublik. Die adligen gentēs, die zur Zeit der Republik lange nur aus etwa 300 Familien bestanden, bestimmten das gesellschaftliche und das politische Leben des gesamten imperium Rōmānum.

5 In den Wertvorstellungen der Adligen (nōbilēs) spielten Traditionen eine bedeutende Rolle. Die Ahnen (māiōrēs), die Großes für den Staat geleistet hatten, wurden in jeder Adelsfamilie besonders verehrt. Ihrem Beispiel (exemplum) galt es nachzueifern. Dabei orientierte man sich 10 stets an den Sitten der Vorfahren (mōrēs māiōrum), die man bewahren wollte. Denn gute Sitten, so glaubte man, förderten die Tugendhaftigkeit (virtūs), mit der sich adlige Männer im Idealfall auszeichnen mussten, wenn sie Ruhm (glōria) erringen wollten. Der tugendhafte Einsatz für den 15 Staat – sowohl im Krieg als auch im Frieden – wurde von den Römern als Grundlage des gemeinschaftlichen Zusammenlebens angesehen. Dies veranschaulichen die berühmten Worte des Dichters Ennius: Mōribus antīquīs rēs stat Rōmāna virīsque: „Auf alten Sitten und auf Männern 20 ruht der römische Staat."
Ein besonderes Zeugnis der römischen Adelsgesellschaft ist der Totenkult. Die Gesichtszüge verstorbener Adliger hielt man auf Wachsmasken fest. Diese wurden als Ahnenbilder (imāginēs) von Generation zu Generation weiterge-25 reicht und bei festlichen Anlässen, insbesondere bei Leichenzügen und Bestattungsfeierlichkeiten, öffentlich gezeigt. In der Leichenrede wurden nicht nur die Leistungen des Verstorbenen gewürdigt, sondern auch die seiner Ahnen. Auf diese Art und Weise verbreitete sich der Ruhm ein-30 zelner herausragender Persönlichkeiten und ganzer Adelsgeschlechter.

Vornehmer Römer mit Büsten seiner Vorfahren (sogenannter Togatus Barberini), spätes 1. Jh. v. Chr. (Rom, Kapitolinische Museen)

Lektion 31

Die Demonstrativpronomina hic, haec, hoc und ille, illa, illud/ Der doppelte Akkusativ

Aenēās, postquam in Italiam pervēnit, sociōs monuit: „In hāc terrā nōbīs nōn sōlum hostēs sed etiam amīcī sunt. Hīs māgna virtūs est, sed illīs odium māgnum. Hī nōs adiuvāre possunt, sed illī castra et nāvēs nostrās dēlēre volunt.
Trōia, patria nostra, periit. Nunc hanc patriam novam contrā hostēs illōs dēfendere
5 volumus.

Este bonō animō! Amīcī nostrī semper fīdī erant. Etiam vōs virōs fortēs et bonōs dūcō. Itaque hostēs vincēmus. Aliquandō Iuppiter nōs dominōs Italiae faciet!"

Erste Übungen

1 Dekliniere die folgenden Beispiele:

a) hic cōnsul   b) haec cūra   c) illud corpus   d) ille discipulus

2 Ergänze die jeweils passende Form des Demonstrativpronomens hic, haec, hoc:

spem, īnsulās, carminis, lūcī, virginum, nōmina, pāstōrēs (2), reī (2)

3 Ergänze die jeweils passende Form des Demonstrativpronomens ille, illa, illud:

fugam, flōrem, comitibus, fide, ōrāculum, lītorum, noctēs (2)

4 Forme die folgenden Sätze entsprechend dem Beispiel um:

a) Aenēās dīcit: „Amīcī fīdī sunt." → Aenēās dīcit: „Amīcōs fīdōs dūcō."
b) „Vōs omnēs fortēs estis."
c) „Latīnus rēx bonus est."
d) „Etiam Latīnī amīcī nostrī sunt."

Multī *nōbilēs* dīcunt: „Virtūs māiōrum praeclāra est. Eōrum *facta ēgregia* semper *commemorāre* et *pūblicō ostendere* dēbēmus. Ea *facta ēgregia* animōs hominum *commovēre* et *incitāre* possunt. Ita *rem pūblicam cōnservāmus*." Post mortem virī nōbilis, quī bonum et fortem sē *praestiterat*, familiārēs corpus et imāginēs māiōrum in forum tulērunt. Fīlius ōrātiōnem habuit et *facta* patris laudāvit.

37

Lektion 31

Die Masken der Verstorbenen

Der Grieche Polybios (lat.: Polybius), der im 2. Jh. v. Chr. als kriegsgefangener Sklave nach Rom kam, studierte die ihm unbekannten Gebräuche mit großer Genauigkeit. Er beschäftigte sich vor allem mit der römischen Geschichte. Sein Herr, der jüngere Scipio Africanus, schätzte ihn wegen seiner philosophischen und historischen Bildung sehr. Zwischen beiden kann es sicherlich zu einem Gespräch wie dem folgenden gekommen sein:

Polybius: Ego, domine, audīvī Rōmānōs imāginēs māiōrum māgnā cūrā cōnservāre et certīs diēbus palam[1] ostendere. Hic mōs mihi īgnōtus est.

Scipio: Saepe, mī[2] Polybī, mē rogābās, ut tibi mōrēs populī nostrī
5 explicārem. Hoc etiam nunc libenter faciam et tibi haec explicābō:
Nōs illum virum, quī in bellō sē fortem praestitit aut reī pūblicae praefuit, post mortem in pūblicō laudāmus. Etiam illōs virōs, quōs po-
10 pulus iterum imperātōrēs fēcit aut cōnsulēs creāvit, laudāmus et illōrum gentem celebrāmus: In pompā fūnebrī[3] familiārēs virum mortuum et eius imāginem in forum ferunt, ubi populus convenit. Tum aut fīlius
15 aut nepōs huius virī, quī ē vītā discessit, in forō ōrātiōnem habet, in quā praeclāra eius facta commemorat. Omnēs, quī adsunt, nōn sōlum mortuī imāginem, sed etiam imāginēs māiōrum illīus virī spectāre possunt.

Römischer Leichenzug

20 Polybius: Quot imāginēs gentibus nōbilibus sunt?

Scipio: Nōbilibus gentibus plūrimae imāginēs antīquae sunt. Hās imāginēs et in ātriō villae et in pompā fūnebri ostendunt. Hae imāginēs fīliōs et nepōtēs commovent et hōrum animōs incitant ad virtūtem. Nam exempla māiōrum adulēscentēs tra-
25 hunt. Itaque glōria ēgregiōrum virōrum et gentium nōbilium crēscit in annōs[4].

Polybius: Ac profectō perīculum nōn est, nē glōria illārum Rōmānārum gentium pereat.

[1] **palam** öffentlich, in der Öffentlichkeit
[2] **mī** Vokativ: mein (lieber)
[3] **in pompā fūnebrī** bei der Beerdigung, beim Leichenzug
[4] **in annōs** von Jahr zu Jahr

38

Lektion 31

Übungen

1 Stelle aus dem Lesestück (Z. 7–12) alle lateinischen Begriffe zusammen, die aufzeigen, wie man in der römischen Adelsgesellschaft Ruhm erwerben konnte. Erkläre, auf welche Bereiche des Lebens sich die ruhmreichen Taten beziehen.

2 Erkläre aus dem Lesestück (Z. 21–26), welche Funktion der Brauch hat, bei dem Begräbnis eines Adligen die Abbilder aller Vorfahren mitzutragen.

3 Ersetze die nachfolgenden Formen des Pronomens hic, haec, hoc durch die entsprechenden des Pronomens ille, illa, illud und umgekehrt:

hōrum, hāc, illō, illīs, hunc, hoc, hōc, ille, illīus, huic, hōs, illa.

4 hic oder ille? Ergänze die jeweils fehlenden Pronomina und übersetze dann:

a) Scīpiō nūper in [?] bellō hostēs vīcit, pater eius ōlim in [?] bellō rem pūblicam dēfenderat.
b) [?] ōrātiō, quam nunc audiō, mihi nōn placet. Sed [?] ōrātiō, quam Scīpiō herī habuit, mē valdē commōvit.
c) [?] cīvēs, quī nōn adsunt, ōrātiōnem Scīpiōnis audīre nōn possunt. [?] cīvēs, quī adsunt, eam audīre nōlunt.
d) Quis [?] Scīpiōnis īgnōrat: „Imāginēs mē ad virtūtem incitant."

5 Ordne die folgende Ausdrücke dem passenden Satzzusammenhang zu und übersetze:

Albam Longam – dūcem – fidōs – fidum – hostēs – īnfēstōs

a) Graecī Trōiānōs [?] putāvērunt.
b) Trōiānī Graecōs [?] habuērunt.
c) Aenēās semper sē [?] praestābat.
d) Etiam comitēs eius sē [?] praestābant.
e) Postrēmō Trōiānī Ascanium quoque [?] fēcērunt.
f) Ascanius urbem novam, quam condiderat, [?] nōmināvit.

6 Entwickle, welche typischen Werte eines römischen Adligen an der Statue auf S. 36 zum Ausdruck kommen.

7 Nenne Bereiche des heutigen Lebens, in denen Bildnisse berühmter Personen eine wichtige Rolle spielen, und erläutere deren Funktion. Vergleiche die Möglichkeiten, heute zu Ruhm zu gelangen, mit den Möglichkeiten der Römer in der Antike.

Lektion 32

Die Ämterlaufbahn der römischen Republik

Zu Beginn der Republik lenkten nur die alten adligen Familien die Geschicke der Stadt Rom. Nachdem der Zugang zum Konsulat (cōnsulātus) auch Plebejern eröffnet worden war, gab es vor allem im 4. und 3. Jahrhundert v. Chr. Aufstiegsmöglichkeiten für all diejenigen, die sich durch militärische und politische Leistungen auszeichneten. Ein Römer wurde von nun an immer dann zur obersten Schicht der Adligen (nōbilēs) gezählt, wenn einer seiner Vorfahren (māiōres) das höchste politische Amt des Konsuls erlangt hatte.

Der politische und gesellschaftliche Aufstieg war aber schwierig und gelang nur selten. Man musste wohlhabend sein und in der Regel die Reihenfolge der höheren römischen Ehrenämter, den sog. cursus honōrum, durchlaufen. Zunächst hatte man sich als quaestor in der Finanzverwaltung zu bewähren, dann als aedīlis bei der Ausrichtung von öffentlichen Spielen und in der Aufsicht über die Marktpolizei sowie das Bauwesen. Wenn man daraufhin praetor wurde, war man für die Rechtsprechung zuständig. Nur wenigen gelang es, cōnsul zu werden, um zusammen mit einem Kollegen die Leitung der rēs pūblica zu übernehmen.

In alle Ämter (magistrātūs) wurde man in den jährlich abgehaltenen Volksversammlungen gewählt. Es war meist sehr kostspielig, sich im Wahlkampf zu behaupten und in Absprache mit mächtigen Politikern eine ausreichend große Anhängerschaft zu gewinnen. Als Beamter (magistrātus) war man noch dazu in einen politischen Prozess eingebunden, in dem der Senat (senātus) als Versammlung der mächtigen Adelsfamilien und ehemaligen Beamten einen beträchtlichen Einfluss besaß. Im Amt, das man ein Jahr lang ausübte (Prinzip der Annuität), hatte man stets mindestens einen Kollegen (Prinzip der Kollegialität).

Ab dem 2. Jahrhundert v. Chr. wurde es für ehrgeizige junge Römer aus dem Volk immer schwerer, in oberste politische Ämter zu gelangen. Ein politischer Aufsteiger, ein sog. homō novus, wurde zur Seltenheit. Zu den wenigen, die Erfolg hatten, zählte C. Marius (157–86 v. Chr.), der aufgrund seiner überragenden militärischen Fähigkeiten und Verdienste sogar siebenmal das Konsulat erlangte.

C. Marius (Rom, Vatikanische Museen)

Lektion 32

Die u-Deklination/Der Ablativus qualitatis

Exercitus Rōmānōrum fīnēs imperiī dēfendit. Glōria *exercitūs* Rōmānōrum māgna fuit. Imperātōrēs aut dūcēs *exercituī* praefuērunt. In perīculīs populus Rōmānus semper auxilium ab cōnsule et *exercitū* petēbat. Postquam *exercitus* Rōmānōrum *impetū* ācrī hostēs vīcit, omnēs cīvēs cōnsulem et *exercitum* celebrāvērunt.

5 Cōnsulēs summī *magistrātūs* erant. Cōnsulēs cēterīs *magistrātibus* praefuērunt. Sed etiam cōnsulēs *senātuī* parēre dēbēbant.

Rōmānī in summō perīculō virōs
10 ēgregiōs imperātōrēs creāvērunt. Hī summō ingeniō erant. Virī summā virtūte cīvitātem rēxērunt.

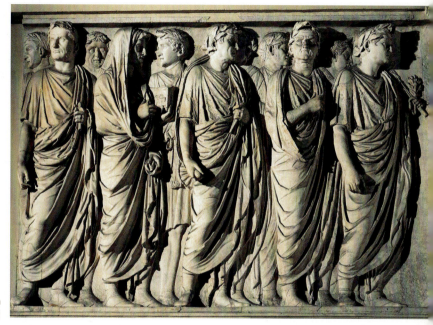

Römische Beamte und Senatoren
(Relief an der Ara pacis)

Erste Übungen

1 Bilde jeweils die passende Form des Substantivs zu den Pronomina:

a) exercitus: illīus, illīs, illum, illōrum, illō, illī (2), illōs
b) magistrātus: hunc, hōrum, hōc, hī, huius, huic, hīs

2 Formenstaffel. Bilde jeweils die angegebene Form:

a) exercitus Rōmānus → Plural → Akkusativ → Singular → Genitiv → Plural → Ablativ → Singular → Dativ → Plural
b) impetus celer → Akkusativ → Plural → Genitiv → Singular → Dativ → Plural → Nominativ → Ablativ → Singular

3 Übersetze:

a) Eurōpa virgō fōrmā pulchrā fuit. b) Oedipūs māgnō ingeniō erat.
c) Orpheus poēta māgnā ēloquentiā fuit. d) Ulixēs, vir audāciā incrēdibilī, dolum praeclārum adhibuit. e) Aenēās nōn semper bonō animō fuit.

41

Lektion 32

Marius – ein homo novus

Kurz nach dem Tod des C. Marius unterhalten sich zwei Soldaten, die zu seinen Anhängern zählen, über die Leistungen des großen Feldherrn und mächtigen Politikers. Dieser führte eine bedeutende Heeresreform durch und besiegte die Kimbern und Teutonen, die Italien bedrohten.

Mīles I: C. Marium subitō in cōnsulātū septimō ē vītā discessisse herī audīvī. Nunc populus, ut crēdō, cōnsulem māgnō animō et virum summā virtūte āmīsit.

Mīles II: Ita est, amīce! Nisī Marius exercitum nostrum iterum atque iterum incitāvisset, ut māgnā fortitūdine pūgnāret, multōs hostēs, quī nōbīs paene perniciēī fuērunt[1], fīnibus imperiī Rōmānī nōn arcuissēmus.

Mīles I: Hoc nōn īgnōrō. Quia Marius imperātor maximō ingeniō fuit, et Iugurtham et Germānōs, barbarōs ingentī māgnitūdine corporis, vīcimus.

Mīles II: In cōnsulātū quīntō Marius ad Vercellās[2] impetū vehementī exercituum Rōmānōrum cōpiās Cimbrōrum dēvīcit et fugāvit. Tum et amīcī et inimīcī cōgnōvērunt: Is, quī rem mīlitāriam[3] mūtāverat, etiam rem pūblicam servāvit. Multī dīxērunt Marium urbem Rōmam iterum condidisse.

Mīles I: Nōn sōlum rem pūblicam servāvit, sed etiam plēbem semper adiūvit. In magistrātū patrōnus plēbis et mīlitum fuit. Cum in senātū lēgēs, quae nōbīs ūsuī erant, ferēbat, numquam timuit, nē nōbilēs virōs, quī aut cōnsulēs aut praetōrēs aut aedīlēs[4] aut quaestōrēs[5] erant, lacesseret.

Mīles II: C. Marius, quamquam nōn ē nōbilī genere erat, tamen cōnsulātum petīvit. Ac profectō homō novus[6] summum magistrātum obtinuit et cursum honōrum complēvit. Is cōnsul, quī nōbīs et cīvitātī semper cōnsuluit, etiam post mortem vīvet!

---

[1] fuērunt übersetze als Irrealis der Vergangenheit
[2] ad Vercellās bei Vercellae
[3] rēs mīlitāria das Militärwesen
[4] aedīlēs die Ädilen (siehe Einführung)
[5] quaestōrēs die Quästoren (siehe Einführung)
[6] homō novus als Aufsteiger

Lektion 32

Übungen

1 Gib an, welche körperlichen und geistigen Eigenschaften Marius im Text des Lesestücks zugeschrieben werden und welche Leistungen mit seiner politischen Karriere in Verbindung gebracht werden.

2 Schreibe aus dem Lesestück die Wendungen heraus, die einen ablativus qualitatis enthalten, und bestimme jeweils, ob er dabei als ein Attribut oder ein Prädikatsnomen verwendet ist.

3 Vervollständige die Reihen der Substantive jeweils mit der passenden Form des Wortes exercitus.

a) mīlitum, ?, dūcum, sociōrum
b) armīs, victōriīs, ?, dūcibus
c) praedā, bellō, clāde, ?
d) exercitus, exercitūs, ?, exercitum
e) ?, exercituum, exercitibus, exercitūs

4 Bestimme die folgenden Formen nach Kasus, Genus, Numerus und bilde jeweils den Nominativ Singular. Ordne das Substantiv dann der richtigen Deklination zu:

cōnsulum, cōnsulātum, cūrārum, cursuum, ūsūs, umerōs, exemplī, exercituī, magistrātibus, mercātōribus, inimīcōs, impetūs, senātōrī, senātuī.

5 Übersetze und gib die Funktion der unterstrichenen Ablative an:

Marius imperātor <u>summā auctōritāte</u> fuit. Is, postquam Germānōs cum mīlitibus suīs dēvīcit, Rōmānōs <u>timōre</u> līberāvit. Omnēs cīvēs <u>victōriā</u> laetī fuērunt. Virtūtem eius <u>multīs verbīs</u> laudābant. <u>Māgnō gaudiō</u> imperātōrem et huius exercitum in omnibus viīs urbis Rōmae salūtāvērunt.

6 Informiere dich in einem Lexikon oder im Internet, in welchen modernen Staaten es heute noch einen Senat gibt.

Lektion 33

Soziale Probleme und innenpolitische Kämpfe in Rom

Die Jahre zwischen der Ermordung des Volkstribunen Tiberius Gracchus 133 v. Chr. und dem Sieg des Augustus über Antonius und Kleopatra in der Seeschlacht bei Actium 31 v. Chr. waren in Rom von zahlreichen Auseinandersetzungen und Bürgerkriegen geprägt. Wie kam es dazu?

5 Durch viele siegreiche Kriege hatte Rom seine Herrschaft im 3. und 2. Jahrhundert ausgedehnt. Nach dem Sieg über Karthago im Jahr 146 v. Chr. beherrschte es das gesamte westliche Mittelmeer. Vor allem die römischen Bauern mussten unter den Folgen der Kriege leiden: Da sie als Soldaten kämpften und oft nicht auf ihren Höfen waren, konnten sie ihre Äcker nicht mehr bewirtschaften und machten hohe
10 Schulden. Daher mussten sie ihr Land oft an reiche Patrizier verkaufen, die so ihren Besitz weiter vergrößern konnten. Die Bauern selbst arbeiteten dann als Tagelöhner oder wanderten nach Rom ab, wo sie in Armut lebten.

Tiberius Gracchus, der aus der sehr angesehenen und reichen Patrizierfamilie der Cornelier stammte, erkannte die wachsenden sozialen Probleme und wollte vor
15 allem mit Unterstützung der Volksversammlung Reformen durchführen. Er ließ sich zum Volkstribunen wählen und versuchte, durch eine Landreform den Bauern wieder zu Landbesitz zu verhelfen. Sein Plan stieß jedoch bei den Senatoren, die größtenteils Patrizier waren, auf so großen Widerstand, dass sie Tiberius und seine Anhänger schließlich erschlugen.

20 In der Folgezeit entstanden in der politischen Führungsschicht zwei Gruppierungen: die Popularen, die sich politisch auf die Seite des Volkes stellten, und die Optimaten, die die Herrschaft des Senats beibehalten wollten. Unter diesen beiden Gruppierungen kam es in den folgenden Jahrzehnten häufig zu heftigen Auseinandersetzungen und zu
25 Bandenkriegen.

Zwei der berühmtesten Bandenführer dieser Zeit waren Publius Clodius Pulcher (ca. 92–52 v. Chr.), der auf der Seite der Popularen stand, und Titus Annius Milo († 48 v. Chr.), der mit Cicero befreundet war und
30 die Optimaten unterstützte. Ihre Banden kämpften immer wieder in regelrechten Straßenschlachten gegeneinander, bei denen es um die Kontrolle verschiedener Stadtviertel Roms ging.

Eines Tages trafen sich Clodius und Milo mit ihren
35 Männern zufällig auf der Via Appia vor den Toren Roms. Dort kam es zu einem folgenschweren Kampf.

Die Via Appia heute

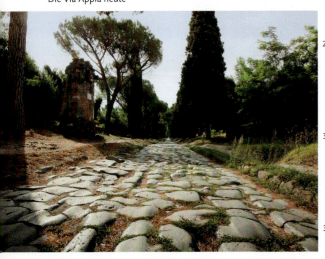

Lektion 33

Konjunktiv Perfekt/Die Subjunktion cum mit dem Konjunktiv

Cum Germānī exercitum Rōmānōrum devīcissent, populus Rōmānus Marium cōnsulem creāvit. Marius, cum legiōnēs contrā cōpiās Germānōrum cōnstituisset, mīlitēs hīs verbīs incitāvit:

„Mīlitēs! Cum Iugurtham, rēgem potentem, vīcerim, etiam nunc vōbīscum
5 Germānōs vincam. Cum vōs semper maximā fortitūdine pūgnāveritis, vōbīs fidem habeō. Deī nōs servābunt, cum eīs semper sacrificāverimus."

Erste Übungen

1 Stelle aus dem Text die Formen des Konjunktivs Perfekt zusammen und nenne die Bestandteile, aus denen sie gebildet sind. Konjugiere dann diese Verben vollständig im Konjunktiv Perfekt.

2 Konjunktiv Perfekt oder Futur II? Suche aus den folgenden Verbformen diejenigen heraus, die eindeutig Konjunktiv Perfekt oder eindeutig Futur II sind:

complēverint, obtinuerō, cōnservāverim, discesseritis, commōverō, ostenderis, fuerim, ieris

3 Formentausch: Verwandle die Konjunktiv-Formen in die entsprechende Indikativ-Form und umgekehrt!

dēseruistī, ōrāverint, quaesīvī, affuerimus, condidistis, sē praestiterit, discesserim, fuī

Clōdius Pulcher et Titus Milō inimīcī erant. Ille cum servīs saepe in viīs Rōmae *tēlīs* et *gladiīs* cum Milōne et servīs eius pūgnābat. Aliquandō virī Clōdiī Milōnem impetum fēcērunt et nōnnūllōs servōs eius *interfēcērunt*. Milō autem et servī eius multōs sociōs Clōdiī *cecīdērunt*.

Lektion 33

Tod eines Bandenführers

In den letzten Jahren der römischen Republik wurde die Politik in Rom zunehmend von brutalen Bandenkämpfen überschattet. Manchmal endeten die Begegnungen sogar tödlich, wie Titus Annius Milo seinem Verteidiger Marcus Tullius Cicero erzählt:

Mē et Pūblium Clōdium semper inimīcōs fuisse nōn īgnōrās. Cum ego cōnsulātum peterem, ille praetūram[1] petīvit. Clōdius autem, cum cōgnōsceret mē summō cōnsēnsū[2] populī Rōmānī cōnsulem fierī[3], mihi īnsidiās parāvit. Et in senātū et in conciliō plēbis[4] ille iterum iterumque dīcēbat: „Etsī
5 cōnsulātum Milōnī ēripere nōn possum, tamen vītam eī ēripiam!" Tantum erat odium Clōdiī in mē.
Nunc tibi dē fīne Clōdiī narrābō:
Clōdius, cum compererit mē in animō habēre iter Lānuvium[5] facere, subitō Rōmam cum comitibus relinquit et ad vīllam suam contendit. Ego
10 autem, cum eō diē in senātū diū fuerim, domum veniō, vestēs mūtō. Tum cum uxōre meā Rōmam relinquō. Ad Bovillās Clōdius nōbīs occurrit, in equō, sine currū, sine uxōre, cum ego cum uxōre in currū sedeam. Statim complūrēs comitēs Clōdiī cum tēlīs impetum in nōs faciunt, raedārium[6] occīdunt. Cum ego autem dē currū dēsiluerim mēque ācrī animō
15 dēfendam, servī Clōdiī gladiōs ēdūcunt et ad currum currunt. Ibi mē ā tergō petunt et servōs meōs caedere parant. Tum nōnnūllī ē servīs meīs, cum Clōdium mē occīdisse audīverint et putāverint rem vēram esse, Clōdium interficiunt.
Cōnstat: Ego vim Clōdiī vī vīcī, ego virtūte meā nōn sōlum vītam meam
20 servāvī, sed etiam rem pūblicam.

[1] **praetūra, ae** f. die Prätur, das Amt des Prätoren
[2] **cōnsēnsus, ūs** m. die Zustimmung
[3] **cōnsulem fierī** zum Konsul gewählt werden
[4] **concilium plēbis** die Volksversammlung
[5] **Lānuvium** nach Lanuvium
[6] **raedārius, ī** m. der Kutscher

Übungen

1 Beantworte die folgenden Fragen:

a) Cūr Clōdius Milōnī īnsidiās parāvit?
b) Quō Milō iter facere in animō habuit?
c) Quis cum Milōne iter fēcit?
d) Ubī Clōdius Milōnī occurrit?
e) Quis impetum in Milōnem fēcit?
f) Cūr nōnnūllī ē servīs Milōnis Clōdium interfēcērunt?

Lektion 33

2 Stelle aus dem Lesestück alle Verben zum Sachfeld „Angriff, Kampf und Verteidigung" zusammen.

3 Wie perfekt bist du im Perfektstamm? Übertrage die unten stehende Tabelle in dein Heft und ordne die Formen richtig ein. Vorsicht: Einige Formen kannst du mehrfach zuordnen.

	Indikativ	Konjunktiv
Perfekt	?	?
Plusquamperfekt	?	?
Futur II	?	

īgnōrāverāmus – īgnōrāverimus – īgnōrāvimus – īgnōrāvissēmus – petīverim – petīverō – petīveram – petīvī – dēsiluerit – dēsiluit – dēsiluerat – dēsiluisset – fuit – fuisset – fuerat – fuerit – potuissēs – potuistī – potuerās – potueris

4 Vom Präsens- in den Perfektstamm. Verwandle die folgenden Formen (Präsens → Perfekt, Imperfekt → Plusquamperfekt, Futur I → Futur II):

dēfendunt – eram – relinquit – sedeam – faciant – currerent – esse – ēripiet – ēdūcunt – caederet – putent – dēfendet – relinquāmus – sedērem – faciam (2) – possēs – ēdūcit – caedunt – putābātis

5 Verbinde die folgenden Hauptsätze mit den passenden Gliedsätzen. Übersetze anschließend die Sätze.

1. Clōdius urbem Rōmam relīquit,	a) ... cum vēstēs mūtāverit.
2. Milō vestēs mūtat ...	b) ... cum virī pūgnent.
3. Milō cum muliere domum relinquit, ...	c) ... cum domum vēnerit.
4. Servī Clōdiī impetum in Milōnem faciunt ...	d) ... cum dē currū dēsiluerit.
5. Uxor Milōnis in currū sedet et clāmat ...	e) ... cum dominum mortuum esse putent.
6. Milō cum servīs Clōdiī pūgnat ...	f) ... cum Milō in senātū esset.
7. Servī Milōnis Clōdium interficiunt ...	g) ... cum Milō inimīcus Clōdiī sit.

6 Nimm Stellung zu der Aussage des Milo in Zeile 19 f.: „Ego nōn sōlum vītam meam servāvī, sed etiam rem pūblicam."

47

Lektion 34

Caesar und Pompeius – Verbündete werden Feinde

Münze mit dem Porträt des Cn. Pompeius, ca. 46 v. Chr. (London, Britisches Museum)

Münze aus der Zeit 55/54 v. Chr. mit dem Hinweis auf den Sieg des Pompeius über die Seeräuber (London, Britisches Museum)

Denar, ca. 49 v. Chr. für Caesar in Gallien geprägt. Der Elefant, Symbol der Herrschaft Caesars, zertritt eine Carnyx, die gallische Kriegstrompete.

Im 1. Jahrhundert v. Chr. gehörte Cn. Pompeius (106–48 v. Chr.) zu den wichtigsten Politikern in Rom. Besondere Verdienste und Anerkennung erwarb er sich vor allem durch zwei Erfolge: Er überwand im Jahre 67 die Seeräuber, die das Mittelmeer unsicher machten, und besiegte in Kleinasien die mächtigen Könige Mithridates
5 und Tigranes, gegen die römische Feldherren viele Jahre vergeblich gekämpft hatten. Nach seiner Rückkehr feierte Pompeius in Rom einen glänzenden Triumph, bei dem er einen erbeuteten Mantel Alexanders des Großen trug und dem Volk die Beute von 20 000 Talenten Gold (dies entspricht etwa 524 Tonnen!) zeigte. Das Volk verglich ihn mit Alexander dem Großen und feierte ihn mit dem Ruf: Māgnus! Beim
10 Senat jedoch fand Pompeius für seine Maßnahmen, die er in Kleinasien getroffen hatte, nicht die gewünschte Unterstützung. In dieser Situation bot ihm der Politiker C. Iulius Caesar (100–44 v. Chr.) die Zusammenarbeit an. Caesar war zu der Zeit noch nicht so berühmt wie Pompeius, aber er war sehr ehrgeizig.

Caesar und Pompeius besprachen sich noch mit Crassus, einem mächtigen und
15 sehr reichen Politiker in Rom, und schlossen im Jahre 60 ein geheimes Bündnis, das Triumvirat (abgeleitet von: trēs virī). Sie vereinbarten, „dass nichts im Staat geschehen solle, was einem der drei missfalle" (Sueton, divus Iulius 19). So gelang es den drei Männern, den Einfluss des Senates weitgehend auszuschalten.

Nun begann die politische Laufbahn Caesars: Im Jahr 59 wurde er Konsul und
20 sorgte dafür, dass die Maßnahmen des Pompeius durch Gesetze genehmigt wurden. Diese waren vor allem die Neuordnung der Provinzen im Osten und die Versorgung der Veteranen, die für Pompeius gekämpft hatten, mit Land.

Nach seinem Konsulat wurde Caesar im Jahr 58 prōcōnsul in Illyrien und in den gallischen Provinzen (Gallia Cisalpīna und Gallia Nārbōnēnsis). In den folgenden
25 Jahren eroberte er das ganze Gebiet zwischen Rhein und Atlantik und machte es zur römischen Provinz.

Inzwischen war nach dem Tod des Crassus (im Jahr 53, im Kampf gegen die Parther) das Triumvirat zerbrochen. Pompeius stand nicht mehr auf Caesars Seite, sondern hatte sich dem Senat angenähert. Caesar wollte sofort nach seiner Statt-
30 halterschaft, die im Jahr 50 endete, in Rom Konsul werden, was der Senat jedoch nicht zuließ. Aber ohne ein Amt hätte Caesar seine bisherige Macht verloren, seine politische Laufbahn wäre beendet gewesen. Deshalb weigerte er sich, seine ihm treu ergebenen Soldaten zu entlassen, wie es der Senat von ihm forderte. Nun musste es zur Entscheidung kommen.

Lektion 34

Interrogativpronomen (substantivisch, adjektivisch)/ Fragesätze (Wortfragen, Satzfragen)

Nōnia: Quis impetum in Clōdium fēcit? Quī vir eum interfēcit?
Quīntus: Ego īgnōrō. Quid cīvēs dē morte Clōdiī nārrant?
Nōnia: Multī dīcunt comitēs Milōnis Clōdium interfēcisse. Num nunc pāx in cīvitāte est?
5 Quīntus: Pāx nōn est. Pūgnās novās sustinēre debēmus. Nōnne fīnem reī pūblicae timēs?
Nōnia: Fīnem reī pūblicae timeō. Quī cōnsul rem pūblicam servāre potest? Cui cōnsulī fidem habēmus? Potestne Pompēius pūgnīs fīnem facere?

Erste Übungen

1 Dekliniere und achte bei den Interrogativpronomina auf den Unterschied in der adjektivischen und der substantivischen Verwendung:

a) quis? quī vir? quae fēmina?   b) quid? quod cōnsīlium?

2 Ergänze das passende adjektivische Interrogativpronomen und übersetze:

a) ___? rēx?   b) ___? imperātōrem?   c) ___? populōs?
d) ___? prōvincia?   e) ___? templa?   f) ___? exercituī?
g) ___? glōriam?   h) ___? cōnsīlium?   i) ___? lēgēs? (2)

3 Ergänze die fehlenden Interrogativpronomina bzw. Fragepartikel und übersetze die Sätze:

nōnne – quae – quis – -ne

a) Nōnia: ___? Clōdium interfēcit?
b) Quīntus: Comitēs Milōnis Clōdium interfēcērunt. Cōgnōvistī ___? Cicerōnis ōrātiōnem prō Milōne?
c) Nōnia: Ōrātiōnem nōn cōgnōvi. ___? cōnsīlia Clōdius et Milō habuērunt? ___? summum imperium petīvērunt?
d) Quīntus: Ita est. Et Clōdius et Milō cōnsulātum petīvērunt.

Et Caesarī et Pompēiō maxima *auctōritās* fuit. Hic māgnās *regiōnēs* Asiae expūgnāvit. Caesar, cum *prōcōnsul* in Galliā esset, tōtam *ferē* Galliam *ūsque* ad Ōceanum *subiēcit*. Quō modō *potentiam* et glōriam *auxit*. Senātus autem Pompēiō *fāvit*. Itaque Caesar, cum Galliam relinqueret, exercitum nōn dīmīsit, ut senātus *popōscerat*, sed cum mīlitibus in Italiam contendit et bellum *cīvīle commīsit*.

49

Lektion 34

„Iacta alea est!"

Lucius möchte von Quintus mehr über die unruhigen Jahrzehnte in Rom und über das Verhältnis zwischen den drei Männern im Triumvirat, Crassus, Cäsar und Pompeius, wissen:

Lūcius: Cuī ex tribus virīs tum maxima auctōritās erat?

Quīntus: Tum Pompēius maximam auctōritātem habuit, nam paucīs annīs ante in Asiā multās regiōnēs expūgnāverat.

Lūcius: Quās regiōnēs Pompēius expūgnāverat? Quōs rēgēs et imperātōrēs vīcerat?

Quīntus: Pompēius Mithridātem et Tīgrānem rēgēs superāverat, Bīthȳniam et Pontum, Syriam, Iūdaeam expūgnāverat.

Lūcius: Nōnne Pompēius triumphum celebrāvit, postquam Rōmam rediit?

Quīntus: Ita est. Pompēius triumphum praeclārum celebrāvit. Populus eum cum Alexandrō Māgnō comparāvit.

Lūcius: Nōnne etiam Caesar imperātor clārus erat?

Quīntus: Ita est. Caesar, cum prōcōnsul in Galliā Cisalpīnā[1] esset, tōtam ferē Galliam ūsque ad Ōceanum subiēcit. Quō modō potentiam suam et glōriam auxit.

Lūcius: Num senātōribus placuit Caesarem tam potentem esse?

Quīntus: Ita nōn est. Eō tempore, cum Caesar Galliam expūgnāvit, senātus Pompēiō fāvit et populus Rōmānus eum ter[2] cōnsulem creāvit. Ā Caesare autem senātōrēs popōscērunt, ut sine exercitū Rōmam redīret.

Lūcius: Placuitne Caesarī hoc cōnsīlium? Parātusne erat exercitum dīmittere?

Quīntus: Hoc cōnsīlium prōcōnsul recūsāvit. Quī ā senātōribus popōscit, ut sibi iterum cōnsulātum dēferrent. Id autem senātus negāvit.

Lūcius: Quid Caesar tum fēcit? Cur bellum cīvīle commīsit?

Quīntus: Caesar, cum exercitum ad Rubicōnem[3] flūmen dūxisset, ad rīpam flūminis cōnstitit et: „Etiam nunc", inquit, „redīre possumus. Sī pontem trānsierimus, dē summā rērum dēcertāre[4] dēbēbimus." Dum mīlitēs cessant, Caesar ad alteram rīpam trānsiit et clāmāvit: „Iacta ālea est!"[5] Tum cum exercitū in Italiam contendit.

[1] **Gallia Cisalpīna** das diesseitige Gallien
[2] **ter** zum dritten Mal
[3] **Rubicō, Rubicōnis** der Rubikon
[4] **dē summā rērum dēcertāre** um die letzte Entscheidung kämpfen
[5] **Iacta ālea est.** Der Würfel ist geworfen.

50

Lektion 34

Caesar am Rubikon (Paris, Louvre, Cabinet de Dessins). Diese mittelalterliche Illustration spiegelt wider, wie der Maler sich Caesar am Rubikon vorgestellt hat. Dabei fügt er zwei antike Berichte in sein Bild ein: Der römische Schriftsteller Lucan berichtet, dass der Geist von Rom – in Gestalt einer jungen Frau – Caesar gebeten habe, am Fluss Halt zu machen. Sueton erzählt, dass ein überirdisches Wesen auf einer Rohrpfeife gespielt habe, dann aber verschwunden sei.

Übungen

1 Stelle aus dem Lesestück in einer Tabelle alle Wortfragen und alle Satzfragen zusammen und gib jeweils die lateinische Antwort an.

2 Stelle aus dem Lesestück alle Wörter zusammen, die zum Sachfeld „Herrschaft, Kampf, Sieg/Niederlage" gehören, und ordne sie in einer Tabelle nach Wortarten.

3 Wortfrage oder Satzfrage? Übersetze und bestimme die Art des Fragesatzes: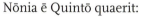

Nōnia ē Quintō quaerit:
a) Quīnte, nōnne audīvistī C. Marium ē vītā discessisse?
b) Quōs hostēs Marius vīcit?
c) Iterumne Marius condidit Rōmam?
d) Nōnne Marius fuit patrōnus plēbis?
e) Num Marius virōs nōbilēs timuit?
f) Quem Marius semper adiūvit?

51

Lektion 34

4 Zurück zur Frage: Formuliere eine Frage, auf die die unterstrichenen Wörter eine Antwort geben. Verwende das substantivische Interrogativpronomen.

Beispiel: Antwort: Pompēius <u>Mithridātem et Tigrānem</u> rēgēs in Asiā vīcit.
Frage: Quem Pompēius in Asiā vīcit?

a) Pompēius post victōriās <u>triumphum</u> celebrāvit.
b) Māgna potestās Caesaris <u>senātuī</u> nōn placuit.
c) Senātōrēs <u>ā Caesare</u> popōscērunt, ut exercitum dīmitteret.
d) <u>Caesar</u> cum mīlitibus Rōmam contendit.
e) Postrēmō legiōnēs <u>Caesaris</u> exercitum Pompēī vīcērunt.

5 Vielfältiges quī, quae, quod. Setze die jeweils passende Form ein und bestimme die Wortart (Interrogativpronomen, Relativpronomen oder Subjunktion).

quem – quod – quae – quī – quī – cuius – quī – quās – quod – quī

a) Pompēiō et Caesarī et Crassō maxima potestās erat. ? cōnstituērunt, ut senātus sibi parēret.
b) Pompēius, ? populus Rōmānus Māgnum dīcēbat, in Asiā multās regiōnēs expūgnāverat.
c) ? ille prōvinciās cōnstituit.
d) ? senātuī nōn placuit.
e) Potentia Caesaris valdē crēverat, ? tōtam ferē Galliam subiēcerat et māgnās dīvitiās sibi parāverat.
f) Senātōrēs fāvērunt Pompēiō, ? nōn iam Caesarem, sed senātum adiūvit.
g) ? ā prōcōnsule popōscit, ut exercitum dīmitteret et Rōmam redīret.
h) Tum Caesar sēcum cōgitāvit: „? cōnsīlia Pompēius habet? Eritne pūgna inter mē et Pompēium? ? imperātor summum imperium habēbit?"
i) Postrēmō Caesar, ? audācia māgna erat, bellum cīvīle commīsit.

6 a) Beschreibe das Münz-Porträt des Pompeius (S. 48) und vergleiche es mit der Büste S. 35. Nenne eine wichtige Gemeinsamkeit.
b) Erkläre, warum Caesar und Pompeius ihre militärischen Erfolge auf Münzen darstellen ließen (S. 48).

7 Beschreibe die mittelalterliche Illustration auf S. 51 und nenne Gemeinsamkeiten und Unterschiede zum Text des Lesestücks.

Lektion 35

Das Ende der res publica – Wollte Caesar König werden?

Die Auseinandersetzung zwischen Caesar und Pompeius wurde im Jahre 48 v. Chr. in der Schlacht bei Pharsalus (Nordgriechenland) durch Caesars Sieg entschieden: Pompeius floh nach Ägypten und wurde dort ermordet. Durch weitere Feldzüge und Schlachten in Afrika und Spanien gegen seine politischen Gegner entschied
5 Caesar den Bürgerkrieg endgültig für sich. Der Senat verlieh ihm nun zahlreiche Ehrungen wie den Titel Imperator (Oberbefehlshaber über alle römischen Truppen) und ernannte ihn zum Diktator auf zehn Jahre, im Jahre 44 sogar auf Lebenszeit (dictātor perpetuus), außerdem zum Konsul für zehn Jahre. Schon seit 63 v. Chr. war Caesar außerdem der oberste Priester (pontifex maximus).
10 Trotz seiner großen Macht bestrafte Caesar seine Gegner in Rom nicht, sondern er begnadigte sie. Durch seine Milde brachte er auch sein Überlegenheitsgefühl zum Ausdruck.
In der folgenden Zeit begann Caesar mit umfangreichen Reformen: Viele Arbeitslose beschäftigte er durch seine rege Bautätigkeit, Bedürftige und kinderreiche Fa-
15 milien in Rom erhielten kostenlos Getreide, Nachlass bei Mietzahlungen und andere Sonderzuwendungen. Er siedelte ca. 80 000 Plebejer in verschiedenen Teilen des Reiches in Kolonien an und reduzierte auf diese Weise die plēbs in Rom. Die Einführung des julianischen Kalenders mit 365 Tagen war ebenfalls eine bedeutende Reform, die bis heute nachwirkt.
20 Caesars Regierungsstil entsprach jedoch nicht den Vorstellungen der senatorischen Führungsschicht, die wollte, dass die alte lībera rēs pūblica wiederhergestellt wurde. Diese existierte jedoch nicht mehr. Am Lupercalien-Fest (15. Februar) des Jahres 44 v. Chr. zeigte sich deutlich, wie Caesar seine Herr-
25 schaft auffasste: Er trat in der Tracht der etruskischen Könige im Purpurgewand und mit einem goldenen Kranz in der Öffentlichkeit auf.
Als immer deutlicher wurde, dass Caesar seine große Machtfülle nicht zur Wiederherstellung der alten rēs pūblica
30 einsetzte, fassten etwa 60 Senatoren unter der Führung von Cassius und Brutus den Entschluss, Caesar zu ermorden und den Staat der Vorfahren wiederherzustellen. Als Termin für die Ermordung bestimmten sie eine Senatssitzung an den Iden des März (15.3.) 44 v. Chr. Ort der Sitzung war
35 die Kurie beim Pompeius-Theater.

Münze aus dem Jahr 44 v. Chr. Caesar trägt einen goldenen Kranz; hinter dem Hals der lituus (Krummstab), das Kennzeichen der Auguren. Zum ersten Mal in der Republik ist das Porträt eines Lebenden abgebildet. (London, Britisches Museum)

53

Lektion 35

 Indirekter Fragesatz

Lūcius: Quis Syriam et Iūdaeam expūgnāvit?
Quīntus: Rogās, quis Syriam et Iūdaeam expūgnāverit. Pompēius hās prōvinciās subiēcit. Lūcī, scīsne, quam prōvinciam Caesar expūgnāverit?
Lūcius: Sciō Caesarem Galliam expūgnāvisse. Cūr Caesar bellum cum Pompēiō gessit?
5
Quīntus: Nesciō, cūr Caesar bellum cum Pompēiō gesserit.
Lūcius: Herī patrem rogāvī, utrum senātus Caesarī an Pompēiō fāvisset. Pater haec respondit: Cum senātus Pompēiō fāvēret, Caesar ad flūmen Rubicōnem cōgitāvit, num flūmen trānsīret.

Erste Übungen

1 Formenreihe. Setze die Formen in die Konjunktive des Präsens- und des Perfektstamms:

parō – habet – veniunt – capis – petitis – adīs

2 Forme um in die entsprechenden Formen des Konjunktivs:

a) accēdunt b) augēbāmus c) popōscī d) volāvistī
e) temptāverātis f) favet g) comparābant h) dēcrēveram

3 Übersetze die direkten Fragen. Verwandle sie dann in indirekte Fragen, indem du sie abhängig machst von: Quīntus īgnōrat .../Quīntus īgnōrāvit ...

a) Quōmodo Caesar in Galliā Cisalpīnā potentiam auxit?
b) Quid senātōrēs ā Caesare poscunt?
c) Cūr Caesar Rubicōnem flūmen trānsit?
d) Num Caesar parātus erat ad bellum cum Pompēiō?

 Nōnnūllī senātōrēs, quia Caesarem nōn cōnsulem, sed rēgem esse *exīstimāvērunt*, *dēcrēvērunt* eum occīdere. Caesar, cum *somnia* mīra habuisset, *dubitāvit* cūriam adīre. Calpurnia uxor dīxit: „Sī cūriam adībis, mē cūrīs *afficiēs*. Tē rogō, ut *domī maneās*." Cum Caesar *dubitāret*, Brūtus appāruit et rogāvit, ut ad senātum venīret.

54

Lektion 35

Die Iden des März

Der Schriftsteller Sueton berichtet, was in den letzten Tagen und Stunden vor Caesars Tod passierte.

Caesar, cum fīliōs Pompēī Māgnī superāvisset, Rōmam rediit. Ibi senātōrēs eī multōs honōrēs dēcrēvērunt, velut cōnsulātum continuum[1], perpetuam dictātūram[2], statuam inter rēgēs[3]. Nōnnūllī autem senātōrēs, quī exīstimābant Caesarem nōn cōnsulem, sed rēgem esse, cōnsilium cēpērunt eum occīdere. Diū sēcum cōgitābant, utrum Caesarem in Campō Mārtiō an in Viā Sacrā occīderent. Tandem eīs placuit īnsidiās parāre in cūriā Pompēī[4], quō senātōrēs Īdibus Mārtiīs[5] convenīrent.

Caesarī multa sīgna mortem futūram ostenderant. Ante Īdūs Mārtiās in somniō vīderat sē suprā nūbēs volāre et cum Iove dexteram iungere. Etiam Calpurnia, uxor eius, timēbat, nē inimīcī Caesarem occīderent. Itaque eum implōrāvit: „Cōgitā, quantīs cūrīs mē afficiās! Timeō, nē senātōrēs tibi īnsidiās parent. Tē ōrō, nē eō diē cūriam adeās!"

Caesar prīmum nescīvit, quid faceret. Diū dubitābat, num domī manēret. Subitō Decimus Brūtus appāruit et rogāvit, cūr nōn venīret: „Senātōrēs iam diū tē exspectant."

Quod cum Caesar audīvisset, tandem ad theātrum Pompēī iit et cūriam intrāvit. Cum ibi consīderet, senātōrēs, quī cōnsilium cēperant Caesarem interficere, eum circumstetērunt[6]. Ūnus ex eīs propius[7] accessit. Cum Caesar eum rogāvit, quid in animō habēret, subitō aliī senātōrēs gladiōs ēdūxērunt et eum petīvērunt. Caesar sē dēfendere temptāvit, sed frūstrā: Senātōrēs eum occīdērunt. Corpus Caesaris diū in cūriā iacuit; dēnique trēs servī eum domum rettulērunt.

[1] continuus, a, um ununterbrochen
[2] dictātūra, ae f. das Amt des Diktators
[3] Damit sind die Statuen der römischen Könige auf dem Kapitol gemeint.
[4] cūria Pompēī die Kurie beim Pompeiustheater
[5] Īdibus Mārtiīs an den Iden des März (15. März)
[6] circumsistere, circumsistō, circumstetī (jemanden) umringen
[7] propius (Adv.) näher

Die Ermordung Caesars, Gemälde von Carl-Theodor von Piloty, 1865 (Hannover, Niedersächsisches Landesmuseum)

Lektion 35

Übungen

1 Erkläre mithilfe des Infotextes und des Lesestücks, warum einige Senatoren beschlossen, Cäsar zu ermorden.

2 Stelle aus dem Lesestück alle indirekten Fragesätze zusammen:
   a) Unterscheide sie nach Wort- und Satzfragen und trage sie in eine Tabelle ein.
   b) Notiere jeweils das Prädikat des Haupt- und des konjunktivischen Gliedsatzes und gib deren Zeitverhältnis an.

3 Fragen über Fragen! Übersetze die direkten Fragesätze. Verwandle sie dann in indirekte Fragesätze, indem du sie abhängig machst von: Quīntus scit .../ Quīntus scīvit ...

   a) Cūr senātōrēs Caesarī īnsidiās parant?
   b) Ubi senātōrēs conveniunt?
   c) Cūr Caesar cūriam intrat?
   d) Quis Caesarem in cūriā exspectāvit?
   e) Quōmodo senātōrēs Caesarem occīdērunt?

4 Übersetze und bestimme das Zeitverhältnis:

   a) Audīvistī, ubi senātōrēs Caesarem interfēcissent.
   b) Scīsne, quis Caesarī in somniō appāruerit?
   c) Cum Calpurnia dē illō somniō audīvisset, Caesarem monuit:
   d) „Tē ōrō, ut domī maneās!"
   e) Brūtus rogāvit, cūr Caesar cūriam nōn adīret.

5 Lückenfüller. Setze die Verben in Klammern in den passenden Konjunktiv:

   a) Caesar nescit, utrum domī ____?____ (manēre) an ad cōnsilium senātūs ____?____ (īre).
   b) Calpurnia implōrat, nē Caesar cūriam ____?____ (adīre).
   c) Brūtus rogat, ut Caesar in cūriam ____?____ (venīre).
   d) Cum Caesar sē dēfendere ____?____ (temptāre), senātōrēs eum occīdērunt.
   e) Magister rogāvit, utrum senātōrēs Caesarem in Campō Mārtiō an in cūriā ____?____ (occīdere).

6 Beschreibe das Gemälde von Carl-Theodor von Piloty (S. 55) und erläutere, welchen Moment der Maler beleuchtet. Berücksichtige dabei auch das Lesestück.

7 Die Inschrift auf der Münze (S. 53) lautet: CAESAR – DICT – QUART. Erschließe die Bedeutung dieser Abkürzungen.

Lektion 35

8 Erkläre, was die Inschrift EID MAR auf der Rückseite der Münze unten bedeutet. Zwischen den beiden Dolchen ist eine Filzkappe (pīleus) dargestellt, die in Rom Sklaven nach ihrer Freilassung tragen durften. Erläutere, was Brutus mit diesem Symbol zum Ausdruck bringen will.

Münze (Silberdenar), ca. 43/42 v. Chr. Die Vorderseite zeigt des Kopf des Brutus, die Rückseite den pīleus (Freiheitsmütze) zwischen zwei Dolchen, darunter die Inschrift: EID MAR (London, Britisches Museum)

9 Geflügelte Worte Caesars – Übersetze und erkläre sie:

Vēnī, vīdī, vīcī!   Iacta ālea est!   Et tū, mī filī!
Est rērum omnium magister ūsus.

10 Latein lebt – Nenne die lateinischen Grundformen, die den folgenden deutschen Begriffen zugrunde liegen:

Alternative – Autorität – Dom – Exempel – Favorit – Konserve – Kurs – Publikum – Quinte – Weste – Zar

Rekonstruktion des Divus-Iulius-Tempels, den Augustus 29 v. Chr. auf dem Forum an der Strelle errichten ließ, an der der Leichnam Caesars im Jahre 44 verbrannt worden war. Zum ersten Mal wurde in Rom der orientalische Brauch übernommen, einen Herrscher nach seinem Tod zu vergöttlichen.

Plateaulektion 31 – 35

Grundwissen: Die römische Republik im Wandel

Die mōrēs māiōrum

Die Sitten der Vorfahren waren für die römischen Adligen (**nōbilēs**) eine sehr wichtige Orientierungshilfe im Leben. Wenn sie ihnen nacheiferten, erreichten sie **virtūs** (Tüchtigkeit im privaten und öffentlichen Leben, Tapferkeit im Krieg), **glōria** (langanhaltenden Ruhm) und **honor** (Ehre). Da die Vorfahren den Römern als Vorbilder galten, deren Taten man immer wieder erreichen oder sogar übertreffen musste, wurden ihre Ahnenbilder (**imāginēs**) in den adligen Familien über Generationen hinweg geehrt und bei festlichen Anlässen in der Öffentlichkeit gezeigt.

Der cursus honōrum

Die „Ämterlaufbahn" bezeichnete die Reihenfolge der politischen Ämter (**magistrātūs**), die man in Rom durchlaufen musste, um zum höchsten Amt zu gelangen. Alle Ämter waren Ehrenämter (**honōrēs**), für die man kein Geld erhielt. Gewählt wurden die Beamten von der Volksversammlung. Jeder Beamte hatte mindestens einen Kollegen und durfte jeweils nur ein Jahr lang sein Amt ausüben.

quaestor	aedīlis	praetor	cōnsul
Finanzverwaltung	Öffentliche Ordnung	Rechtsprechung	Regierung

Ein Römer, der es geschafft hatte, Konsul zu werden, obwohl er nicht aus einer der adligen Familien stammte, wurde als **homō novus** („Aufsteiger") bezeichnet. Zu diesen wenigen Ausnahmen zählten Cato, Marius und Cicero.

Optimaten und Popularen

Seit dem 2. Jahrhundert v. Chr. kam es in Rom zu einer Verarmung der breiten Bevölkerungsschichten und zu einem Anwachsen der **plēbs urbāna**. Diese wählte aber die römischen Beamten; daher war sie für die nōbilēs von großer Bedeutung. Unter ihnen bildeten sich bald zwei Gruppen heraus:
- die **Optimaten** („die Besten"), die die Macht des Senats mit aller Kraft verteidigten,
- die **Popularen** („die Volksfreundlichen"), die sich auf die Seite der plēbs stellten und in der Volksversammlung ihre eigenen politischen Ziele durchzusetzen versuchten.

Zwischen beiden Gruppen kam es im 1. Jahrhundert v. Chr. in Rom immer wieder zu heftigen Auseinandersetzungen und Kämpfen.

Aufruf zum Umsturz

Eine schillernde Gestalt im 1. Jahrhundert v. Chr. war L. Sergius Catilina (108–62 v. Chr.), der zwar aus einer alten Patrizierfamilie stammte, aber in zweifelhaftem Ruf stand. Als er nach seiner Prätur (68 v. Chr.) die Provinz Āfrica verwaltete, soll er die Provinzbewohner so rücksichtslos ausgebeutet haben, dass diese ihn noch vor seiner Rückkehr nach Rom anklagten. Nur durch massive Bestechung erreichte Catilina in diesem Prozess einen Freispruch, doch war seine politische Karriere damit zunächst beendet. Seine Bewerbung für das Konsulat des Jahres 65 wurde abgelehnt. Im Sommer 64 kandidierte Catilina erneut für das Konsulat. Sein Gegenkandidat, der Redner Cicero, wurde von den Rittern und dem überwiegenden Teil der Nobilität unterstützt und zum Konsul des Jahres 63 gewählt. Da entschloss sich Catilina, gewaltsam die Macht zu erobern. Er sammelte eine große Schar gleichgesinnter Anhänger um sich und versteckte seinen persönlichen Ehrgeiz hinter Schlagwörtern der Popularen: Er gab sich als Anwalt der unzufriedenen kleinen Leute aus und versuchte so, einen Umsturz einzuleiten:

L. Catilīna, vir nōbilis, fuit māgnā vī et animī et corporis, sed ingeniō malō. Hic iterum atque iterum cōnsulātum petēbat, sed frūstrā. Itaque, cum cīvēs Cicerōnem cōnsulem creāvissent, novīs rēbus studuit[1]. Postquam amīcōs et sociōs, quī māgnā audāciā erant, clam in domum suam
5 convocāvit, hanc ferē ōrātiōnem habuit:
„Vōs omnēs nōn īgnōrātis, cur cōnsilium cēperim novīs rēbus studēre. Certē vōbis nōtum est, quem cīvēs Rōmānī cōnsulem fēcerint. Num vōbis placet hominem novum nunc cōnsulātum obtinēre, mihi autem nōn licēre reī pūblicae praeesse? Quam futūram condiciōnem vītae exspectābimus,
10 nisī nōs ā potentiā paucōrum nōbilium līberāverimus? Illīs sunt potentia, honor, dīvitiae, nōbis relīquērunt labōrēs, iniūriās, aes aliēnum. Quis ferre potest illōs abundāre[2] dīvitiīs, nōbis dēesse rēs ad vītam necessāriās?
15 Nōnne praestat[3] in proeliō cum potentibus pūgnāre atque ē vītā discēdere quam vītam miseram agere, sine honōre, sine auctōritāte, sine potentiā? Lībertās, dīvitiae, glōria mox nōbis erunt: Nam fortūna haec omnia nōbis praemia[4]
20 pōnet, sī potentes vīcerimus. Itaque mēcum arma capite, mēcum īnsidiās parāte Cicerōnī cōnsulī, gerite mēcum bellum cum potentibus!"

[1] novīs rēbus studēre einen Umsturz vorbereiten
[2] abundāre (an etwas) Überfluss haben
[3] praestat es ist besser
[4] praemium, ī n. die Belohnung

Catilina und seine Freunde besiegeln die Verschwörung mit einem Bluteid, Ölgemälde von Salvator Rosa, 1615–1673 (Florenz, Museo di Casa Martelli)

P 31–35

Methodenkompetenz (10): Texte analysieren

1. Die Ansprache, die Catilina im Lesestück hält, gehört zur Textsorte **Rede**. In ihr spricht Catilina seine Freunde an, um sie zu veranlassen, sich an seinem Umsturzversuch zu beteiligen. Dafür verwendet er zum einen Argumente, die er für überzeugend hält, zum anderen unterstützt er diese Argumente gleichzeitig auch durch eine gut überlegte sprachliche Form. Dabei verwendet er auch **Stilfiguren**.

2. Wichtige **Stilfiguren**, die die Aussage des Textes unterstreichen können, sind:
   - **Alliteration:** Aufeinanderfolgende Wörter beginnen mit demselben Anlaut: Fortēs fortūna adiuvat.
   - **Anapher:** Das Anfangswort bei Satzteilen oder Sätzen wird wiederholt: Ō tempora, ō mōrēs.
   - **Antithese:** Gegensätzliche Begriffe oder Gedanken werden einander gegenübergestellt: Summum iūs, summa iniūria.
   - **Asyndeton:** Wörter, Wortreihen oder Sätze folgen unverbunden aufeinander: Vēnī, vīdī, vīcī.
   - **Parallelismus:** Entsprechende Satzteile oder Sätze werden (bei etwa gleicher Wortzahl) in der gleichen Reihenfolge angeordnet: Numquam aliud nātūra, aliud sapientia dīcit.
   - **Chiasmus:** „Kreuzstellung" (nach dem griechischen Buchstaben „Chi": X) – Inhaltliche entsprechende Wörter oder Wortgruppen werden in umgekehrter Reihenfolge („über Kreuz") angeordnet: Quī mortem timet, amittit gaudia vītae.
   - **Rhetorische Frage:** Eine Frage, auf die keine Antwort erwartet wird, da ihre Antwort dem Redner und seinen Zuhörern längst klar ist.

3. In einer guten Rede bilden **Inhalt** und **Form** immer eine Einheit, um die Zuhörer zu beeindrucken. Wenn du den Gedankengang eines Textes untersuchst, achte daher auf diese drei Aspekte:
   - **Was** sagt der Redner?
   - **Wie** sagt er es? Welchen Gedanken betont er besonders?
   - **Welchen Eindruck** will er durch die Art seiner Darstellung bei seinen Zuhörern hervorrufen?

Übungen

Texte erschließen

1 Gliedere die Rede Catilinas an seine Freunde in sinnvolle Abschnitte und gib ihnen jeweils eine kurze Überschrift.

2 Catilina vermittelt seinen Zuhörern den Eindruck, in Rom gäbe es eine „Zweiklassengesellschaft". Stelle in einer Tabelle beide Gruppen, die hier beschrieben werden, gegenüber, und trage aus der Rede alle Wendungen, die Catilina ihnen jeweils zuordnet, ein. Suche dann jeweils einen deutschen Begriff, der beide Gruppen treffend charakterisiert.

3 Suche heraus, wo sich die oben genannten Stilmittel in der Rede Catilinas finden, und erläutere kurz, welche Absicht der Redner damit verfolgt.

P 31 – 35

Methodenkompetenz (11): Die Funktionen des Konjunktivs und seine Übersetzung II

1. Du hast bisher den Konjunktiv in abhängigen Begehrsätzen und als Irrealis der Gegenwart und der Vergangenheit kennengelernt (vgl. Plateaulektion 26–30, S. 33). Der Konjunktiv steht im Lateinischen außerdem auch **immer** in **abhängigen Fragesätzen**. Dieser Konjunktiv wird im Deutschen aber mit dem Indikativ übersetzt:

Catilīna dīxit: „Certē vōbīs nōtum est, quem cīvēs Rōmānī cōnsulem **fēcerint**.“
Catilina sagte: „Sicher ist euch bekannt, wen die römischen Bürger zum Konsul gemacht **haben**.“

2. In allen konjunktivischen Gliedsätzen, die du bisher kennengelernt hast, gelten die Regeln der **consecutio temporum**. Du kannst daher immer durch den Vergleich des Tempus des übergeordneten Satzes mit dem Tempus des Gliedsatzes erkennen, welches **Zeitverhältnis** zwischen diesen beiden Sätzen herrscht:

Tempus des übergeordneten Satzes	Tempus des konjunktivischen Nebensatzes	Zeitverhältnis
Präsens/Futur	Konjunktiv Präsens	gleichzeitig
	Konjunktiv Perfekt	vorzeitig
Imperfekt/Perfekt/ Plusquamperfekt	Konjunktiv Imperfekt	gleichzeitig
	Konjunktiv Plusquamperfekt	vorzeitig

Übungen

1 Suche aus dem Lesestück alle Fragesätze heraus. Bestimme dann jeweils: Handelt es sich um eine direkte oder eine indirekte Frage? Handelt es sich um eine Wortfrage oder eine Satzfrage?

> Satzarten erkennen

2 Bestimme in den folgenden indirekten Fragesätzen, ob sie mit einem adjektivischen oder einem substantivischen Interrogativpronomen eingeleitet werden. Bestimme außerdem in jedem indirekten Fragesatz das Zeitverhältnis und übersetze ihn erst dann:

> Pronomina erkennen

a) Audīvimus, quibus verbīs Catilīna amīcōs excitāvisset.
b) Quibus nārrāvit, quod cōnsilium cēpisset et quid in animō habēret.
c) Catilīna explicāvit, quem cīvēs nūper cōnsulem fēcissent et quī virī reī pūblicae Rōmānae praeessent.
d) Ōrātiōne dēmōnstrāvit, quae dīvitiae potentibus essent et quae perīcula sibī īnstārent.

61

Lektion 36 – 40

Aus der römischen Kaiserzeit

Büste Octavians zur Zeit der Schlacht bei Actium (Rom, Kapitolinische Museen)

Nachdem Octavian-Augustus seinen innenpolitischen Gegner Antonius in der Seeschlacht bei Actium im Jahre 31 v. Chr. besiegt hatte, beendete er das Zeitalter der Bürgerkriege. Er war nun die beherrschende politische Persönlichkeit. In seiner Zeit wurde Rom das künstlerische und literarische Zentrum der antiken Welt. Zu keiner Zeit entstanden so zahlreiche Werke von Dichtern und Geschichtsschreibern, die durch die Jahrhunderte wirkten und bis in unsere Gegenwart gelesen werden. Zu diesen bedeutenden Dichtern gehören Vergil, Ovid, Horaz und der Fabeldichter Phädrus.

Gleichzeitig vollzog sich in der römischen Gesellschaft ein Wandel. Mehr als früher beschäftigten sich nun auch Angehörige aus der politischen Führungsschicht mit Kunst, Literatur und Philosophie, die von den Griechen entwickelt worden waren.

Junge Frau mit einem Schreibgriffel und einem Buch in Form von Wachstäfelchen, Wandmalerei aus Pompeji, 1. Jh. n. Chr. (Neapel, Archäologisches Nationalmuseum)

Lesender Bürger mit Thalia, der Muse der Komödie, Fragment eines Sarkophags aus Kleinasien, um 200 n. Chr. (London, Britisches Museum)

- Beschreibe das Porträt des Octavian-Augustus und seine Wirkung.
- Beschreibe das Wandgemälde und das Relief des Sarkophags und erläutere, was die Attribute der Personen zum Ausdruck bringen.

Zur Zeit des Kaisers Augustus lebte Jesus von Nazareth und verkündete den christlichen Glauben. Nach seinem Kreuzigungstod wurde die christliche Religion von den Jüngern Jesu und vom Apostel Paulus über Palästina hinaus verbreitet, zunächst noch im griechischen Sprachraum, später auch in Rom und im gesamten römischen Reich. Da die Christen ihre Gottesdienste nicht öffentlich abhielten und sich weigerten, dem Kaiser als dem dominus et deus zu opfern, erregten sie Misstrauen. Kaiser Nero begann im Jahr 64 n. Chr. mit der ersten Christenverfolgung. Zu großen Christenverfolgungen kam es wieder im 3. Jahrhundert. Kaiser Konstantin der Große brachte die Wende. Er besiegte seinen kaiserlichen Konkurrenten Maxentius „im Zeichen des Kreuzes" und erließ 313 das Toleranzedikt von Mailand. Damit stellte er die christliche Religion den anderen Religionen gleich. Im Jahr 380 erhob Kaiser Theodosius den christlichen Glauben zur Staatsreligion.

Konstantin der Große, Kopf der Kolossalstatue (Rom, Kapitolinische Museen)

Silbermünze mit dem Kopf Konstantins, 315 in Ticinum geprägt (München, Staatliche Münzsammlung)

Adam-und-Eva-Schale aus Augsburg, 340–350 n. Chr. Die Szene auf der Unterseite der Glasschale zeigt Adam und Eva im Paradies: Eva greift nach dem Apfel am Baum der Erkenntnis. Über dem Baum, an dem sich eine Schlange emporwindet, das Christogramm (Augsburg, Römisches Museum)

- Beschreibe die Münze Konstantins und erläutere, was die einzelnen Attribute zum Ausdruck bringen sollen. (Auf dem Schild rechts unten ist die römische Wölfin abgebildet.)
- Die Adam-und-Eva-Schale wurde wohl in Köln hergestellt und bei Ausgrabungen in einer Latrine nahe der antiken Stadtmauer von Augsburg gefunden. Sie ist das bislang älteste christliche Zeugnis in der ehemaligen Hauptstadt der Provinz Rätien. Erschließe aus dieser Tatsache, auf welchem Weg sich das Christentum im römischen Reich und darüber hinaus verbreiten konnte.

Lektion 36

Die Herrschaft des Augustus

Als Augustus im Jahre 14 n. Chr. starb, hatte sich der römische Staat und die römische Gesellschaft während seiner 44-jährigen Herrschaft grundlegend verändert. Für viele seiner Zeitgenossen war die Herrschaft des Augustus gleichbedeutend mit einer Zeit des Friedens (pāx), den alle Römer nach einem Jahrhundert innerer Auseinandersetzungen und Bürgerkriege herbeisehnten. Octavian, der 63 v. Chr. geboren wurde, erlebte als junger Mann die Machtkämpfe zwischen den Populären und den Optimaten, die in den blutigen Bürgerkrieg (bellum cīvīle) zwischen Caesar und Pompeius mündeten.

Als Neffe und Erbe Caesars musste sich Octavian nach der Ermordung Caesars gegen Marcus Antonius durchsetzen. In der Seeschlacht bei Actium 31 v. Chr. gelang es ihm, die Flotte des Antonius, der sich mit Kleopatra verbündet hatte, zu besiegen. Nun war er unumstrittener Herrscher im Römischen Reich. Vier Jahre später, 27 v. Chr., verlieh der Senat Octavian den Ehrentitel Augustus, „der Erhabene".

Im Gegensatz zu seinem Onkel Caesar, der als dictātor der römischen Republik ein Ende gesetzt hatte, hat Octavian dem äußeren Anschein nach die Republik und deren Institutionen, den Senat und die Beamten, beibehalten. In Wirklichkeit jedoch war er Alleinherrscher: Er ließ sich mehrmals zum Konsul wählen und sich die Amtsgewalt eines Volkstribuns (tribūnus plēbis) übertragen. Außerdem erhielt er die Befehlsgewalt (imperium) über die Heere in den wichtigsten Provinzen. Augustus selbst bezeichnete sich als prīnceps, d. h. als führender Mann im Staat.

Als sichtbares Zeichen des Friedens ließ Augustus den Janustempel schließen, dessen Tore in Kriegszeiten immer offen standen. Er renovierte viele alte Tempel, errichtete auf dem Palatin einen neuen Apollo-Tempel und erließ Gesetze zum Schutz von Ehe und Familie. Im Jahre 9 v. Chr. wurde zu Ehren des Augustus der Friedensaltar (āra pācis) geweiht. Dichter wie Horaz und Vergil betrachteten die Zeit des Augustus sogar als Wiederkehr des Goldenen Zeitalters. Als Augustus im Jahre 14 n. Chr. starb, wurde ihm zu Ehren sein Sterbemonat „August" genannt. Er selbst wurde offiziell zum Gott erhoben.

Auch wenn viele die Herrschaft des Augustus als Friedenszeit rühmten, gab es auch Stimmen, die sein Verhalten während des Bürgerkriegs kritisierten und seine Herrschaft als Zeit der Unterdrückung beklagten.

Augustus von Primaporta, nach 20 v. Chr. (Rom Vatikanische Museen)

Lektion 36

Das Passiv im Präsensstamm

G

1. Senātōrēs Caesarem in cūriā exspectant. – Caesar ā senātōribus in cūriā exspectātur.
   Brūtus ad senātōrēs: „Potestās Caesaris nōs omnēs terret. – Nōs omnēs potestāte Caesaris terrēmur.
   Nōnne vōs, senātōrēs, superbia istīus dictātōris lacessit? – Nōnne vōs, senātōrēs, superbiā istīus dictātōris lacessiminī?"
2. Cassius ad Brūtum: „Etsī tū, Brūte, potestāte Caesaris terrēris et lacesseris – ego ā Caesare neque terreor neque lacessor. Temporibus antīquīs cīvitātēs iam saepe vī et armīs rēgibus superbīs līberābantur. Etiam urbs nostra brevī tempore istō rēge līberābitur."

Erste Übungen

1 Schreibe die passiven Verbformen aus dem G-Teil heraus und vergleiche sie mit den dir bekannten Formen des Aktivs. Gib an, was sich im Passiv an den lateinischen Verbformen verändert.

2 Übertrage die Tabelle in dein Heft, füge die entsprechenden Passiv-Endungen ein und bilde die Konjugation des Präsens Passiv.

	Stamm	Endung
1. Sg.	exspect	?
2. Sg.	exspectā	?
3. Sg.	exspectā	?
1. Pl.	exspectā	?
2. Pl.	exspectā	?
3. Pl.	exspecta	?

minī   tur
or   mur
ris   ntur

3 Vom Aktiv ins Passiv und umgekehrt! Übersetze die folgenden Formen und verwandle sie:
temptāris, dēcernitur, afficiam, mūtābunt, augēmus, subiciēbātis

Octāviānus bellum cīvīle *cōnfēcit*. Adversāriōs reī pūblicae *oppressit*, bonōs mōrēs coluit, templa antīqua *restituit*. Itaque senātus eum Augustum dīxit, Rōmānī eum patrem patriae *appellāvērunt*. Augustus sē nōn rēgem, sed *prīncipem* nōmināvit. Tamen nōnnūllī putāvērunt Augustum, quī in bellō cīvīlī *scelera* commīserat, *paulātim* Rōmānīs lībertātem *sustulisse*.

W

Lektion 36

Die Einweihung der Ara Pacis

Bei der Einweihung der Ara Pacis im Jahre 9 v. Chr. unterhalten sich Lucius und Cornelius über den princeps Augustus. Die beiden haben die schwierigen Jahre der römischen Politik nach der Ermordung Caesars jeweils anders erlebt:

Lūcius: Hodiē diēs fēstus[1] ab omnibus Rōmānīs agitur: Nunc pāx perpetua est. Augustus ā cīvibus laudātur, Rōmānī bellīs nōn iam terrentur. Nōnne tū pāce dēlectāris?

Cornēlius: Semper pācem bellō praeferō. Sed fortāsse īgnōrās Octāviānum,
5 quī nunc ā multīs Augustus nōminātur, familiae meae agrōs et vīllam ēripuisse et mīlitibus suīs dedisse. Octāviānus in bellō cīvīlī etiam iussit patrem meum occīdī.

Lūcius: Rēs pūblica multōs annōs ā multīs hostibus opprimēbātur. Augustus autem rem pūblicam dēfendit et ā licentiā virōrum po-
10 tentium līberāvit.

Cornēlius: Nisī fallor, „rēs pūblica" nunc nihil nisī nōmen est: Nam ab ūnō prīncipe regimur, nōn ā cōnsulibus et senātū.

Lūcius: Necesse est summam potestātem prīncipī darī.

Cornēlius: Sed pāx Augusta[2] ā nōnnūllīs senātōribus servitūs putātur.

15 Lūcius: Nisī Augustus bellō cīvīlī fīnem fēcisset, plūrimī Rōmānī pūgnīs perīssent.

Cornēlius: Octāviānus, postquam Marcum Antōnium ad Actium[3] vīcit, omnēs mīlitēs pecūniā atque dōnīs corrūpit. Paulātim etiam populus Rōmānus, quī discordiīs fessus erat,
20 movēbātur, ut prīncipī pārēret.

Lūcius: Sed nunc pāx est, quae ab omnibus dēsīderābātur. Ab Augustō bonī mōrēs colentur, templa antīqua restituentur, templa nova
25 aedificābuntur. Tempora mūtābuntur.

Cornēlius: Augustus, quī antea multa scelera commīserat, nunc ā plūrimīs pater patriae appellātur. Bellum cīvīle
30 quidem cōnfēcit, sed sustulit omnibus lībertātem.

[1] diēs fēstus der Feiertag
[2] pāx Augusta der Friede unter Augustus
[3] Actium, ī n. Hafenstadt in Nordwestgriechenland

Die Ara Pacis Augustae, der Altar des Augustus-Friedens

Lektion 36

Übungen

1 Stelle aus dem Lesestück zusammen, welche unterschiedlichen Äußerungen Lucius und Cornelius über die Herrschaft des Augustus machen. Fasse die positiven und die negativen Einschätzungen jeweils kurz zusammen.

2 Formenstaffel.

dēlectāmus → Passiv → Imperfekt → Singular → 3. Person Singular → Aktiv → Futur → Passiv → 2. Person → Plural → Präsens → 1. Person → Aktiv
dūcor → Plural → Aktiv → 3. Person → Imperfekt → Passiv → 2. Person → Futur → Singular → Präsens → Aktiv → 1. Person

3 Futur I oder Passiv? Lege in deinem Heft eine Tabelle mit zwei Spalten an. Trage in die linke Spalte alle Präsens Passiv-Formen und in die rechte Spalte alle Futur I-Formen ein. Übersetze dann die Formen.

4 Nōnne tū pāce dēlectāris? (Z. 3): „Wirst du etwa nicht durch den Frieden erfreut?" → „Freust du dich etwa nicht über den Frieden?" Übersetze entsprechend:

a) Cīvēs Rōmānī pāce dēlectantur.
b) Cīvēs perīculīs nōn iam terrentur.
c) Cīvēs dīcunt: „Tempora mūtantur.
d) Nōn fallimur."

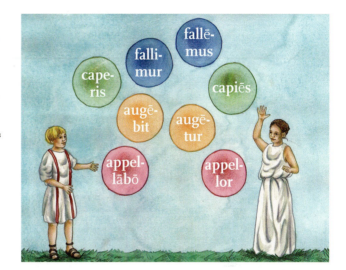

5 Wandle die folgenden Sätze vom Aktiv ins Passiv um. Achte dabei auf den Ablativ: Wird er mit oder ohne Präposition verwendet?

a) Bella cīvīlia diū cīvēs Rōmānōs vexābant.
b) Nunc autem pāx Rōmānōs dēlectat.
c) Itaque multī cīvēs Augustum laudant et patrem patriae appellant.
d) Prīnceps templa antīqua restituet.
e) Auctōritās prīncipis rem pūblicam reget.

6 a) Informiere dich im Lexikon oder im Internet, welches Ereignis auf dem Brustpanzer des Augustus von Primaporta (S. 64) dargestellt ist.

b) Informiere dich im Lexikon oder im Internet, was der kleine Knabe auf dem Delfin neben der Statue des Augustus bedeutet.

Lektion 37

Der Dichter Ovid

In der Zeit des Augustus entstanden zahlreiche bedeutende Werke großer Dichter. Ihr kennt bereits Vergil, den Autor der Aeneis. Ein weiterer hervorragender Dichter war Publius Ovidius Naso, der im Jahr 43 v. Chr. in der italienischen Stadt Sulmo geboren wurde. Er war ein Naturtalent, wie er selbst schreibt (Tristia 4, 10, V. 25 f.):

5 Sponte suā carmen numerōs veniēbat ad aptōs   Ganz von selbst kam mein Gedicht zu den geeigneten Rhythmen

et, quod temptābam scrībere, versus erat.   und was auch immer ich versuchte zu schreiben, war ein Vers.

Ovids bekanntestes Werk sind die Metamorphosen („Verwandlungen"). Wie bei
10 Vergils Aeneis handelt es sich um ein Epos (lange Erzählung in Versen). Die Metamorphosen enthalten zahlreiche Mythen, in denen beschrieben wird, wie ein Gott, ein Mensch oder ein anderes Lebewesen eine neue Gestalt annimmt. Zum Beispiel haben wir schon gelesen, wie Jupiter sich in einen Stier verwandelte und Europa entführte (Lektion 26).

15 Bedeutend ist auch ein anderes Werk Ovids, sein Lehrgedicht Ars amatoria („Liebeskunst"). In der Antike war es nichts Ungewöhnliches, wenn ein Autor seinen Lesern einen komplizierten Inhalt in Gedichtform erklärte, ihnen also durch ein Gedicht etwas beibrachte. Ungewöhnlich ist jedoch das Thema von Ovids Lehrgedicht: Im Stile eines „Liebeslehrers" erklärt er jungen Männern und jungen Frauen, wo sie ein jun-
20 ges Mädchen oder einen jungen Mann kennenlernen und für sich gewinnen können.

Ein derartiges Werk gefiel Kaiser Augustus jedoch nicht, denn er war sehr um die Bewahrung der guten Sitten bemüht und ließ Ehebruch sogar ge-
25 setzlich verbieten. Die Verärgerung des prīnceps über die Liebesdichtungen des Ovid war so groß, dass er den Dichter an den am Schwarzen Meer gelegenen Ort Tomi (heute: Constanza in Rumänien) verbannte. In Tomi entstand das Werk Tris-
30 tia („Trauergedichte"). Darin schreibt Ovid, er sei wegen carmen et error verbannt worden. Worin der „Irrtum" bestanden haben mag, der Augustus so gegen Ovid aufgebracht hatte, bleibt jedoch ein Rätsel. Auch wenn Ovid den Herrscher
35 immer wieder um Begnadigung bat, durfte er dennoch nicht nach Rom zurückkehren. Ovid starb um das Jahr 17 n. Chr. in Tomi.

Ovid im Exil, Gemälde von Ion Theodorescu-Sion (1915)

Lektion 37

Passiv im Perfektstamm

Augustus – ein Heilsbringer?

„Augustum laudō. Nam Augustus Antōnium superāvit. Antōnius ab Augustō *superātus est*. Diū hostēs cīvēs terruerant. Cīvēs diū *territī erant*. Dēnique rēs pūblica *līberāta est*. Cīvibus pāx perpetua *data est*.
Augustus templa nova aedificābit: Sī templa *aedficāta erunt*, dī nōbīs favēbunt.
5 Augustus cīvibus lēgēs novās dabit: Sī cīvibus lēgēs novae *datae erunt*, mōrēs cīvium mūtābuntur."

Erste Übungen

1 Erschließe zu den folgenden Partizipien den Infinitiv Präsens Aktiv. Übersetze diesen:

abductum – āctum – āmissum – circumdatum – commissum – commōtum – scrīptum – datum – ductum – imperātum – missum – mōtum – territum

2 Ordne in einer Tabelle die folgenden Passivformen nach ihren Tempora (Perfekt, Plusquamperfekt, Futur II):

abductus est – circumdatī erāmus – commōtī sumus – cōnscrīptī erunt – datum erit – ducta erās – missī erātis – territa sum – laudātus erō

3 Ergänze jeweils die im Partizip fehlenden Buchstaben, sodass sinnvolle und korrekte Sätze entstehen. Übersetze diese:

a) Lībertās āmiss_?_ erat. b) Scelera commiss_?_ sunt.
c) Mīlitēs cōnscrīpt_?_ erant. d) Nōnia ā Quīntō territ_?_ est.
e) Quīntus: „Ā patre miss_?_ sum."
f) „Tū, Nōnia, ā parentibus vocāt_?_ es."
g) Nōnia: „Ego ā parentibus nōn vocāt_?_ sum."
h) „Tū, Quīnte, a parentibus vocāt_?_ es."

Augustus – ein Unterdrücker?

„Valdē doleō, nam ‚rēs pūblica' nihil nisī nōmen est. Itaque *īnfēlīx* sum. *Lūctus* mē superat. *Sōlācium* quaerō, sed frūstrā.
Potestāte Augustī *perterreor*. Multī poētae quidem *scrībunt*: ‚Augustus nōbīs lībertātem dedit.' Sed errant. Augustus eōs in *errōrem indūxit*."

Lektion 37

Ovid – Verbannung fern der Heimat

In seinem Verbannungsort Tomi blickt der Dichter Ovid auf den Abend zurück, an dem er Rom verlassen musste:

¹ exsul, exsulis m./f. der/die Verbannte
² raeda, ae f. der Reisewagen
³ ōsculum, ī n. der Kuss

Nōnnūllī amīcī in domō meā aderant. Omnēs dolōre ingentī movēbantur. Nam Augustus Caesar imperāverat, ut familiam meam et urbem praeclāram relinquerem. Etiam iusserat mē iam ante lūcem ex urbe discēdere. Uxōrī, quae valdē flēbat, sōlācium dabam.

5 Subitō ā mīlitibus Caesaris ante domum sīgnum datum est: Omnēs amīcī exclāmāvērunt; nam perterritī erant. Uxor lūctū superāta est. Mēcum discēdere voluit et exclāmāvit: „Ego tēcum urbem relinquam! Ego parāta sum tēcum iter in regiōnēs barbarās facere! Sī tū hinc abductus eris, semper īnfēlīx erō. Tū īrā Caesaris 10 coactus es ex urbe discēdere; ego pietāte coacta sum tēcum discēdere. Coniūnx exsulis¹ sum, itaque etiam ego exsul erō."
Quibus verbīs uxōris commōtus sum, tamen sine eā domum relīquī. Raeda² iam aderat, ultima ōscula³ data sunt. Tum discessī.

15 Mē miserum! Mihi ā prīncipe īrātō imperātum est, ut in regiōne īnfēstā vītam agerem. Nunc et tempestātibus et frīgore et hieme perpetuā vexor. Mōribus asperīs barbarōrum perterritus sum. Vītam miseram agō, quia carmen ā mē scrīptum est. Hūc ab Augustō missus sum, quia cāsū in errōrem inductus eram.

Ovid-Statue in Constanza

Übungen

1 Schreibe aus dem Übersetzungstext sämtliche Wörter heraus, die zum Sachfeld „Trauer/Leid/Schrecken" gehören. Ordne diese nach Wortarten.

2 Setze die folgenden Verbformen ins Aktiv. Behalte dabei die Person, den Numerus und das Tempus bei. Unterscheide genau zwischen Zeiten des Präsens- und des Perfektstamms:

abductus eris – āmissa est – coāctī estis – commōtus sum – cōnscrīptī erāmus – dabātur – discēditur – dūcēbāmur – ēductī eritis – imperātum est – inductus eram – missus sum – movēbantur

70

Lektion 37

3 Setze die folgenden Verbformen ins Passiv. Behalte dabei die Person, den Numerus und das Tempus bei. Unterscheide genau zwischen Zeiten des Präsens- und des Perfektstamms.

abdūcēmus – ageret – commīserō – commovēs – cōnscrībō – dabat – dīmittent – dūxistī – exclāmāvit – indūxērunt – iūsserat – mīsērunt – perterrēbātis – relinquam – scrīpserās – terruerāmus

4 Setze die fehlenden Formen von esse an den richtigen Stellen ein. Achte dabei besonders auf die richtige Zuordnung von Indikativ- und Konjunktivformen. Übersetze dann.

erit – esse – essem – essent – esset – sim – sum – sunt

Ovidius poēta dīcit:
a) Saepe cōgitō, quōmodo ā patriā abductus ___?___ .
b) Ā prīncipe coāctus ___?___ , ut procul ā patriā vīverem.
c) Familiārēs īram prīncipis carminibus meīs excitātam ___?___ existimāvērunt.
d) Certē īrā prīncipis perterritī ___?___ .
e) Nisī carmen ā mē scrīptum ___?___ , domī mānsissem.
f) Nisī in errōrem inductus ___?___ , familiārēs ā mē relictī nōn ___?___ .
g) Sī cōnsilium prīncipis mūtātum ___?___ , fortāsse domum redībō.

5 Beschreibe das Bild (S. 68) und erläutere, wie der rumänische Künstler Ion Theodorescu-Sion die Stimmung Ovids im Exil zum Ausdruck bringt.

6 Gerade über das lateinische PPP lassen sich zahlreiche deutsche Fremdwörter erklären. Zeichne die Tabelle ab und trage die folgenden Erklärungen von Fremdwörtern in die richtigen Felder ein. Ergänze dann das lateinische PPP und den dazugehörigen Infinitiv sowie eine Bedeutung des Infinitivs.

Auftrag – Beweggrund – (handgeschriebene) Niederschrift – Sendung/Auftrag – Tagesangabe

Fremdwort	Erklärung des Fremdworts	lateinisches PPP	lateinischer Infinitiv	deutsche Bedeutung
Mandat	Auftrag	mandatum	mandare	übergeben, anvertrauen
Datum	?	?	?	?
Manuskript	?	?	?	?
Mission	?	?	?	?
Motiv	?	?	?	?

Lektion 38

Antike Fabeln

Darstellung des Aesop. Holzschnitt im Fabelbuch des Heinrich Steinhoevel (sog. Ulmer Aesop), erstmals 1476/77

Der schlaue Fuchs (vulpēs), der böse Wolf (lupus) oder der starke Löwe (leō) – all das sind typische Figuren in Fabeln, wie sie heute gern gelesen werden. Tatsächlich ist die Fabel aber eine sehr alte Literaturform, die sich bereits in der griechischen Antike großer Beliebtheit erfreute.

Fabeln – unser Begriff stammt von dem lateinischen fābula – sind kurze Erzählungen, die ihre Leser belehren (docēre) sollen. Dies geschieht zumeist dadurch, dass Tiere (animālia) auftreten, die sich wie Menschen verhalten und sprechen. Dabei legen sie eben auch ganz typische menschliche Schwächen an den Tag. So sollen wir dann aus dem Beispiel, das die Tiere uns geben, eine Lehre für unser eigenes Leben ableiten. Das gilt gleichermaßen für antike und für moderne Fabeln. Der berühmteste Fabelerzähler der Antike war der Grieche Aesop. Er soll im 6. Jahrhundert v. Chr. als Kind von Sklaven geboren worden sein. Die antiken Quellen berichten, dass er sehr hässlich war, aber die Menschen mit seinem Erzähltalent beeindruckte. Seine Werke waren so bekannt, dass schon in der Antike der Name Aesop untrennbar mit der Gattung Fabel verbunden wurde.

So waren die Fabeln des Aesop wiederum der entscheidende Einfluss für den berühmtesten römischen Fabelerzähler Phaedrus, der in den frühen Jahrzehnten des 1. Jahrhunderts n. Chr. lebte und möglicherweise ein Freigelassener (ehemaliger Sklave) des Augustus war. Phaedrus verwandelte Aesops griechische Geschichten in lateinische Gedichte. Mit seinen Fabeln in Versen (versūs) wollte er seine Leser – wie er selbst schreibt – einerseits unterhalten und sie andererseits zu einem klugen Leben bewegen.

Auch in den folgenden Jahrhunderten wurden immer wieder Fabeln geschrieben, und nicht wenige von ihnen geben Stoffe aus den Fabeln des Aesop wieder. In Frankreich wurden die Fabeln von Jean de la Fontaine (17. Jh.) berühmt, in Deutschland die von Gotthold Ephraim Lessing (18. Jh.). Ein berühmter Fabelautor des 20. Jahrhunderts war der Amerikaner James Thurber, der seine humorvollen Tiergeschichten in der modernen Welt spielen ließ. Tatsächlich ist die Fabel alles andere als eine altmodische Literaturform. Ihre Lehren sind bis heute aktuell.

So stellte sich der spanische Künstler Diego Velázquez (17. Jh.) den antiken Fabelerzähler Aesop vor (Madrid, Prado-Museum).

Lektion 38

Grund- und Ordnungszahlen/Pronomina ipse und iste

Ovidius poēta trēs libellōs dē „arte amātōriā" cōnfēcit. Prīmum libellum et secundum adulēscentibus, quī puellam quaerēbant, scrīpsit. In tertiō libellō puellīs cōnsilia bona dedit.
Multī hominēs libellōs Ovidiī amāvērunt. Ovidius ipse autem patriam relinquere
5 dēbēbat. Ab Augustō ipsō coāctus est ex urbe ipsā discēdere. Prīnceps dīxit: „Istī libellī mōribus carent. Rōmānī istōs libellōs nōn iam amābunt."

Erste Übungen

1 Bestimme die folgenden Verbindungen mit iste und ipse nach Kasus, Numerus und Genus. Bilde dann den Nominativ Singular und übersetze die Wendung:

cum coniuge ipsā – ipsīs dolōribus – ipsās domōs – ipsī errōrēs – istud frīgus – istam hiemem – istīus lūctūs – istōs mōrēs – ipsā pietāte – istī sōlāciō

2 Achte auf die Ähnlichkeiten: Ordne die Formen von ipse und iste den nach Kasus, Numerus und Genus passenden Formen der Pronomina is, hic oder ille zu:

1. ipsō 2. ipsōrum 3. istum 4. istud 5. istam 6. ipsīus
7. istārum 8. ipsī 9. istōs

a) huic b) illam c) eōrum d) hōs e) eō f) hārum
g) id h) eum i) illīus

3 Setze die passenden Pronomina ein und übersetze:

istam – ipsa – istā – ipse – ista

Augustus [?] iūssit Ovidium ex urbe Rōmā discēdere. [?] poenā etiam aliī hominēs affectī sunt, quī prīncipī nōn pāruērunt. Uxor Ovidiī flēvit: „Ego [?] tēcum urbem relinquam." Procul ā Rōmā Ovidius nōn [?] vītam ēgit, quam anteā ēgerat, et nōn [?] carmina scrīpsit, quae in urbe Rōmā scrīpserat.

Ovidius multōs *versūs* dē „arte amātōriā" scrīpsit. Poēta *prūdēns* hominēs amōrem *docēbat*. Carmen dē „arte amātōriā" in trēs *partēs dīvīsit*. Iī *librī* quidem adulēscentibus puellīsque Rōmānīs valdē placuērunt. Prīnceps autem carmina Ovidiī *improba* putāvit.

Lektion 38

L Die Dreistigkeit des Stärkeren

Die Fabeln des Phaedrus zeigen in anschaulicher Form, welche Eigenschaften die Menschen haben und wie sie sich untereinander verhalten. Ein Beispiel ist die Fabel von der Kuh, der Ziege, dem Schaf und dem Löwen:

[1] **rīsum movēre** Gelächter erregen; zum Lachen anregen
[2] **vacca, ae** f. die Kuh
[3] **capella, ae** f. die Ziege
[4] **ovis, is** f. das Schaf
[5] **cervus, ī** m. der Hirsch

Phaedrus, poēta Rōmānus, multās fābulās, quae ab Aesōpō repertae erant, ipse in versūs Latīnōs vertit. Hīs fābulīs Phaedrus nōn modo rīsum movet[1], sed etiam hominēs cōnsiliō prūdentī mōrēs docet.

In prīmō librō fābulārum, quem Phaedrus cōnscrīpsit, etiam haec sententia dēmōnstrāta est: „Numquam est amīcitia certa cum potentibus." Hanc sententiam vēram esse Phaedrus in eā fābulā, quam dē vaccā[2] et capellā[3] et ove[4] et leōne scrīpsit, docet:

Ōlim tria animālia – vacca, capella, ovis – cum leōne per montēs et silvās ambulābant. Leō ipse plūs valēbat quam ista animālia; tamen sociī leōnis fuērunt. Hī, cum cēpissent cervum[5] ingentī māgnitūdine corporis, istam praedam dīvīsērunt et quattuor partēs fēcērunt. Sed leō comitibus haec dīxit: „Ego prīmam partem tollō, quia ipse sum rēx animālium. Istam secundam partem dabitis mihi, quia fortis sum. Tum tertiam partem tollam, quia plūs quam vōs valeō. Sī autem hanc quartam partem tetigeritis, vōs ā mē ipsō interficiēminī."

Sīc iste leō improbus tōtam praedam abstulit.

Löwe, Schaf, Rind und Ziege, Holzschnitt aus dem „Ulmer Aesop" des Heinrich Steinhoevel

Übungen

1 Untersuche die Rede des Löwen (Z. 13–22): Bestimme jeweils das Subjekt der Hauptsätze und erläutere dann, wie der Löwe in den Gliedsätzen die Verteilung der Beute begründet.

Lektion 38

2 Erläutere, inwiefern die Fabel die Sentenz des Phaedrus: „Numquam est amīcitia certa cum potentibus" (Z. 5) veranschaulicht.

3 Bestimme die Substantivformen nach Kasus, Numerus und Genus und bilde dazu jeweils die passenden Formen der genannten Pronomina. Achtung: Sämtliche Substantivformen sind mehrdeutig. Es gibt also immer mehrere Lösungen.

adulēscentēs (ipse) – populī (iste) – carmen (ille) – cīvis (ipse) – rēs (is – ipse) – diēī (hic – ipse) – versus/versūs (iste – ipse) – partibus (is – iste)

4 Vom Präsens- in den Perfektstamm und umgekehrt. Verwandle die folgenden Formen (Präsens ↔ Perfekt, Imperfekt ↔ Plusquamperfekt, Futur I ↔ Futur II):

accipiēs – ablāta sunt – afferret – capiuntur – cōnfectum sit – dēmōnstrātum est – dīvīserat – facta essent – fertur – interfectī erant – reperiēbantur – tetigeritis – vertāmus

5 Caesar und die Zahlen: Die in den folgenden Sätzen von Caesar verwendeten Zahlwörter sind in deiner Grammatik nicht vollständig aufgelistet. Mithilfe der Grammatik (F 3.4) kannst du ihre Bedeutung erschließen. Unterscheide zwischen Grund- und Ordnungszahlen und übersetze die Sätze:

a) Gallia omnis in partēs trēs dīvīsa est.   b) Gallī quadringenta oppida dēlēvērunt.   c) Hostēs numerō erant quīngentī.   d) Erant mīlia nōnāgintā duo virōrum, quī arma ferēbant.   e) Caesar trēcentōs mīlitēs cōnscrīpsit.   f) Diē quīntō in prōvinciam pervēnit et castra collocāvit.

6 Leite die Bedeutung der folgenden deutschen Fremdwörter aus den Stammformen der bekannten lateinischen Verben ab:

Affekt – Division – Doktor – Fakten – Referat – Takt – Transfer – Version

7 Ordne die entsprechenden italienischen und französischen Zahlwörter den römischen Zahlzeichen zu:

III, VIII, IX, X, XII, XVII, XIX, XX, C, M

I: cento – diciannove – diciassette – dieci – dodici – mille – nove – otto – tre – venti

F: cent – dix – dix-neuf – dix-sept – douze – huit – mille – vingt – neuf – trois

8 „Stark wie ein Löwe" – Sammle weitere menschliche Eigenschaften, die durch den Vergleich mit Tieren beschrieben werden.

Lektion 39

Der Brand Roms: Kaiser Nero und die Christen

Die Gefahr einer Feuersbrunst (incendium) war im antiken Rom stets gegenwärtig. Trotz vielfältiger Bemühungen der römischen Kaiser waren die Schutzvorkehrungen in der Millionenstadt ungenügend. Unter der Regierung des grausamen Herrschers Nero kam es im Jahr 64 n. Chr. zu einer besonders schweren Brandkatastrophe, bei der zehn Stadtbezirke zerstört wurden.

Das Verhalten des gefürchteten und ungeliebten Kaisers scheint vor und nach der Brandkatastrophe so auffällig gewesen zu sein, dass sich schnell ein Gerücht (rūmor) verbreitete. Man sagte, Nero selbst habe den Brand gelegt, um ein neues prächtigeres Rom zu errichten, das ganz seinen persönlichen Vorstellungen entspreche. Dieser Vorwurf (crīmen) wog schwer. In die Kritik geraten, bemühte sich der Herrscher nach Kräften, von seiner Person abzulenken, und suchte Leute, die er als Schuldige hinstellen konnte. Er fand sie in den Christen.

Die christliche Glaubensgemeinschaft war im 1. Jahrhundert n. Chr. in Rom eine Minderheit, die sich vielen Vorwürfen (crīmina) ausgesetzt sah: Christen nahmen nicht aktiv am öffentlichen Leben teil, lehnten heidnische Opferhandlungen (sacra) ab und blieben, insbesondere wenn sie ihre eigenen religiösen Feiern begingen, unter sich. So wurden schnell Gerüchte (rūmōrēs) über sie verbreitet. Man unterstellte ihnen grundsätzlich, sie würden das Menschengeschlecht hassen und einem verrückten Aberglauben anhängen. Es machte sie nicht zuletzt die Tatsache verdächtig, dass sie zu einem Gekreuzigten beteten, zu einer Person, die mit der Todesstrafe für einen Schwerverbrecher hingerichtet worden war.

Da Brandstifter zu den Schwerverbrechern zählten, kam nach Ansicht Neros für die Christen nur eine Strafe (poena) in Betracht: die Todesstrafe (supplicium). Der Kaiser ließ sie aufspüren, gefangen nehmen und auf schauerliche Art und Weise hinrichten. Einmal mehr zeigte sich, wie grausam (crūdēlis) er war. Die Christen starben als Märtyrer.

„Alexamenos betet seinen Gott an." – (Griechisch geschriebenes) Graffito, mit dem ein Christ verspottet wurde. Aus einer Kaserne der kaiserlichen Garde auf dem Palatin, um 125 n. Chr. Älteste erhaltene Kreuzesdarstellung.

76

Lektion 39

Das Partizip Perfekt Passiv/Das Participium coniunctum

G

1. Hodiē quoque fābulīs, quae ā Phaedrō poētā cōnscrīptae sunt, dēlectāmur.
   Hodiē quoque fābulīs ā Phaedrō poētā cōnscrīptīs dēlectāmur.
   Etiam fābula, quae dē amīcitiā cum potentibus cōnscrīpta est, multīs nōta est.
   Etiam fābula dē amīcitiā cum potentibus cōnscrīpta multīs nōta est.

2. Tria animālia, cum cervus ingēns captus esset, eum cum leōne dīvidēbant.
   Tria animālia cervum ingentem captum cum leōne dīvidēbant.
   Sed leō improbus tōtam praedam, cum dīvīsa esset, abstulit.
   Sed leō improbus tōtam praedam dīvīsam abstulit.

Erste Übungen

1 Dekliniere folgende Wortverbindungen, die aus einem Substantiv und einem Partizip zusammengesetzt sind:

  a) liber cōnscrīptus   b) praeda dīvīsa   c) animal captum

2 Bilde das Partizip Perfekt Passiv folgender Verben:

  appellāre, afficere, iubēre, perterrēre, sacrificāre, facere, committere, ēdūcere, discēdere, cōnscrībere, perferre, interficere, capere

3 Übersetze und achte auf das Bezugswort des Partizips:

  a) In fābulā ā Phaedrō poētā cōnscrīpta haec ferē comperīmus:
  b) Cervus ā quattuor sociīs captus ā leōne interfectus est.
  c) Leō praedam in quattuor partēs dīvīsam tamen sociīs nōn dedit.

Cum Nerō imperātor esset, multī Christiānī *iussū* prīncipis *suppliciō* affectī sunt. Nam prīnceps *incendium* urbis Rōmae Christiānīs *crīminī* dedit. Multī cīvēs autem exīstimāvērunt urbem ā prīncipe ipsō *incēnsam* esse. Nerō, cum hōc *rūmōre* perterritus esset, Christiānōs *comprehendī* et *poenīs crūdēlibus* afficī iussit.

Bildnis des Kaisers Nero, um 65 n. Chr.
(Glyptothek, München)

Lektion 39

Wer hat Rom in Brand gesteckt?

Als nach dem verheerenden Brand Roms die Gerüchte nicht verstummten, Kaiser Nero selbst sei für die Katastrophe verantwortlich, klagte dieser die Christen als Schuldige an und ließ viele von ihnen hinrichten. Über diese Ereignisse diskutieren einige Römer:

Marcus: Audīvī multōs hominēs quōs populus Christiānōs appellat, nūper iussū prīncipis poenīs crudelibus affectōs esse. Et fēminae et virī in hortīs Nerōnis caesī sunt.

Aulus: Ego hās poenās prīncipis probō. Nam istī Christiānī reī pūblicae nostrae īnfestī sunt. Mōrēs ā māiōribus nostrīs trāditōs neglegunt: Sacrīs nūper in Capitōliō factīs nōn interfuērunt, numquam aut Iovī aut Iūnōnī aut Minervae sacrificant. Nostrōs deōs ōdērunt et pūblicum fugiunt. Nēmō scit, quōs deōs colant et quid faciant.

Quīntus: Ego audīvī Christiānōs certīs diēbus ante lūcem convenīre et Christō cuidam[1] quasi deō carmina canere. Sed scelera ab hīs hominibus commissa esse nōn putō. Num tū putās urbem ā Christiānīs incēnsam esse? Nōnne hunc rūmōrem audīvistī: Caesar, quia in animō habet urbem novam condere, gaudet aedificia incendiō dēlēta esse.

At prīnceps hōc rūmōre perterritus Christiānīs incendium urbis crīminī dedit. Quae crīmina ā familiāribus Caesaris iterum atque iterum repetīta in urbe audīta sunt. Ac profectō plēbs hīs crīminibus excitāta Christiānōs suppliciō afficī cupīvit. Tum Nerō Christiānōs quaerī et comprehendī iussit. Quī comprehēnsī et incendiī accūsātī in hortīs Nerōnis suppliciō crūdēlī affectī sunt. Tamen multī cīvēs urbem Rōmam nōn ā Christiānīs, sed ā prīncipe ipsō incēnsam esse exīstimant.

[1] cuidam Dat. Sg. m. von quīdam: ein gewisser

Karl Theodor von Piloty, Nero auf den Trümmern des brennenden Rom, 1860 (Budapest, Museum der bildenden Künste)

Lektion 39

Übungen

1. Stelle aus dem Lesestück die lateinischen Wortverbindungen zusammen, in denen Vorwürfe und Vorurteile der Römer gegenüber den frühen Christen zum Ausdruck kommen.

2. Stelle aus dem Lesestück alle Partizipien und ihre jeweiligen Bezugswörter zusammen und ordne sie in einer Tabelle nach attributiver und adverbialer Verwendung.

3. Bestimme die folgenden Formen nach KNG. Schreibe dann nur die Partizipien mit ihrer Grundform heraus:

   dōna – data – modīs – mōtūs – mortis – ācrī – āctī – agmina – āmissa – mīrī – missī – fāvī – factī – captīvī – captī – lātum – laetum – versuī – versī

4. Übersetze und achte dabei auf die adverbiale Verwendung des Partizips:

   a) Augustus īrā incēnsus Ovidium poētam iussit urbem Rōmam relinquere.
   b) Amīcī Ovidiī dolōre māgnō commōtī in domō poētae affuērunt.
   c) Uxor Ovidiī lūctū superāta cum poētā Rōmam relinquere voluit.
   d) Poēta lūctū uxōris valdē commōtus tamen sine eā ex urbe discessit.

5. Übersetze ins Deutsche und forme dann die lateinischen Sätze um, indem du die Gliedsätze durch die entsprechenden Partizipialkonstruktionen ersetzt.

   a) Imperātor Nerō, cum rūmōre perterritus esset, Christiānīs haec crīminī dedit:
   b) „Christiānī numquam sacrīs, quae in Capitōliō facta erant, interfuērunt.
   c) Mōrēs, quī ā māiōribus nostrīs trāditī sunt, nōn colunt."
   d) Etiam plēbs, quia hīs crīminibus excitāta erat, Christiānōs poenīs afficī cupīvit.
   e) Itaque multī Christiānī, postquam comprehēnsī sunt, in hortīs Caesaris interfectī sunt.

6. a) Beschreibe das Gemälde (S. 78) und erkläre, welche Stimmung über die Herrschaft Neros hier zum Ausdruck kommt.

   b) Beschreibe das Graffito (S. 76) und erkläre, inwiefern sich der Erfinder der Kritzelei über Alexamenos lustig macht.

7. Informiere dich über Symbole bzw. Zeichen des frühen Christentums.

8. Unter Nero starben in Rom auch die beiden Apostel Petrus und Paulus den Märtyrertod. Ihre Gräber werden noch heute von Christen aus Europa und der ganzen Welt aufgesucht. Überlege, welche Gründe dies haben könnte.

Lektion 40

Konstantin der Große

Flavius Valerius Constantinus war römischer Kaiser von 306 – 337. Er wurde 285 als Sohn des Constantius Chlorus und der Flavia Helena in Illyrien geboren. Sein Vater war ein bedeutender Heerführer und hatte ab 293 als einer von drei Mitregenten des Kaisers Diocletian geherrscht.

5 Weil sich der jugendliche Konstantin in Britannien militärisch bewährt hatte, konnte er nach dem Tod seines Vaters dessen Machtstellung im Westen des imperium Rōmānum übernehmen. Er stützte sich dabei auf seine Truppen, die ihm treu ergeben waren, als er sich gezwungen sah, mit anderen Regenten um die Vorherrschaft zu kämpfen. Einer von ihnen war Maxentius, den Konstantin am 28. Oktober
10 312 in der Schlacht an der Milvischen Brücke (pōns Mulvius) nördlich von Rom besiegte. Am 29. Oktober wurde er, nun alleiniger Herrscher im Westen des Reiches, mit seinen Truppen ehrenvoll innerhalb der Stadtmauern (intrā moenia) empfangen.

Mit dem Sieg des jungen Kaisers änderte sich grundsätzlich auch die Lage der
15 Christen, die unter Diocletian noch grausam verfolgt worden waren: Konstantin unterstützte die christliche Kirche großzügig und machte die Bischöfe zu wichtigen Stützen seiner Herrschaft.

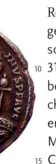

Medaillon Konstantins aus dem Jahr 315 n. Chr.

Er selbst ließ sich wohl erst kurz vor seinem Tod 337 taufen. Aber dass seine Sol-
20 daten 312 mit dem Christussymbol, d. h. den griechischen Buchstaben X (Chi) und P (Rho), auf ihren Schilden (scūta) in die Schlacht zogen, scheint historisch glaubwürdig zu sein. Ein Medaillon des Jahres
25 315 zeigt den siegreichen Herrscher mit dem Christusmonogramm am Helm. Und auf der Inschrift des Konstantinsbogens, der ab 313 errichtet wurde, ist davon die Rede, dass der Kaiser mit seinem Heer
30 (cum exercitū suō) nicht nur durch Geistesgröße (mentis māgnitūdine), sondern auch durch göttliche Eingebung (īnstīnctū dīvīnitātis) gegenüber seinem Rivalen Erfolg gehabt habe. Zeitgenossen erzählten
35 sich die Legende, dass Konstantin in der Nacht vor der Schlacht im Traum (somnium) ein göttliches Zeichen (sīgnum dīvīnum) erschienen sei.

Der Konstantinsbogen in Rom (errichtet 313 n. Chr.)

80

Lektion 40

Die Konjunktivformen der Verben im Passiv/Konsekutivsätze/Finalsätze

1. Multī cīvēs nārrant: „Cum urbs Rōma flammīs dēlērētur, imperātor Nerō carmen dē incendiō Trōiae cecinit.
   Cum māgna pars urbis flammīs dēlēta esset, Nerō Chrīstiānōs incendiī accūsāvit.
   Quamquam plūrimī Chrīstiānī suppliciīs affectī sunt, tamen multī cīvēs non putant urbem ā Chrīstiānīs incēnsam esse."

2. Multī cīvēs, cum exīstimārent urbem Rōmam ā Nerōne ipsō incēnsam esse, dīxērunt:
   „Incendium tam vehemēns fuit, ut māgna pars urbis dēlēta sit.
   Incendium tam vehemēns fuit, ut plūrima aedificia servārī nōn possent.
   Nunc imperātor Nerō rūmōribus ita perterritur, ut īram plēbis timeat.

3. Itaque Nerō Chrīstiānōs incendiī accūsat, ut īram plēbis in Chrīstiānōs vertat.
   Chrīstiānōs suppliciīs afficit, nē plēbs sibi incendium crīminī det."

Erste Übungen

1 Schlimme Folgen des Stadtbrandes – Übersetze:

   a) Vīs incendiī tanta fuit, ut multae partēs urbis dēlētae sint.
   b) Tantae flammae in viīs erant, ut plūrimī cīvēs fugere nōn iam possent.
   c) Tanta multitūdō cīvium per viās urbis errāvit, ut omnēs, quī auxiliō veniēbant, impedīrentur.

2 Gerüchte über Gerüchte – Übersetze:

   a) Nōnnūllī cīvēs dē incendiō urbis haec exīstimāvērunt:
   b) Imperātor ipse iussit urbem incendī, ut urbem novam conderet.
   c) Cīvēs, quōrum aedificia dēlēbantur, in Campum Mārtium fūgērunt, ut ibi cōnsīderent.
   d) Nerō Chrīstiānōs incendiī accūsāvit, nē īra plēbis in eum verterētur.

Cōnstantīnus cum Maxentiō contendit: Maxentius *sē* in urbem Rōmam *recēpit*, Cōnstantīnus ante *moenia* urbis castra *collocāvit*. Cui autem nōn *contigit*, ut urbem expūgnāret et Maxentium ex urbe *expelleret*. Postrēmō *accidit*, ut Cōnstantīnō in somniō vōx *dīvīna* appārēret et dīceret: „Sīgnō deī Chrīstiānōrum vincēs!"

81

Lektion 40

„Hoc signo vinces!"

Ein Einwohner der Stadt Rom berichtet seinem Freund, der wissen will, was sich in Rom zugetragen hat, von dem Kampf zwischen den beiden Kaisern Konstantin und Maxentius am 28. Oktober 312 bei der Milvischen Brücke:

[1] **bellum indīcere** jemandem den Krieg erklären

[2] **notāre** malen, zeichnen

Petis, ut tibi scrībam, quid nūper ad pontem Mulvium acciderit. Quod libenter faciam, ut omnia, quae ibi facta sunt, comperiās.

Certē scīs, quōmodo cīvēs Rōmānī diū vexātī sint eō bellō cīvīlī, quod Cōnstantīnus et Maxentius imperātōrēs inter sē gerēbant. Cōnstantīnus
5 enim Maxentiō bellum indīxerat[1], ut eum ex Italiā expelleret. Māxentius autem sē in urbem Rōmam recēperat, ut intrā moenia urbis impetūs Cōnstantīnī arcēret, quī ad pontem Mulvium castra collocāverat. Nōtum est, quantā vī ante urbem inter exercitūs pūgnātum sit. Quā dē causā cōpiīs Cōnstantīnī nōn contigit, ut urbem Rōmam expūgnārent.
10 Post multōs diēs autem accidit, ut Cōnstantīnō in somniō sīgnum deī Chrīstiānōrum appārēret. Et vōx dīvīna eum monuit, ut hoc sīgnum in scūtīs mīlitum notāret[2] atque ita proelium committeret. Statim Cōnstantīnus fēcit, ut vōx dīvīna
15 iūsserat, et cūrāvit, ut sīgnum deī in scūtīs mīlitum notārētur. Hōc sīgnō animī mīlitum Cōnstantīnī ita cōnfīrmātī sunt, ut mortem nōn timērent: Cum
20 aciēs īnstrūctae essent, tantā fortitūdine pūgnāvērunt, ut cōpiās Maxentiī vincerent.
Maxentius ipse ad pontem Mulvium fūgit, nē ā mīlitibus
25 Cōnstantīnī occīderētur. Sed ibi multitūdine mīlitum, quī cum eō fugiēbant, pressus in Tiberī flūmine periit. Multī crēdunt Maxentium ā Cōnstantīnō auxiliō
30 deī Chrīstiānōrum victum esse. Valē!

Pieter Lastmann, Schlacht zwischen Konstantin und Maxentius, 1613 (Bremen, Kunsthalle)

Lektion 40

Übungen

1 Verschaffe dir vor der Übersetzung einen Überblick über die Ausgangslage, in der sich Maxentius und Konstantin befanden, indem du aus Z. 3 – 9 jeweils Subjekt und Prädikat herausschreibst.

2 Gib mit eigenen Worten den Textinhalt der Zeilen 10 – 22 in der geschilderten Reihenfolge wieder.

3 Schreibe aus dem Lesestück alle Prädikate heraus und forme die aktiven ins Passiv um, die passiven ins Aktiv.

4 Lege in deinem Heft eine Tabelle an mit jeweils einer Spalte für abhängige Begehrsätze, Finalsätze und Konsekutivsätze. Übertrage dann die entsprechenden Gliedsätze des Lesestücks unter Angabe der einleitenden Subjunktion und des jeweiligen Gliedsatzprädikats in die Tabelle.

Begehrsatz	Finalsatz	Konsekutivsatz

5 Setze die folgenden Perfektformen ins Plusquamperfekt, Präsens und Imperfekt. Beispiel: collocātum sit → collocātum esset → collocētur → collocārētur

commōta sīs – repertae sītis – relictī sīmus – captus sim – laudātae sint

6 Formenstaffel. Bilde die folgenden Formen:

acceptus es → Konjunktiv Plusquamperfekt → Plural → Konjunktiv Perfekt → Singular → Konjunktiv Präsens → Plural → Konjunktiv Imperfekt → Singular.

7 Ein Kampf um Rom. Übersetze und gib an, ob es sich bei den Gliedsätzen jeweils um einen Begehrsatz, einen Finalsatz oder einen Konsekutivsatz handelt:

a) Cōnstantīnus optāvit, ut Maxentium vinceret. b) Cōnstantīnus Rōmam contendit, ut cum Maxentiō pūgnāret. c) Maxentius timuit, nē Cōnstantīnō vincerētur. d) Cōpiīs Cōnstantīnī diū nōn contigit, ut Maxentium vincerent. e) Quī intrā moenia sē recēperat, nē ante urbem pūgnāret. f) Cōnstantīnus vōce dīvīnā monitus est, nē dēspērāret. g) Mīlitēs Cōnstantīnī tantā fortitūdine impetum fēcērunt, ut Maxentius eōs urbe arcēre nōn posset.

8 Erschließe, was Konstantin zum Ausdruck bringen wollte, als er sich im Jahr 315 mit einem Christusmonogramm am Helm (S. 80) abbilden ließ.

9 Beschreibe das Gemälde von Pieter Lastmann und erläutere, welcher Augenblick der Schlacht dargestellt ist. Vergleiche das Bild mit der entsprechenden Passage des Lesestücks.

83

Plateaulektion 36–40

Grundwissen: Die römische Kaiserzeit

Von der Republik zum Prinzipat

44 v. Chr. Ermordung Cäsars → weitere Bürgerkriege beginnen

31 v. Chr. Octavian siegt bei Actium über Antonius und Kleopatra

27 v. Chr. Verleihung des Ehrentitels **Augustus** an Octavian → Ende der rēs pūblica, Begründung des Prinzipats

Das Zeitalter des Augustus (27 v. Chr. – 14 n. Chr.)

- Ideal der **Pax Augusta**
- Errichtung der Ara Pacis
- Blüte der Literatur:
  Vergil, Aeneis; Horaz, Carmina; Ovid, Metamorphosen, Ars amatoria; Livius, Ab urbe condita

Die frühe Kaiserzeit (1. Jahrhundert n. Chr.)

- Prinzipat: Die folgenden Herrscher führen den Titel **Augustus** und tragen den Namen von Octavians Adoptivvater **Caesar**, z. B.: Tiberius Iulius Caesar Augustus (14–37 n. Chr.), Nero Claudius Caesar Augustus (54–68 n. Chr.)
- Unter Kaiser Nero: Gewaltherrschaft, Brand Roms (64 n. Chr.) und erste Christenverfolgung

Die späte Kaiserzeit (4./5. Jahrhundert n. Chr.)

- 312 n. Chr.
  Sieg Konstantins des Großen an der Milvischen Brücke über Maxentius:
  „Hōc sīgnō vincēs!"
- 313 n. Chr.
  Toleranzedikt von Mailand:
  Das Christentum wird als Religion anerkannt.

Wie soll ich mit den Christen verfahren?

Bei der Verwaltung seiner Provinz Bithynien (in der heutigen Türkei) hatte der Statthalter Gaius Plinius häufig schwierige Probleme zu lösen. In solchen Fällen schrieb er stets an Kaiser Trajan nach Rom. In einem berühmten Brief aus dem Jahr 112 n. Chr. fragte er an, wie er mit Christen umgehen soll:

C. Plīnius Trāiānō imperātōrī salūtem dīcit.
Numquam cōgnitiōnibus[1] dē Christiānīs interfuī. Itaque nesciō, quibus poenīs Christiānōs accūsātōs afficere dēbeam. Timeō, nē errem. Tē rogō, ut mē adiuvēs, nē diūtius[2] dubitem!
5 Christiānī neque nostrōs deōs immortālēs colunt neque imāginibus tuīs sacrificant. Cum haec sacra recūsent, accūsantur. Nesciō autem, quōmodo agam cum iīs, quī Christiānī fuērunt neque iam sunt. Imperāsne, ut illī dīmittantur?
Adhūc hōc modō ēgī: Hominēs accūsātōs rogāvī, utrum essent Christiānī
10 an nōn. Iī, quī dīxērunt sē esse Christiānōs, iterum ac tertiō[3] rogābantur. Tum Christiānī ad mortem abductī sunt.
Nōnnūllī autem negāvērunt sē esse Christiānōs aut fuisse. Dīxērunt quidem sē ante lūcem convēnisse, ut Christō quasi deō carmina dīcerent et cibōs caperent, sed cōnfīrmāvērunt sē nūlla scelera commīsisse. Quibus
15 imperāvī, ut imāginī tuae et simulācrīs deōrum apportātīs sacrificārent. Cum id fēcissent, eōs Christō maledīcere[4] iussī. Ad hoc nēmō cōgī potest, quī rē vērā[5] est Christiānus. Ac profectō multī Christō tantopere[6] maledīxērunt, ut dīmitterentur.
Cum numerus Christiānōrum tōtā prōvinciā crēscat, mihi placet tē
20 cōnsulere. Valē!

[1] cōgnitiō, cōgnitiōnis f. der Prozess
[2] diūtius (Adv.) länger
[3] tertiō (Adv.) zum dritten Mal
[4] maledīcere (mit Dat.) (jemanden) verhöhnen
[5] rē vērā wirklich
[6] tantopere (Adv.) so sehr

- Übersetze die Grußworte am Briefanfang und -ende zunächst wörtlich und wähle dann eine Übersetzung, die den heutigen Gewohnheiten entspricht.
- Arbeite aus Z. 9–18 heraus, wie Plinius mit denen verfährt, die bei ihm als Christen angeklagt worden sind.
- Informiere dich über die Behandlung der Christen in der Zeit von Kaiser Nero bis Kaiser Konstantin. Vergleiche damit das Vorgehen des Plinius gegenüber den Christen.

P 36 – 40

Methodenkompetenz (12): Stammformen lernen mit Verstand

Folgende Informationen gewinnst du aus den **Stammformen**:

Der Infinitiv Präsens und die Präsensform zeigen dir, wie der **Präsensstamm** lautet. Der Präsensstamm wiederum wird zur Bildung von **Präsens, Imperfekt und Futur I (jeweils in Aktiv und Passiv)** verwendet.

Aus der Perfektform kannst du den **Perfektstamm** erkennen. Dieser wird zur Bildung der **Aktivformen** von **Perfekt, Plusquamperfekt und Futur II** verwendet.

Das **Partizip Perfekt Passiv (PPP)** dient in Verbindung mit Formen von **esse** zur Bildung der **Passivformen des Perfektstamms (Perfekt, Plusquamperfekt und Futur II)**.

Vergleiche die folgende Tabelle:

monēre		moneō		monuī	monitum
Präsensstamm: mone-				Perfektstamm: monu-	Partizipstamm: monit-
Infinitiv Präsens		1. P. Sg. Präsens		1. P. Sg. Perfekt Aktiv monuī	1. P. Sg. Perfekt Passiv monitus, a sum
Aktiv monēre	Passiv monērī	Aktiv moneō	Passiv moneor		
Zeiten des **Präsensstamms** (Präsens, Imperfekt, Futur I) **in Aktiv und Passiv** Präsensstamm + Tempuszeichen + Aktiv- oder Passivendungen				Zeiten des **Perfektstamms** (Perfekt, Plusquamperfekt, Futur II) **nur im Aktiv** Perfektstamm + Endungen	Zeiten des **Perfektstamms** (Perfekt, Plusquamperfekt, Futur II) **nur im Passiv** PPP + Formen von esse

Das **Partizip Perfekt Passiv** ohne die Formen von **esse** kann als **Participium coniunctum** verwendet werden.

Übungen

Formen erkennen und bestimmen

1 Zeichne eine Tabelle (Präsensstamm – Perfektstamm Aktiv – Perfektstamm Passiv) und ordne die im Lesestück vorkommenden Prädikate (ohne Imperative), Infinitive und Partizipien in die richtigen Spalten ein.

Formen erkennen und übersetzen

2 Im Übersetzungstext kommen drei Partizipien (ohne esse) als Participium coniunctum vor. Gib jeweils das Bezugswort an, mit dem sie „verbunden" sind, und überlege, ob diese Partizipien ein Attribut oder ein Adverbiale sind.

Formen bilden

3 Setze die im Text vorkommenden Formen des Infinitiv Präsens Passiv in den Infinitiv Präsens Aktiv und übersetze diesen.

86

P 36 – 40

Methodenkompetenz (13):
Konjunktivische Gliedsätze unterscheiden

Wenn der Konjunktiv in konjunktivischen Gliedsätzen vorkommt (also in Gliedsatzarten, die immer im Konjunktiv stehen), dann wird er in der Regel mit dem deutschen Indikativ wiedergegeben. Für die richtige Übersetzung ist es wichtig, dass du die **Art** und die **Einleitung** des konjunktivischen Gliedsatzes erkennst. Präge dir daher die folgende Übersicht gut ein:

Art des Gliedsatzes	Einleitung/Subjunktion	Beispielsatz
Indirekter Fragesatz	Fragewort (z. B. cūr, quis, quī) oder Fragepartikel (z. B. -ne, num, utrum … an)	Nesciō, quid facere dēbeam. Ich weiß nicht, was ich tun muss.
Abhängiger Begehrsatz	ut („dass"), verneint: nē („dass nicht") nach Verben des Fürchtens und Hinderns: nē („dass"), ut („dass nicht")	Tē ōrō, ut mihi adsīs. Ich bitte dich, dass du mir hilfst. Timeō, nē errem. Ich fürchte, dass ich einen Fehler mache.
Finalsatz	ut („damit"), verneint: nē („damit nicht")	Mihi ades, nē dubitem! Hilf mir, damit ich nicht zweifle!
Konsekutivsatz	ut („[so]dass"), verneint: ut nōn („[so]dass nicht")	Christō tantopere maledīxērunt, ut dīmitterentur. Sie schmähten Christus so sehr, dass sie freigelassen wurden.
Temporalsatz	cum („als", „nachdem")	Cum hominēs dīxissent sē esse Christiānōs, ad mortem abductī sunt. Als die Menschen gesagt hatten, dass sie Christen sind, sind sie zur Hinrichtung weggeführt worden.
Kausalsatz	cum („weil")	Cum sacra recūsāverint, accūsantur. Weil sie die Opfer verweigert haben, werden sie angeklagt.

Übungen

1 Schreibe aus dem Übersetzungstext alle Konjunktive heraus und ordne sie nach den Arten der konjunktivischen Gliedsätze.

Formen erkennen und bestimmen

2 Forme die Verben in den anderen Numerus und in den anderen Modus um.

dīmittantur — ēgī — abductī sunt — apportāta erant — sacrificārent

Formen erkennen und bilden

87

Lektion 41 – 45

Die Ausdehnung des Imperium Romanum

Gesichtsmaske des Helms eines römischen Reiters, gefunden in dem Gebiet der Varus-Schlacht (Kalkriese, Museum und Park)

Kopf eines germanischen Kriegers mit dem typischen Suebenknoten in der Henkeltasche des Bronzekessels aus dem Fürstengrab von Czarnówko (Polen), 1. Jh. n. Chr. (Lębork/Polen, Muzeum w Lęborku)

Mit der Eroberung Galliens dehnte Caesar das römische Reich nach Norden aus. Zum ersten Mal drangen die Legionen Roms bis an den Rhein vor. Kaiser Augustus unternahm den Versuch, ganz Germanien zu erobern. Dabei erlitt sein Statthalter Varus im Jahre 9 n. Chr. im Teutoburger Wald eine vernichtende Niederlage. Von nun an beschränkten sich die Römer auf die Sicherung ihrer Grenze an Rhein und Donau. Sie legten befestigte Truppenlager (castra) an und errichteten in den folgenden Jahrzehnten eine Demarkationslinie (līmes). Diesen Limes bauten die Römer bis zur 2. Hälfte des 2. Jahrhunderts als 550 km lange Sperranlage aus, die mit einer Mauer oder einem Palisadenzaun, mit Gräben, Erdwällen, mit Türmen und Kastellen gesichert war. Auch in Britannien (vallum Hadriānī) und sogar in Afrika (fossātum Africae: ein 10 m breiter und 750 km langer Graben) errichteten die Römer Grenzbarrieren.

Wieder aufgebauter Steinturm mit Wall, Graben und Palisade des Limes bei Großerlach-Grab (Rems-Murr-Kreis)

Teil des Hadrianswalls bei Housesteads Crags, Northumberland

- Vergleiche das Erscheinungsbild des römischen Legionärs und des germanischen Kriegers miteinander.
- Informiere dich über den Verlauf des Limes und des Hadrianswalls und berichte darüber in deiner Klasse.

Mit der Ausdehnung des Imperium Romanum ging die Verbreitung der lateinischen Sprache und der Lebensweise der Römer einher. Diese wurden im Wesentlichen durch Veteranen und Kaufleute vermittelt. Heute noch beeindrucken Bauwerke, die von den Römern errichtet wurden. Die romanischen Sprachen sind die Folge der Vermischung der jeweiligen Landessprache mit der lateinischen Sprache.

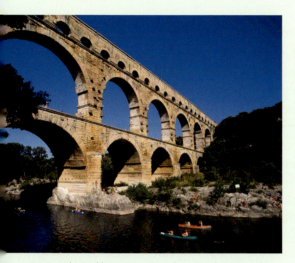

Der Pont du Gard bei Nîmes. Reste der römischen Wasserleitung beim antiken Nemausus in der Gallia Narbonensis

Die Colonia Ulpia Traiana (Modell), 2./3. Jh. n. Chr. Diese Colonia wurde in der Nähe des Römerlagers Castra Vetera angelegt. (Rekonstruktion: LVR-Archäologischer Park Xanten/LVR-Römer Museum)

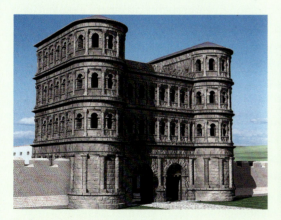

Die Porta Nigra in Trier (ca. 180 n Chr. und im heutigen Zustand)

- Beschreibe den Plan der Colonia Ulpia Traiana, die in der Nähe des Legionslagers Castra Vetera lag, und nenne die Bauwerke, die es auch in Rom gab. Erschließe, warum es sie auch in der Colonia gab.
- Informiere dich über die Bedeutung Triers in der römischen Kaiserzeit und berichte darüber in deiner Klasse.

Lektion 41

Caesar in Gallien

Nach dem Konsulat wurde Caesar im Jahr 58 Prokonsul der gallischen Provinzen und Illyriens. Dies nutzte er, um die Grenzen des römischen Reiches nach Norden zu erweitern und sich so großen Ruhm zu erwerben, wie Pompeius ihn durch seine Eroberungen im Osten erlangt hatte.

5 Caesar eroberte das Land der Kelten, das die Römer Gallien nannten, in den Jahren 58–52 und beschrieb die Ereignisse in sieben Büchern, den commentāriī bellī Gallicī. Jedem Kriegsjahr widmete er ein Buch. Darin berichtete er sowohl über seine Eroberungen als auch über die Zustände in Gallien und über die Gewohnheiten einzelner Stämme.

10 Die Kriegsführung war nicht einfach, da die ungefähr 300 Völker teilweise untereinander verfeindet waren und es innerhalb einzelner Stämme (cīvitātēs) blutige Auseinandersetzungen gab.

In den ersten vier Jahren seiner Statthalterschaft war es Caesar weitgehend gelungen, in Gallien die Oberhand zu gewinnen. Im Herbst 54 15 kam es jedoch zu einer Reihe von Aufständen gallischer Stämme, die den römischen Statthalter in erhebliche Schwierigkeiten brachten und die er erst zwei Jahre später endgültig niederschlagen konnte.

Im Sommer 54 hatte es in Gallien eine Missernte gegeben, was auch die Versorgung des römischen Heeres erschwerte. Denn das römische 20 Heer von insgesamt acht Legionen verbrauchte an einem einzigen Tag 90 Tonnen Weizen und 35 Tonnen Gerste. Caesar verteilte seine Legionen auf verschiedene Gegenden Galliens, wo sie ihr Winterlager aufschlugen. Fünfzehn Kohorten (cohortēs), ca. 7 500 Soldaten, schickte Caesar in das Gebiet der Eburonen (Eburōnēs), die im Ge- 25 biet der Maas (nördlich von Lüttich) siedelten und unter der Führung ihres Königs Ambiorix standen. Diesem, zum Aufstand entschlossen, gelang es durch Taktik und Tapferkeit, in Abwesenheit Caesars das römische Heer vernichtend zu schlagen. Erst durch persönliches Eingreifen konnte Caesar die drohende Aufstandsbewegung unterdrücken. Diese flammte 30 im Jahr 52 noch einmal auf, als der Arverner Vercingetorix an die Spitze der gallischen Stämme trat und ein großes Heer organisierte. Er konnte Caesar bei Gergovia besiegen, wurde aber schließlich in der Festung Alesia, wohin er sich mit seinen Truppen zurückgezogen hatte, eingeschlossen. Dort belagerte ihn Caesar mit seinem Heer so lange, bis sich Vercingetorix und die ausgehungerten Gallier ergeben 35 mussten. Mit dem Sieg von Alesia war der Widerstand der Gallier gebrochen, Caesar konnte Gallien als Provinz in das Imperium Romanum eingliedern.

Römischer Denar des Lucius Hostilius Saserna aus dem Jahr 48 v. Chr. Die Darstellungen beziehen sich auf Caesars Erfolge in Gallien: Vorderseite: Kopf eines Galliers (möglicherweise Vercingetorix); Rückseite: Ein Streitwagen mit einem kämpfenden Gallier

Lektion 41

Das Partizip Präsens Aktiv/Das Participium coniunctum

1. Imperātor Maxentius cum ingentī exercitū urbem Rōmam occupāverat.
2. Sed Cōnstantīnus, quia Maxentium ex Italiā expellere cupīvit, cōpiās suās Rōmam dūxit.
   Sed Cōnstantīnus Maxentium ex Italiā expellere cupiēns cōpiās suās Rōmam dūxit.
3. Mīlitēs Cōnstantīnī, quamquam moenia urbis diū oppūgnābant, tamen Rōmam nōn expūgnāvērunt.
   Mīlitēs Cōnstantīnī moenia urbis diū oppūgnantēs tamen Rōmam nōn expūgnāvērunt.
4. Maxentiō, quod ōrāculum timuit, urbem nōn relinquere placuit.
   Maxentiō ōrāculum timentī urbem nōn relinquere placuit.
5. Cīvēs impetū mīlitum, quī māgnā virtūte pūgnābant, perterritī sunt.
   Cīves impetū mīlitum māgnā virtūte pūgnantium perterritī sunt.

Erste Übungen

1 Bilde das Partizip Präsens Aktiv im Nominativ und Genitiv Singular zu den folgenden Verben:

collocāre – monēre – comperīre – premere – recipere

2 Dekliniere schriftlich in deinem Heft:

clāmor ingēns – mīles pūgnāns – uxor petēns

3 Bilde das Partizip Präsens Aktiv, sodass es mit seinem Bezugswort in KNG übereinstimmt:

cīvēs (timēre) – cōpiārum (pūgnāre) – imperātōrī (iubēre) – mīlitis (expūgnāre) – dux (imperāre) – cīvem (dolēre) – exercituī (petere)

Caesar nōnnūllās *cohortēs* in fīnēs Eburōnum mīsit. Postquam mīlitēs Rōmānī castra collocāvērunt, Eburōnēs impetum in Rōmānōs fēcērunt. Quī cōnstituērunt castra relinquere. Gallī, cum hostēs castra relinquere *animadverterent*, exercitum Rōmānōrum *undique* premere *coepērunt* et proelium commīsērunt. Mīlitibus
5 Rōmānīs nōn *pepercērunt*: Rōmānōs *circumvēnērunt* et tēla in mīlitēs *coniēcērunt* et *ōrdinēs* Rōmānōrum fugāvērunt.

91

Lektion 41

L Cäsars Truppen in schwerer Bedrängnis

Vierzehn Tage nachdem die 15 Kohorten im Gebiet der Eburonen ihr Winterlager aufgeschlagen hatten, gab der Eburonenkönig Ambiorix das Signal zum Aufstand. Mit seinen Kämpfern erschien er vor dem römischen Lager und wollte es erstürmen, doch konnte er von den Römern in die Flucht geschlagen werden. Die Situation blieb jedoch gefährlich und wurde im römischen Kriegsrat besprochen, wo es zu einer heftigen Auseinandersetzung kam. Einige, wie der Legat Lucius Aurunculeius Cotta, wollten im Lager bleiben und sich dort verteidigen; der andere Legat, Quintus Titurius Sabinus, dagegen war für einen sofortigen Abzug der Soldaten. Sabinus setzte sich durch, und so brachen im Morgengrauen des nächsten Tages alle Soldaten auf und verließen das Winterlager. Den weiteren Verlauf der Ereignisse schildert Caesar im fünften Buch des bellum Gallicum:

Eburōnēs, cum animadverterent mīlitēs Rōmānōs castra relinquere, eīs īnsidiās parāvērunt: In silvās sē abdidērunt[1] atque adventum Rōmānōrum exspectāvērunt.

Cum maxima pars agminis Rōmānōrum in māgnam vallem[2] dēscendisset,
5 subitō Gallī sē ostendērunt et exercitum Rōmānum undique prementēs proelium commīsērunt.

Tum dēmum Sabīnus, quī nihil ante prōviderat, timōre perterritus cohortēs īnstruere coepit. Cotta autem mīlitēs appellāns et ad pūgnam excitāns ipse māgnā cum virtūte proelium inīit.

10 Hostēs māgnā cum audāciā contendērunt: Tēla in Rōmānōs conicientēs cohortēs Rōmānās ita urgēbant, ut multī mīlitēs Rōmānī occīderentur. Hīs rēbus commōtus Sabīnus nūntium mīsit ad Ambiorīgem mīlitēs suōs ad pūgnam excitantem et rogāvit, ut sibi mīlitibusque parceret. Ambiorīx hās precēs nōn recūsāns nūntiō respondit: „Sī Sabīnus mēcum sermōnem
15 habēre vult, licet. Sed necesse est eum arma abicere." Quī fēcit, quae Ambiorīx iusserat.

Ambiorīx sermōnem trahēns cum Sabīnō dē pācis condiciōnibus ēgit. Subitō Sabīnus ab hostibus circumventus et interfectus est. Tum Gallī suō mōre ululātum[3] tollentēs victōriam conclāmāvērunt[4] atque impetum in
20 ōrdinēs Rōmānōrum fēcērunt. Ibi Cotta pūgnāns interfectus est cum maximā parte mīlitum.

Hāc victōriā gaudēns Ambiorīx statim in aliās cīvitātēs Gallōrum contendit et haec dēmōnstrāvit: „Nunc nōbīs occāsiō data est: Tōtam Galliam ā Rōmānīs līberābimus!"

---

[1] se abdere, abdō, abdidī sich verstecken
[2] vallis, vallis f. das Tal
[3] ululātus, ululātūs m. das Geheul, Geschrei
[4] victōriam conclāmāre den Sieg bejubeln

Lektion 41

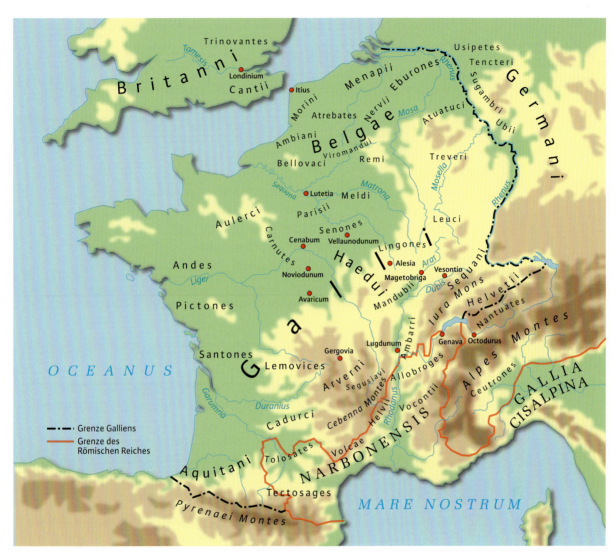

Gallien zur Zeit Cäsars

Übungen

1 a) Erfasse <u>vor</u> der Übersetzung des Lesestücks den Handlungsverlauf, indem du in eine Tabelle jeweils für die „römische Seite" und die „gallische Seite" das Subjekt, das Prädikat und das Objekt der Hauptsätze einträgst und den Inhalt knapp darstellst.
b) Erläutere <u>nach</u> der Übersetzung, wie die Römer und Gallier jeweils charakterisiert werden.

2 Schreibe aus dem Übersetzungstext alle Formen des Partizip Präsens Aktiv sowie ihre Bezugswörter heraus und bestimme sie nach Kasus, Numerus und Genus.

Lektion 41

3 PPA oder kein PPA? Bestimme die Wortart der folgenden Formen:

animadvertēns – potēns – gerēns – gēns – pōns – tollēns – trahentēs – adulēscentēs – dēscendentēs – parcentī – prūdentī – vehementī – ingentibus – urgentibus – incipientis – vehementis – gentium – prementium

4 Die Partizipen haben ihre Bezugswörter verloren. Bilde die passenden Paare:

1. mīlitibus
2. Gallōs
3. hostī
4. imperātōris
5. rēgem
6. legiōnum
7. mīlitem

a) appellantis
b) imperantem
c) fugientem
d) petentēs
e) pūgnantium
f) expūgnantibus
g) īnstantī

5 Übersetze und ersetze dann die Gliedsätze durch eine Partizipialkonstruktion:

a) Sabīnus lēgātus, quod cōnsilia Gallōrum nōn prōvidēbat, cum cōpiīs castra relīquit.
b) Rōmānī, cum impetum Gallōrum animadverterent, perterrēbantur.
c) Sabīnus, dum dē pācis condiciōnibus cum Ambiorīge agit, circumventus et interfectus est.
d) Cotta, quamquam maximā fortitūdine pūgnābat, tamen occīsus est.
e) Gallī, quia māgnā cum audāciā pūgnābant, Rōmānōs vīcērunt.

6 Suche das richtige Partizip heraus und übersetze die Sätze:

a) Eburōnēs castra (relinquentēs/relinquentem/relinquēns) in exercitum Rōmānum impetum fēcērunt.
b) Sabīnus lēgātus impetum hostium (timēns/timentem/timentium) cohortēs īnstruxit.
c) Cotta māgnā cum virtūte (pūgnante/pūgnāns/pūgnantēs) mīlitēs Rōmānōs ad pūgnam excitāvit.
d) Gallī tēla in ōrdinēs Rōmānōrum (conicientia/conicientēs/conicientium) multōs mīlitēs occīdērunt.
e) Dux Eburōnum lēgātō Rōmānō veniam (petēns/petentī/petentem) tamen nōn pepercit.
f) Cīvitātēs Gallōrum victōriam ab Ambiorīge (nūntiātae/nūntiātō/nūntiātam) māgnō clāmōre celebrāvērunt.

7 Vergleiche das von Caesar in Gallien eroberte Gebiet mit einer modernen Karte: Welche heutigen Länder sind durch Caesar zum Gebiet des imperium Romanum gekommen?

Lektion 42

Eine bittere Niederlage in Germanien

Zu Beginn des 1. Jahrhunderts n. Chr. waren römische Truppen schon bis zur Elbe vorgedrungen.

Im Jahre 7 n. Chr. übertrug Kaiser Augustus dem Publius Quintilius Varus das Oberkommando über die am Rhein stationierten römischen Truppen. Varus galt
5 als erfahrener Feldherr, der sich als Statthalter in den Provinzen Afrika und Syrien einen Namen gemacht hatte. In Germanien übernahm er damals die Aufgabe, die neu eroberten Gebiete dauerhaft zu einer römischen Provinz zu machen. Um dieses Ziel zu erreichen, musste Varus im Landesinnern seine Macht durchsetzen, römisches Recht sprechen und die den Germanen auferlegten Abgaben (tribūta)
10 eintreiben. Dieses Vorgehen stieß jedoch bei den Germanen auf Ablehnung.
Deren Anführer wurde der Cheruskerfürst Arminius. Dieser war vermutlich im Kindesalter als Geisel nach Rom gekommen und dort nach römischer Art erzogen worden. Arminius besaß das römische Bürgerrecht und hatte den Rang eines römischen Ritters. Er war mit der Sprache, dem Denken und der militärischen Taktik
15 der Römer bestens vertraut und genoss das uneingeschränkte Vertrauen des Varus, da er in den Jahren 6–9 n. Chr. auf Seiten der Römer gegen Aufständische in Pannonien (Niederösterreich) gekämpft hatte. Nach seiner Rückkehr zu
20 den Cheruskern gelang es Arminius im Alter von 25 Jahren, unterschiedliche germanische Stämme für ein gemeinsames Vorgehen gegen die Römer zu gewinnen.
25 Im Jahre 9 n. Chr. ließ sich Varus von Arminius in das Gebiet des Teutoburger Waldes locken, da dort angeblich Aufstände ausgebrochen seien. In dem Vertrauen, auf befreundete Stämme zu
30 treffen, bemerkte Varus die List des Arminius zu spät. In unbekanntem und schwierigem Gelände wurden die drei römischen Legionen XVII, XVIII und XIX und neun Hilfstruppen innerhalb von
35 drei bis vier Tagen im Teutoburger Wald bei Kalkriese vernichtend geschlagen.

Briefmarke aus dem Jahr 2009

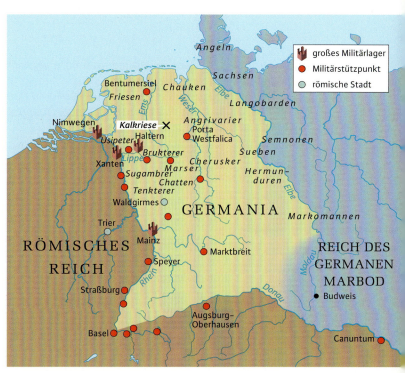

Das römische Reich und Germanien kurz vor der Varusschlacht

Lektion 42

 Das Adverb/Substantiv und Adjektiv als Prädikativum

1. Ambiorīx dux callidus Eburōnum erat. Rōmānīs īnsidiās callidē parāvit.
2. Cotta lēgātus prūdēns erat. Caesaris adventum prūdenter exspectāvit.
3. Mīlitēs Rōmānī fortēs erant. Sed quamquam fortiter pugnāvērunt, ab Ambiorīge victī sunt.
4. Cohortēs Sabīnī lēgātī saepe fēlīciter pugnāverant. Sed post victōriam Ambiorīgis paucī mīlitēs miserī in castra rediērunt. Dīxērunt: „Sabīnus lēgātus prūdenter nōn ēgit."

Erste Übungen

1 Lege in deinem Heft eine Tabelle an und schreibe aus den Sätzen 1–4 die Adjektive in die linke, die Adverbien in die rechte Spalte. Formuliere dann selbst die Regel für die Bildung des Adverbs.

Adjektiv	Adverb
callidus	

2 Bestimme in den Sätzen 1–4, welche Satzgliedfunktion das Adjektiv jeweils einnimmt.

3 Ordne die folgenden Formen nach Wortarten (Substantiv, Verb, Adjektiv, Adverb):

amīce, opportūnē, celere, respondē, beātē, vocāte, nōbile, occāsiōne, maximē, canere
pater, celeriter, līber, breviter, alter, māter, crūdēliter, miser, fer, dexter, pulcher, ācriter

 Cum cōpiae Rōmānōrum *loca* Cheruscōrum relinquerent, Arminius, dux Cheruscōrum, eīs in silvīs et *palūdibus* īnsidiās parāvit. Mīlitēs Rōmānī, quia in aciē pūgnāre et impetum hostium arcēre nōn poterant, *animō dēficiēbant*. Caedēs Cheruscōrum crūdēlis erat. Paucī Rōmānī ē proeliō *effugere* potuērunt. Vārus, dux
5 Rōmānōrum, nōn *bene fēcit, quod sēcūrus* fuit et Arminium amīcum Rōmānōrum putāvit. Ab eō enim *dēceptus est*.

Lektion 42

„Vare, legiones redde!"

Nonius unterhält sich mit dem Centurio Lucius, einem der wenigen Soldaten, der den Überfall der Germanen auf die Legionen des Varus überlebt hat:

Nōnius: Quōmodo accidit, ut trēs legiōnēs victae essent?

Lūcius: Exercitus noster, cum loca Cheruscōrum incolumis relinqueret, animadvertit Arminium cōpiīs nostrīs īnsidiās parāvisse. Silvīs et palūdibus impedītus in aciē pūgnāre nōn poterat. Germānī autem modo nōs ex īnsidiīs ācriter oppūgnāvērunt, modo sē recēpērunt. Mīlitēs nostrī, cum impetum hostium arcēre nōn possent, nōn iam fortiter pūgnābant, sed animō dēficiēbant. Plūrimī crūdēliter occīsī sunt, paucī ex hāc caede salvī effūgērunt. Vārus imperātor, cum īgnōminiam[1] timēret, vim sibi attulit.

Nōnius: Cōgnōveratne Vārus Arminium callidē dolum adhibuisse?

Lūcius: Vārus quidem audīverat Arminium nōbis īnsidiās parāvisse. Arminium amīcum vērum Rōmānōrum putāns dē eius fidē nōn dubitābat. Itaque imperātor facile dēceptus est.

Nōnius: Vārus nōn bene fēcit, quod tam sēcūrē ēgit. Cūr Arminius ā Rōmānīs dēfēcit, cūr exercituī nostrō turpiter īnsidiās parāvit?

Lūcius: Aliī dīcunt Arminium in animō habuisse omnibus Germānīs praeesse, aliī narrant eum cōnsilium cēpisse Germāniam ā Rōmānīs subiectam līberāre. Nam Vārus Germānīs imperāverat, ut tribūta[2] darent atque lēgibus Rōmānīs pārērent. Quārē Arminius opēs Rōmānōrum nōn iam tolerāns Germānīs celeriter persuāsit, ut Rōmānōs ē Germāniā expellerent.

Nōnius: Nōnnūllī trādunt Augustum, cum haec clādēs Rōmam nūntiāta esset, exclāmāvisse: „Quīntīlī Vāre, legiōnēs redde!"

Grabrelief des Centurio M. Caelius (Bonn, Rheinisches Landesmuseum)

[1] īgnōminia, ae f. der Verlust der Ehre
[2] tribūtum, ī n. die Steuer, die Abgabe

97

Lektion 42

Übungen

1 Stelle aus dem Lektionstext (Z. 1–16) alle lateinischen Wörter zusammen, die zum Sachfeld „Kampf/Schlacht" gehören, und ordne sie nach Wortarten (Substantiv, Verb, Adjektiv, Adverb).

2 a) Erläutere, wie die Germanen in der Varus-Schlacht die römischen Truppen besiegten.
b) Arbeite die möglichen Gründe heraus, die Arminius veranlassten, von einem amīcus zu einem hostis der Römer zu werden.
Belege deine Antworten mit den entsprechenden lateinische Textstellen.

3 Nenne alle Adverbien in den Zeilen 3–16 und erläutere, wie sich die Darstellung des Geschehens verändert, wenn diese Adverbien fehlten.

4 a) Lege eine Tabelle in deinem Heft an und ordne die folgenden Adverbien und Adjektive in die entsprechende Spalte.
b) Bilde dann die jeweils fehlende Form und ergänze die Tabelle.

callidus, ācriter, bene, sēcūrus, turpis, vērē, vehementer, malē, prūdēns, maximus, longē, graviter

Adjektiv	Adverb
callidus	callidē
...	ācriter

5 Bilde aus den folgenden Wörtern einen Satz. Überlege, ob das Adjektiv jeweils als Attribut, Prädikatsnomen, Adverbiale oder Prädikativum verwendet wird. Begründe deine Entscheidung.

a) Arminius – callidus – esse. Dux Cheruscōrum – Rōmānī – callidus – īnsidiae – parāre
b) Rōmānī – fortis – pūgnāre – sed – paucī – salvus – caedēs – effugere
c) Vārus – facilis – dēcipī – quod – sēcūrus – esse
d) Augustus – īrātus – esse – cum – nūntius – trīstis – audīre

6 Beschreibe die Briefmarke (S. 95) und erläutere, warum die abgebildeten Motive für das Jubiläum der Varusschlacht ausgewählt wurden.

Lektion 43

Der Rückzug der Römer aus Germanien

Durch die Eroberung Gallliens war der Rhein die Grenzlinie zwischen Rom und den Germanen. Dennoch gab es weiterhin Einfälle rechtsrheinischer Germanenstämme in die neue römische Provinz.
Unter Kaiser Augustus wurden deshalb römische Legionen in Militärlagern am Rhein stationiert, und es wurde damit begonnen, Germanien zwischen Rhein und Elbe zu erobern und als römische Provinz mit der Hauptstadt Köln einzurichten. Die vernichtende Niederlage des Varus und seiner drei Legionen war jedoch ein Rückschlag für diese Pläne und zwang Rom zum Rückzug an den Rhein. In den folgenden Jahren gelang es Tiberius, dem Adoptivsohn und späteren Nachfolger des Augustus, den Rhein als nördliche Grenze des imperium Rōmānum zu sichern. In den Jahren 14–16 n. Chr. unternahm dann Germanicus, der Adoptivsohn des Tiberius, einige siegreiche Feldzüge in Germanien. Doch auch aufgrund von Unruhen in verschiedenen anderen Provinzen, die Roms militärische Kräfte beanspruchten, beschloss im Jahre 16 n. Chr. Tiberius, der seit dem Jahr 14 Kaiser war, die Kriegszüge einzustellen und den Rhein als Grenze zum rechtsrheinischen Germanien (Germānia māgna) durch eine Reihe von Militärlagern zu sichern.
Die Germanen blieben jedoch weiterhin eine Gefahr für Rom: An der Grenze kam es immer wieder zu Aufständen und kriegerischen Auseinandersetzungen.

Germanicus (links) überreicht dem sitzenden Kaiser Tiberius eine Statuette der Victoria als Symbol seines Sieges über germanische Stämme, im Hintergrund Mars und Victoria. Sog. Schwert des Tiberius (in Mainz gefunden), wohl 16/17 n. Chr. (London, Britisches Museum; ergänzte Kopie des Römisch-Germanischen Zentralmuseums Mainz)

Lektion 43

Der Ablativ mit Partizip (Ablativus absolutus): vorzeitig

1. Postquam loca Cheruscōrum ā Rōmānīs relicta sunt, Germānī exercitum Rōmānum oppūgnāvērunt.
   Locīs Cheruscōrum ā Rōmānīs relictīs Germanī exercitum Rōmānum oppūgnāvērunt.

2. Quia īnsidiae ā Germānīs parātae erant, exercitus Rōmānus in aciē pūgnāre nōn poterat.
   Īnsidiīs ā Germānīs parātīs exercitus Rōmānus in aciē pūgnāre nōn poterat.

3. Cum plūrimī mīlitēs Rōmānī occīsī essent, Vārus imperātor sibi mortem dedit.
   Plūrimīs mīlitibus Rōmānīs occīsīs Vārus imperātor sibi mortem dedit.

4. Haec clādēs legiōnibus Rōmānīs dēvictīs Augustō prīncipī nūntiāta est.

Erste Übungen

1 Suche die Formen heraus, die Partizipien Perfekt Passiv im Ablativ sein können:

rīpā – cōgnitā – dōna – flūmina – abdūctīs – prīncipis – proeliīs – victīs – oppidō – acceptō – nōminātō

2 Nenne den Infinitiv Präsens Aktiv der folgenden Partizipien:

interrogātō – petītō – datō – dēlētīs – dēceptīs – dictīs – āmissīs

3 Setze das passende Partizip im Ablativus absolutus ein und übersetze:

a) oppūgnātīs – b) victō – c) dēceptō – d) cōgnitā

1. Vārō [?] Arminius exercitum Rōmānum in palūdibus oppūgnāre potuit.
2. Mīlitibus Rōmānīs [?] Germānī in silvās sē recēpērunt.
3. Exercitū Rōmānō [?] Germānī lēgibus Rōmānīs nōn iam paruērunt.
4. Calamitāte [?] Vārus vim sibi attulit.

Aliquandō Arminiō, dūcī Cheruscōrum, *facultās* data est, ut cum Flāvō frātre, quī in exercitū Rōmānōrum erat, sermōnem habēret. Arminius, cum vidēret frātrem in *ōre vulnus* accēpisse, rogāvit, quōmodo hoc *vulnus* accēpisset. Flāvus locum et proelium referēns *praedicāvit mīlitāria* dōna, quae ā Rōmānīs accēperat. Arminius
5 autem ea *praemia* rīsit.

Lektion 43

Zwei feindliche Brüder

Während der Feldzüge des Germanicus kam es im Jahre 16 n. Chr. an der Weser (Vīsurgis) zu einer Begegnung zwischen Arminius und seinem Bruder Flavus, der als Soldat im römischen Heer diente. Der römische Schriftsteller Tacitus berichtet von der interessanten Unterhaltung zwischen den beiden Brüdern:

Vīsurgis flūmen Rōmānōs Cheruscōsque interfluēbat[1]. Eius in rīpā Arminius cum cēterīs prīncipibus Cheruscōrum cōnstitit et Germānicum rogāvit, ut sibi licēret cum frātre sermōnem habēre. Quī erat in exercitū Rōmānōrum et Flāvus nōminābātur. Aliquandō in proeliō oculum
5 āmīserat; hōc vulnere acceptō multī Flāvum fortem dūxērunt.
Arminius facultāte ā Germānicō datā, ut sermōnem habēret, Flāvum salūtāvit. Cum comitēs frātrum sē recēpissent, eum interrogāvit, unde dēfōrmitās[2] ōris esset. Respōnsō datō ille quaesīvit, quod praemium accēpisset. Cum Flāvus aucta stīpendia[3] et corōnam[4] et alia mīlitāria dōna
10 commemorāvisset, frāter haec dōna pretia vīlia[5] servitūtis illūsit[6].
Deinde frātrēs verbīs contendere coepērunt. Flāvus māgnitūdinem imperiī Rōmānī et opēs Caesaris praedicāvit et: „Hostibus", inquit, „sē dedentibus Rōmānī veniam dant. Hostibus autem proeliō victīs Rōmānī veniam nōn dant. Oppidīs vicīsque dēlētīs virōs, fēminās liberōsque in servitūtem
15 abdūcunt."
Arminius respondit: „Numquam Germānī Rōmānīs sē dedent. Apud Germānōs enim mōs est patriam, lībertātem, deōs dēfendere. Etiam
20 ā tē petō, nē familiārēs deōsque Germāniae dēserās nēve gentem tuam prōdās."
Hīs verbīs dictīs ambō frātrēs valdē īrātī erant. Flāvus arma et equum
25 popōscit, ut frātrem peteret. Arminius quoque plēnus īrae fuit et proelium dēnūntiāvit[7]. Nē flūmine quidem frātrēs prohibitī essent, nē armīs contenderent, nisī lēgātus
30 Germānicī Flāvum retinuisset.

[1] interfluere, interfluō (mit Akk.) zwischen … fließen
[2] dēfōrmitās, dēfōrmitātis f. die Entstellung
[3] aucta stīpendia (n. Pl.) die Erhöhung des Soldes
[4] corōna, ae f. die Krone (als Auszeichnung für große Tapferkeit)
[5] vīlis, vīle billig, wertlos
[6] illūdere, illūdō, illūsī verspotten
[7] dēnūntiāre androhen

Lektion 43

Goldene Zweiknopffibel des Kaisers Maxentius, Aquileia oder Slowenien 308/309 n. Chr. Inschrift: MAXENTI VINCAS und ROMVLE VIVAS (München, Prähistorische Sammlung)

Goldener Treuering des Kaisers Magnentius, 350–353 n. Chr., Inschrift: FIDEM MAGNENTIO (München, Prähistorische Sammlung).
Die Fibel und der Ring aus dem 4. Jahrhundert n. Chr. sind Beispiele für militärische Auszeichnungen (dōna mīlitāria), die Kaiser an verdiente Offiziere und Beamte verliehen.

Übungen

1 Beschreibe die Ausgangssituation des Gespräches zwischen Arminius und Flavus und gib wieder, wie die Verletzung des Flavus und deren Folgen von beiden Brüdern jeweils beurteilt wird (Z. 1–10).

2 Stelle die Argumente zusammen, die jeder der Brüder für seinen Standpunkt vorträgt (Z. 11–22), und nimm dazu Stellung.

3 Sammle aus dem Lesestück die Ablativi absoluti (Partizipien im Ablativ und deren Bezugswort) und nenne ihre jeweilige Sinnrichtung.

4 Participium coniunctum oder Ablativus absolutus? Suche das richtige Partizip heraus, bestimme die Konstruktion und übersetze:

a) Arminius exercituī Rōmānō in palūdibus īnsidiās (parantēs/parāns/parātus) dolum adhibuit. b) Germānī ex īnsidiīs (oppūgnātīs/oppūgnantibus/oppūgnantēs) exercitum Rōmānum valdē pressērunt. c) Vārus sēcūrē (agēns/agente/āctus) exercitum Rōmānum in māgnum perīculum addūxit. d) Īnsidiīs (cōgnitī/cōgnōscentēs/cōgnitīs) mīlitēs Rōmānī animō dēficiēbant. e) Plūrimīs mīlitibus (occīsīs/occīsī/occīdentibus) Vārus sibi mortem dedit.

102

Lektion 43

5 Vervollständige den Ablativus absolutus, indem du den Infinitiv in die passende Form des Partizips Perfekt Passiv setzt. Übersetze anschließend die Sätze und verwende dabei verschiedene Übersetzungsmöglichkeiten (Unterordnung, Beiordnung, Präpositionalausdruck):

a) Flāvus ūnō oculō ___?___ (āmittere) ā Rōmānīs multa praemia accēpit.
b) Hāc rē ___?___ (comperīre) Arminius frātrem nōn laudāvit, sed dīxit:
c) „Gentibus Germāniae ā Rōmānīs ___?___ (subicere) tū tamen in exercitū Rōmānōrum in Germānōs pūgnās." d) Sermōne ___?___ (habēre) ambō frātrēs valdē īrātī erant. e) Flāvō ā lēgātō Germānicī ___?___ (retinēre) frātrēs armīs contendere nōn potuērunt.

6 a) Beschreibe die Szene auf der Schwertscheide (S. 99) und erkläre, warum Tiberius und Germanicus mit dem Gott Mars und der Göttin Victoria dargestellt sind.
b) Die Aufschrift auf dem Schild des Tiberius lautet: FELICITAS TIBERI. Erkläre, was sie zum Ausdruck bringen soll.

7 Erschließe die Bedeutung der folgenden französischen und italienischen Wörter aus der Kenntnis der lateinischen Wörter:

französisch: le don, le frere, la liberté, la mère, le père

italienisch: il fiume, l'impero, la patria, il prezzo, il sermone

Silberner Maskenbecher, aus augusteischer Zeit (Berlin, Staatliche Museen, Antikensammlung). Der Becher ist Teil des Hildesheimer Silberschatzes, der aus kostbaren Ess- und Trinkgefäßen besteht. Sie gelangten wohl als Besitz römischer Offiziere nach Germanien und wurden in den Auseinandersetzungen zwischen Römern und Germanen, vielleicht als Beutegut aus der Varusschlacht, vergraben und erst 1868 wiederentdeckt.

8 Sententiae Latīnae: Übersetze die folgenden lateinischen Sprichwörter und erkläre kurz ihren Sinn:

a) Laudāta virtūs crescit.
b) Pāx intrantibus, salūs exeuntibus!
c) Volentī nōn fit[1] iniūria.
d) Dūcunt volentem fāta, nōlentem trahunt.
e) Nūllus agentī diēs longus est.
f) Iūcundī āctī labōrēs.

[1] fit es geschieht

103

Lektion 44

Römer und Germanen im Grenzgebiet

Nach dem Tod Neros kämpften in Rom vier Männer um die Kaiserkrone. In dieser unruhigen Zeit nutzte Iulius Civilis, der Anführer des germanischen Stammes der Bataver, im Herbst 69 n. Chr. die Abwesenheit der römischen Legionen am Rhein aus und zerstörte die römischen Legionslager in Xanten (castra Vetera), Bonn (cas-
5 tra Bonnensia) und Neuss (Novaesium). Schon im darauffolgenden Jahr wurde dieser Aufstand jedoch von den römischen Legionen, die aus Italien zurückgekehrt waren, unterdrückt. Danach begann am Rhein und im Gebiet des heutigen Süddeutschlands eine etwa zweihundertjährige Friedenszeit, die das Leben der dortigen Bewohner nachhaltig beeinflusste.

10 Die römischen Militärbezirke westlich des Rheines wurden in Provinzen umgewandelt, nämlich in Germania superior mit der Hauptstadt Mainz (Mogontiacum) und in Germania inferior mit der Hauptstadt Köln (Colōnia Claudia Āra Agrippīnēnsium). Das Moselgebiet wurde der Provinz Gallia Belgica zugeteilt mit der Hauptstadt Trier (Augusta Trēverōrum), das heutige Bayern kam zur Provinz Raetia mit seiner
15 Hauptstadt Augsburg (Augusta Vindelicōrum). Rhein (Rhēnus), Main (Moenus) und Donau (Dānuvius) bildeten von nun an die natürliche Nordgrenze des römischen Reiches. Zwischen diesen Flüssen sollten der obergermanische Limes sowie der rätische Limes mit einer hohen
20 Steinmauer Feinde abhalten. Große Legionslager und kleine Kastelle sorgten dafür, dass bei Angriffen schnell Hilfe herbeigeholt werden konnte.

In der Umgebung der Legionslager verbreitete sich rasch die römische Kultur. Sehr eindrucksvoll muss
25 diese Entwicklung etwa in der Stadt Köln gewesen sein, einem oppidum des germanischen Stammes der Ubier, das 50 n. Chr. von Kaiser Claudius zur colōnia erhoben worden war. Hier siedelten sich vor allem römische Veteranen an und umgaben die
30 Stadt mit einer fast vier Kilometer langen Steinmauer, was den Germanen bis dahin völlig unbekannt war. Für die täglichen Bedürfnisse der Bewohner der Orte rings um die Lager sorgten Handwerksbetriebe, die Alltagsgegenstände und Luxuswaren aus
35 Ton, Keramik, Bronze oder Glas herstellten. Zahlreiche Gutshöfe (vīllae rūsticae), die von römischen Veteranen betrieben wurden, ermöglichten eine ausreichende Versorgung der Provinzbevölkerung mit Lebensmitteln.

Germanien in römischer Zeit

Lektion 44

Der Ablativ mit Partizip (Ablativus absolutus): gleichzeitig/ nominaler Ablativus absolutus

1. Facultāte ab imperātōre datā Flāvus cum Arminiō frātre sermōnem habuit.
2. Cum frātrēs sermōnem habērent, comitēs aberant.
   Frātribus sermōnem habentibus comitēs aberant.
3. Cum Flāvus praemia Rōmānōrum commemorāret, Arminius haec dōna rīsit.
   Flāvō praemia Rōmānōrum commemorante Arminius haec dōna rīsit.
4. Cum Arminius dōna mīlitāria Rōmānōrum rīdēret, Flāvus īrātus erat.
   Arminiō dōna mīltāria Rōmānōrum rīdente Flāvus īrātus erat:
5. „Germānicus", inquit, „dux noster est. Germānicō duce mīlitēs Rōmānī Germāniam expūgnābunt." Arminius autem respondit: „Mē duce Germānī Rōmānōs fugābunt!"

Erste Übungen

1 Suche aus den folgenden Formen nur die Partizipien im Ablativ heraus und begründe deine Entscheidung:

a) adulēscente – audiente – cōnsule – cōnsulente – facultāte – faciente – favente – fortāsse – fortitūdine – timōre – timente

b) inferentibus – ingentibus – potentibus – pōscentibus – prohibentibus

2 Übersetze die Ablativi absoluti jeweils durch eine Beiordnung oder einen Präpositionalausdruck:

a) Frātribus inter sē contendentibus comitēs āfuērunt. b) Flāvō māgnitūdinem imperiī Rōmānī praedicante Arminius verba frātris rīsit. c) Arminiō rīdente Flāvus īrātus fuit. d) Flāvō arma pōscente Arminius proelium committere voluit.

3 PPA oder PPP? Bestimme genau das Partizip und das Zeitverhältnis, das es ausdrückt:

cōpiīs Rōmānīs oppida Germānōrum dēlentibus – oppidīs Germānōrum dēlētīs – Arminiō cum frātre sermōnem habente – sermōne cum frātre habitō – lēgātīs verba frātrum audientibus – verbīs frātrum ā lēgātīs audītīs – Flāvō dōna Rōmānōrum praedicante – dōnīs ā Flāvō praedicātīs

Post mortem Nerōnis prīncipis duo imperātōrēs dē *prīncipātū* contendērunt. Tum Iūlius Cīvīlis, dux Batāvōrum, *novīs rēbus studuit:* Coniūrātiōnem gentium Germānārum fēcit et cohortēs Batāvōrum, quae in castrīs Rōmānīs erant, cum cēterīs cōpiīs Germānōrum *coniūnxit.* Cum hīs mīlitibus castra Rōmāna ad Rhēnum flūmen *sita* expūgnāvit.

105

Lektion 44

Besonnenheit in unruhigen Zeiten

Im Jahr 69 n. Chr. hatte sich Vitellius, der Kommandeur der römischen Legionen am Niederrhein, zum Kaiser ausgerufen und war nach Rom gezogen. Gleichzeitig beanspruchte aber auch Vespasian, der Kommandeur der Legionen im Osten, den Kaisertitel. In Rom kam es zwischen den Truppen beider Generäle zu blutigen Straßenkämpfen. Dabei ging sogar der Jupitertempel auf dem Kapitol in Flammen auf. Die Nachricht von diesem Unglück wurde in Germanien als ein göttliches Zeichen gedeutet. Der Stamm der Bataver, die an der Rheinmündung siedelten und eigentlich treue Verbündete der Römer waren, wollten unter ihrem Anführer Civilis diese Situation ausnutzen:

Multī Germānī incendiō Capitōliī nūntiātō crēdidērunt fīnem imperiī Rōmānī adesse. Dīxērunt hunc īgnem duōbus imperātōribus dē prīncipātū contendentibus sīgnum īrae dīvīnae esse. Potentiā populī Rōmānī dēficiente putāvērunt difficile nōn esse coniūrātiōnem facere, ut Germānia
5 līberārētur.

Imprīmīs Iūlius Cīvīlis, dux Batāvōrum, novīs rēbus studuit: Cohortibus Batāvōrum, quae Mogontiacī[1] in castrīs erant, persuāsit, ut cētera castra Rōmānōrum ad Rhēnum flūmen sita oppūgnārent. Ac profectō Batāvī Cīvīlī duce prīmō ad castra Bonnensia[2] legiōnem Rōmānam dēvīcērunt,
10 deinde Vetera[3] mīlitibus Rōmānīs castra fortiter dēfendentibus expūgnāvērunt.

Hīs castrīs dēlētīs Cīvīlis lēgātōs in colōniam Agrippīnensem[4] mīsit et cīvibus haec ferē nūntiāvit: „Sī parātī estis mēcum foedus facere, mē duce tandem līberī inter līberōs eritis. Ut amīcitia nostra perpetua sit, ā vōbīs
15 postulō, ut mūrōs oppidī, monumenta servitūtis, dēleātis et omnēs Rōmānōs in fīnibus vestrīs occīdātis."

Agrippīnēnsēs[5] respondērunt: „Cōnsilia tua nōbīs nōn placent. Nam sī mūrōs dēlēverimus, cīvitās nostra nōn iam tūta erit legiōnibus Rōmānīs in castra redeuntibus. Mīlitēs, quī ex Italiā in nostrōs fīnēs vēnerant, aut bellō
20 occidērunt aut Batāvīs accēdentibus in patriam suam fugērunt. Iīs autem, quī in cīvitāte nostrā cōnsēdērunt et nōbīscum per cōnūbium[6] coniūnctī sunt, oppidum nostrum patria est. Quōs numquam occīdēmus, cum parentēs, frātrēs, līberī nostrī sint."

---

[1] **Mogontiacī** in Mainz
[2] **castra Bonnensia** das römische Legionslager bei Bonn
[3] **(castra) Vetera** das römische Legionslager bei Xanten
[4] **colōnia Agrippīnēnsis** römische Siedlung an der Stelle der heutigen Stadt Köln
[5] **Agrippīnēnsēs** die Einwohner der colonia Agrippinensis
[6] **cōnūbium, ī** n. die Eheschließung, das Ehebündnis

Lektion 44

Die römische Stadt Köln im 3. Jh. n. Chr. (Rekonstruktion des Römisch-Germanischen Museums in Köln)

Übungen

1 Verschaffe dir vor der Übersetzung des Lesestücks einen Überblick, indem du für den Text (Z. 1–11) jeweils das Subjekt, das Prädikat und das Objekt der Hauptsätze herausschreibst und den Inhalt knapp darstellst.

2 a) Erläutere, was Civilis zum Ausdruck bringen möchte, wenn er die Stadtmauern der colōnia Agrippīnēnsis (Z. 15) als monumenta servitūtis bezeichnet.
b) Arbeite (mit Belegen aus dem Text) heraus, warum sich die Einwohner der colōnia weigern, alle nichtgermanischen Mitbürger zu töten.

3 Schreibe aus dem Lesestück alle Ablativi absoluti, heraus und ordne sie nach dem Beispiel entsprechend der jeweiligen Sinnrichtung in eine Tabelle ein. Wenn es zwei Möglichkeiten gibt, notiere beide.

temporal	kausal	konzessiv
incendiō nūntiātō		

4 Vorsicht Falle: Welche Form gehört jeweils als „falsche Wortart" nicht in die Reihe?

flente	monte	ingentī	dīvīsīs
gerente	gente	prūdentī	difficilis
dante	pōnente	portantī	dēlētīs
ante	ponte	potentī	dīmissīs

107

Lektion 44

5 Übersetze die folgenden nominalen Ablativi absoluti:

Cicerōne cōnsule – Cīvīlī duce – Tarquiniō rēge – nōbīs ducibus

6 Unterordnung, Beiordnung oder Präpositionalausdruck – Probiere für die Übersetzung des Ablativus absolutus jeweils alle drei Möglichkeiten aus:

a) Germānī dīcunt: „Templō Iovis dēlētō fīnis imperiī Rōmānī īnstat.
b) Urbe ōlim ā Gallīs captā templum Iovis nōn dēlētum est et imperium Rōmānum cōnservātum est.
c) Sed Vitelliō et Vespasiānō imperātoribus deōs nōn colentibus urbs mox dēlēbitur."
d) Iūliō Cīvīlī novīs rēbus studente Batāvī cōnsilium cepērunt coniūrātiōnem facere.
e) Coniūrātiōne factā cohortēs Batāvōrum castra Rōmānōrum expūgnāvērunt.
f) Cīvibus colōniae Agrippīnēnsis imperiō Cīvīlis nōn parentibus mūrī cīvitātis nōn dēlētī sunt.

7 Die Namen vieler deutscher Städte sind aus den Namen der römischen Militärlager an der Grenze zu Germanien hervorgegangen. Erkläre mithilfe des Einführungstextes und einer modernen Karte, welche heutigen Städtenamen sich hinter den lateinischen Bezeichnungen auf der Karte S. 104 verbergen.

8 Informiere dich mithilfe eines Lexikons oder des Internets über die wichtigsten Bauwerke in der colōnia Agrippīnēnsis im 1. Jahrhundert n. Chr. und berichte darüber in deiner Klasse.

9 Informiere dich, worauf der Name „Xanten" zurückzuführen ist.

Ansicht des Zweilegionenlagers Castra Vetera (I) zur Zeit Neros, das von den Batavern zerstört wurde

Lektion 45

Die Römer in Britannien

Während Caesar Statthalter von Gallien war, unternahm er als erster römischer Feldherr in den Jahren 55 und 54 v. Chr. zwei Expeditionen nach Britannien. Damit rückte die Insel in das Blickfeld der Römer.
Die Eroberung Britanniens durch die Römer und die Einrichtung als Provinz begann jedoch erst im Jahre 43 n. Chr. unter Kaiser Claudius, der selbst mit seinen Truppen siegreich kämpfte und die Hauptstadt Camulodūnum (Colchester) einnahm. Dort errichtete er das erste Legionslager. Nach der Eroberung des Südens drangen die Römer in den folgenden Jahren immer weiter in den Norden vor. Der römische Statthalter Agricola unternahm sogar Feldzüge bis nach Schottland. In der Schlacht am Mons Graupius 84 n. Chr. gelang es Agricola, alle übrigen britannischen Stämme zu unterwerfen.
Im 2. Jahrhundert n. Chr. kam es erneut zu schweren Unruhen in Britannien. Hadrian, der von 117–138 n. Chr. als römischer Kaiser herrschte und vor allem um Frieden an den Reichsgrenzen bemüht war, ließ 122 n. Chr. auf der Solway – Tyne-Linie eine riesige Befestigungsanlage erbauen, welche die Grenze zwischen römischer Provinz und dem Norden sicherte. Dieser Hadrianswall (vallum Hadriānī) hatte eine Länge von etwa 113 km, war etwa drei Meter breit und vier Meter hoch. Zahlreiche Türme und Kastelle säumten ihn. Eine parallel zum Wall verlaufende Militärstraße verband die Kastelle miteinander. Der Hadrianswall hatte keine große militärische Bedeutung. Vielmehr diente er dazu, den Verkehr an der Grenze zu überwachen und kleinere Angriffe von Norden abzuwehren. Bis 410 n. Chr. gehörte Britannien zum römischen Reich.

Hadrianswall mit dem Umriss eines Lagers

Lektion 45

 genitivus qualitatis/genitivus subiectivus und obiectivus

1. Cīvīlis, dux Batāvōrum, māgnā fortitūdine fuit. – Cīvīlis, dux Batāvōrum, māgnae fortitūdinis fuit.
Cīvīlis, vir māgnae fortitūdinis, cum exercitū quattuor mīlium mīlitum castra Rōmānōrum oppūgnāvit.

2. Castrīs Rōmānōrum dēlētīs Cīvīlis cum exercitū colōniae Agrippīnēnsium appropinquāvit. Exercitū appropinquante timor cīvium māgnus erat. – Cīvēs timōre hostium perterritī sunt.
Nam putāvērunt sibi nūllam spem salūtis esse.

Erste Übungen

1 Genitive gesucht – Suche aus den folgenden Formen die Genitive heraus, nenne ihren Nominativ Singular und die Bedeutung:

a) incendī – incendiī – regis – rēgis – foederis – fēceris – cōnsiliī – cōnsuluī – cōnsulis – cōnsiliīs – oppidī – obiī – timēris – timōris

b) līberum – līberōrum – parentum – parātum – rēgum – rēgnum – omnium – somnium – gentium – gaudium

2 Suche einen treffenden deutschen Ausdruck für die Übersetzung des genitivus qualitatis:

puella decem annōrum – iter quattuor diērum – labōrēs multī temporis – rēs eius modī

3 Genitivus subiectivus, obiectivus oder beides? Übersetze und begründe deine Entscheidung:

imperium Rōmānōrum – cūra patris – cūra reī pūblicae – timor amīcōrum – timor perīculōrum – spēs cīvium – spēs salūtis – odium hostium

 Calgācus dux Britannōrum fuit et omnibus Britannīs virtūte et *genere praestitit*. *Apud* Britannōs hīs ferē verbīs Rōmānōs *reprehendit*: „Rōmānī populōs et *divitēs* et *pauperēs* subiciunt. Occidunt et rapiunt et omnia *possidēre* volunt. Nōs autem *avāritiam* superbiamque eōrum nōn tolerābimus."

Lektion 45

„Gierige Römer – unersättliche Eroberer!"

Die Eroberung Britanniens war für die Römer ein besonderes Ereignis, das sie über die Grenzen des Ozeans hinausführte. Vier Jahrzehnte nach der Invasion unter Kaiser Claudius war der Statthalter Agricola bis in den Norden der Insel vorgestoßen. Am Mons Graupius stand er 84 n. Chr. dem britannischen Heer unter Führung des Fürsten Calgacus gegenüber. Dieser hielt vor der Schlacht eine Rede an seine Soldaten.

Calgācus, dux Britannōrum, quī māgnae virtūtis erat et omnibus genere praestābat, apud mīlitēs proelium pōscentes haec ferē verba dīxit: „Videō vōs omnēs cupidōs proeliī esse. Putō hunc diem tōtī Britanniae initium lībertātis esse.

5 Rōmānī, postquam cēterās regiōnēs orbis terrārum vāstāvērunt[1], Britanniam occupāvērunt. Quōrum superbiam nōn effugiēmus. Nam Rōmānī, quī māgnae avāritiae sunt, omnia possidēre cupiunt: Et populīs dīvitibus et populis pauperibus subiectīs māgnā licentiā imperant. Auferre, occīdere, rapere falsīs nominibus imperium appellant; sōlitūdinem[2], quam faciunt,
10 pācem appellant.

Nōs autem servitūtem nōn tolerābimus et līberōs, coniugēs, patriam ab hostibus dēfendēmus. Omnia incitāmenta[3] victōriae apud nōs sunt: Mīlitēs Rōmānī in terrā īgnōtā pūgnant, nūllae coniugēs animōs eōrum incendunt, nūllī parentes fugam eōrum reprehendunt. Legiōnēs Rōmānae
15 ē dīversīs gentibus coāctae sunt, eīs aut nūlla patria aut alia quam Italia est. Illī paucī sunt et plēnī timōris, quia Britanniae īgnārī sunt. At nōs patriae īgnārī nōn
20 sumus, nōbis nōn est timor hostium. Este bonō animō: Hīc dux, hīc exercitus, hīc vetus virtūs, ibi tribūta[4], ibi licentia, ibi cēterae servōrum poenae!
25 Itaque mēcum arma capite et proelium committite, este memorēs vestrōrum māiōrum et posterōrum!"

[1] vāstāre verwüsten
[2] sōlitūdō, sōlitūdinis f. die Einsamkeit, die Verlassenheit
[3] incitāmentum, ī n. der Anreiz, der Antrieb
[4] tribūtum, ī n. die Steuer, die Abgabe

Römisches Amphitheater in Caerleon (Wales)

Lektion 45

Übungen

1 Stelle die Vorwürfe zusammen, die Calgacus gegenüber den Römern erhebt (Z. 2–10).

2 Stelle die vorteilhafte Lage der Britannier der nachteiligen Situation der römischen Soldaten gegenüber, wie Calgacus sie sieht (Z. 13–24).

3 Stell dir vor, du bist der Anführer der römischen Truppen. Wie würdest du deine Truppen am Mons Graupius motivieren? Verfasse eine entsprechende Rede.

4 Schreibe aus dem Lesestück alle Genitive heraus und ordne sie in einer Tabelle nach genitivus obiectivus, genitivus subiectivus und genitivus qualitatis.

5 Setze den Singular in den Plural und umgekehrt!

a) servus īgnārus   b) mōribus veteribus   c) rēgem crūdēlem
d) mercātōris dīvitis   e) puer pauper   f) vulnerum gravium

6 Setze die Adjektive (in Klammern) in KNG-Kongruenz und übersetze:

a) cum rēge (potēns et dīves)   b) līberōrum (prūdēns et pauper)
c) templa (vetus et ingēns)   d) imperātōrem (fortis et dīves)

7 Bestimme die Verwendung der Genitive und übersetze:

a) Calgācus, dux Britannōrum, summī ingeniī erat. b) Ante proelium Calgācus mīlitēs monuit, ut prō salūte Britanniae pūgnārent. c) Cum amor patriae māgnus esset, Britannī fortiter pūgnāvērunt. d) Quamquam Calgācus verbīs suīs mīlitēs incitāverat, tamen timor Rōmānōrum māgnus erat.

8 Informiere dich, welche heutigen englischen Städte auf ehemalige Römerlager zurückgehen.

Das römische Bad in Bath, Großbritannien, erbaut zwischen dem 1. und 4. Jh. n. Chr.

112

Plateaulektion 41–45

Grundwissen: Die Ausdehnung des imperium Romanum

Gallien wird römisch
- **58–51 v. Chr.:** Caesar erobert als Prokonsul Gallien von den Alpen bis zum Atlantik.
- Er unternimmt dabei als erster Römer zwei Expeditionen über den Rhein nach Germanien und setzt zweimal mit der Flotte nach Britannien über.

Rom und Germanien
- **9 n. Chr.:** Niederlage des P. Quintilius **Varus** im Teutoburger Wald: Drei Legionen werden von den Germanen unter dem Cherusker **Arminius** vernichtet. Augustus: „Vāre, legiōnēs redde!"
- **Rhein** und **Donau** werden zur Nordgrenze des imperium Rōmānum, gesichert durch zahlreiche Legionslager (castra) und durch einen Grenzwall (līmes). Das linksrheinische Gebiet wird eingeteilt in die Bezirke **Germānia superior** und **Germānia inferior**.

- In den und um die römischen Siedlungen in Gallien und Germanien beginnt die Romanisierung, die Übernahme der römischen Lebensweise und Kultur durch die einheimische Bevölkerung.

Die Römer in Britannien
- **43 n. Chr.:** Kaiser Claudius erobert England.
- **84 n. Chr.:** Cn. Iulius Agricola erobert Nordengland und Schottland bis zu den Highlands.
- **122 n. Chr.:** Kaiser Hadrian errichtet eine befestigte Mauer (vallum Hadriānī: **Hadrianswall**) zur Sicherung der nördlichsten Grenze des römischen Reiches.

P 41–45

L Erinnerungen an die Kindheit in Cambodunum

Eine der Legionen, die Kaiser Vespasian an den Niederrhein geschickt hatte, um den Bataveraufstand zu beenden, war die 10. Legion (X legiō Gemina). Sie war von 71–104 n. Chr. in der Provinz Germānia inferior im Legionslager Nijmegen (Noviomagus) stationiert und wurde dann vom Rhein an die Donau, nach Budapest (Aquincum) verlegt. In dieser 10. Legion diente auch ein Soldat namens Tibērius Claudius Satto, der aus Kempten (Cambodūnum) im Allgäu stammte und als Veteran in Budapest gestorben ist.

Bevor Augsburg (Augusta Vindēlicum) zu Beginn des 2. Jahrhunderts n. Chr. zur Hauptstadt der Provinz Raetia wurde, war vermutlich Kempten für einige Zeit Sitz des römischen Statthalters. Tiberius Satto erinnert sich gerne an seine Kindheit in Cambodūnum zurück:

Cum mīles in exercitū Rōmānō essem, multa castra, multa oppida, multās terrās imperiī Rōmānī vīdī; cōgnōvī Ōceanum, Rhēnum flūmen, Dānuvium flūmen. Sed mihi dē hīs regiōnibus cōgitantī nūllus locus tam placet quam Cambodūnum, patria mea. Saepe huius locī memor sum.

5 Trāiānō imperātōre pater mēcum per forum Cambodūnī ambulāns mihi plūrimās mercēs ante tabernās expositās explicāvit. Quās Mercuriō deō adiuvante mercātōrēs ex omnibus terrīs imperiī Rōmānī hūc apportāverant. Ibi prīmum fīcōs¹, māla Persica², prūna³ cōgnōvī, quae in regiōnibus nostrīs adhūc nōta nōn erant. Mercātōribus māgnā vōce clāmantibus et 10 haec pōma⁴ offerentibus patrem rogābam, ut mihi nōnnūlla pōma emeret. Pōmīs ēmptīs pater mēcum basilicam ad forum sitam intrāvit. In basilicam certīs diēbus virī ex omnibus cīvitātibus prōvinciae nostrae convēnērunt, ut ante prōcūrātōrem Augustī⁵ in tribūnālī⁶ sedentem causās agerent. Sententiīs adversāriōrum audītīs prōcūrātor iūs dīxit. Ad sini-15 stram basilicae sunt māgnae thermae, quās saepe cum patre vīsitābam. Nōn procul ā forō māgna āra est. Ibi sacerdōtēs deīs oppidum et cīvēs servantibus sacra faciunt. In templum⁷ altīs mūrīs circumdatum etiam lēgātī omnium cīvitātum prōvinciae conveniunt, ut dē rēbus pūblicīs cōnsulant. Optō, ut Iuppiter patriam meam per multa saecula cōnservet!

¹ fīcus, ī f. die Feige
² mālum Persicum der Pfirsich
³ prūnum, ī n. die Pflaume
⁴ pōma, ōrum n. die Früchte
⁵ prōcūrātor Augustī der Statthalter (der Provinz Raetia)
⁶ tribūnal, tribūnālis n. das Tribunal (eine halbkreisförmige Erhöhung, auf welcher der Sitz des Statthalters stand, wenn er Gericht hielt)
⁷ templum, ī n. der heilige Bezirk

■ Erschließe aus der Inschrift auf S. 115: Wie alt war Satto, als er starb? In welcher Legion diente er? Wer hat den Grabstein gestiftet?

P 41–45

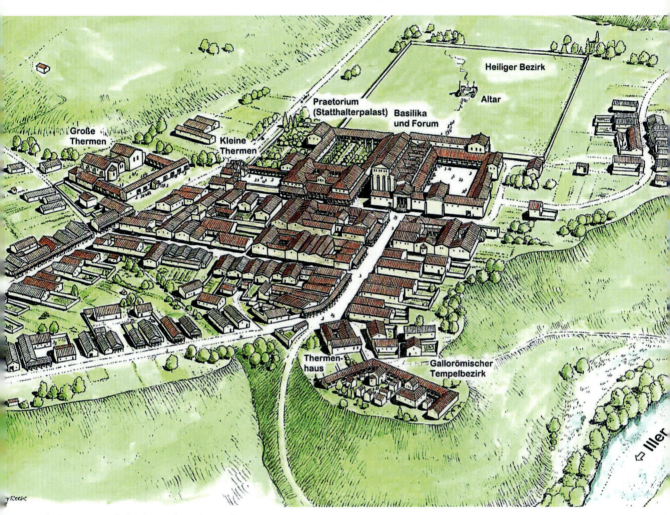

Cambodunum im 1. Jahrhundert n. Chr. (Rekonstruktion)

Tib(erius) Tiberī f(īlius)/	TIB TIBERI F
Cla(udius) Sattō Ca/	CLA SATTO CA
mbodūnō/	MBODVNO
vete(rānus) leg(iōnis) X G(eminae)/	VETE LEG X G
h(īc) s(itus) e(st) an(nōrum) LX/	H S E AN LX
Ulpia Ursula/	VLPIA VRSVLA
coniugī pient(issimō)/	CONIVGI PIENT
t(itulum) p(osuit)	T P

Der Grabstein des Tiberius Satto aus Kempten (CIL 03, 15162)

115

P 41 – 45

Methodenkompetenz (14):
Ein Participium coniunctum im Kontext auflösen

1. „Dīvide et imperā!" – Diese lateinische Redewendung, die vorschlägt, das Gebiet eines scheinbar unbezwingbaren Gegners aufzuteilen, um es dann Stück für Stück zu beherrschen, kannst du auch für die Übersetzung längerer lateinischer Sätze benutzen, die ein Participium coniunctum enthalten: Teile die Sätze auf, um dann schrittweise erfolgreich zu übersetzen.

2. Mihi dē hīs regiōnibus cōgitantī nūllus locus tam placet quam Cambodūnum.

   Probiere folgende Arbeitsschritte aus:

2.1 **Unterstreiche** das Partizip und sein Bezugswort, **klammere** dann die Wörter nach dem Bezugswort bis (einschließlich) zum Partizip **ein**:

   Mihi [dē hīs regiōnibus cōgitantī] nūllus locus tam placet quam Cambodūnum.

2.2 **Übersetze** den Satz ohne die eingeklammerten Wörter:

   „Mir gefällt kein Ort so sehr wie Cambodunum."

2.3 Stelle das **Zeitverhältnis** zum restlichen Satz fest, das durch das P.c. ausgedrückt wird: Das PPA drückt die Gleichzeitigkeit aus, das PPP die Vorzeitigkeit, hier also Gleichzeitigkeit wegen cōgitantī.

2.4 Überlege, ob das P.c. die Satzfunktion eines **Attributs** (selten – Frage: Was für ein?) oder eines **Adverbiales** (meist – Frage: Unter welchen Umständen?) übernimmt. Das P.c. als Attribut wird mit einem Relativsatz, das P.c. als Adverbiale kann durch einen adverbialen Gliedsatz (Unterordnung), durch einen Hauptsatz mit Verknüpfung (Beiordnung) oder durch einen Präpositionalausdruck übersetzt werden.

2.5 Überlege, welche **Sinnrichtung** für das P.c. als Adverbiale im Verhältnis zum Kontext sinnvoll ist, und wähle dann eine der drei genannten Übersetzungsmöglichkeiten aus.
   Tipp: Nicht immer eignen sich alle drei Möglichkeiten in gleicher Weise für die Übersetzung; der Adverbialsatz aber eignet sich immer:
   „(Immer) wenn ich über diese Gegenden nachdenke, gefällt mir kein Ort so gut wie Cambodunum."
   „Ich denke über diese Gegenden nach und dabei gefällt mir kein Ort so gut wie Cambodunum."
   „Beim Nachdenken über diese Gegenden gefällt mir kein Ort so gut wie Cambodunum."

Übungen

Texte erschließen ■ Schreibe aus dem Lesestück alle Sätze heraus, die ein Participium coniunctum enthalten, und übersetze sie nach der oben beschriebenen Methode.

P 41 – 45

Methodenkompetenz (15):
Einen Ablativus absolutus im Kontext auflösen

1. Auch bei der Auflösung eines Ablativus absolutus kannst du das Prinzip: „Divide et imperā!" anwenden und nach den Arbeitsschritten vorgehen, die du vom Participium coniunctum her kennst.

2. Sententiīs adversāriōrum audītīs prōcūrātor iūs dīxit.

2.1 **Unterstreiche** das Partizip im Ablativ und sein Bezugswort, **klammere** dann **ein**, jetzt allerdings **alle** Wörter vom Bezugswort bis (einschließlich) zum Partizip:

[Sententiīs adversāriōrum audītīs] prōcūrātor iūs dīxit.

2.2 Übersetze zunächst die **restliche Aussage**:

„Der Statthalter verkündete das Urteil."

2.3 Übersetze dann den **Ablativus absolutus als selbständige Aussage**, berücksichtige dabei auch schon das Zeitverhältnis, das durch das Partizip ausgedrückt wird:

„Die Aussagen der Prozessgegner waren gehört worden."

2.4 Der Ablativus absolutus nimmt **immer** das Satzglied eines **Adverbiales** ein. Überlege daher eine **Sinnrichtung**, die zum Kontext passt, und übersetze dann nach einer der drei bekannten Möglichkeiten:
„Nachdem die Aussagen der Prozessgegner gehört worden waren, verkündete der Statthalter das Urteil."
„Die Aussagen der Prozessgegner waren gehört worden und danach verkündete der Statthalter das Urteil."
„Nach der Anhörung der Aussagen der Prozessgegner verkündete der Statthalter das Urteil."

2.5 Die Übersetzung mit dem Präpositionalausdruck macht deutlich: Diejenigen, die die Aussagen der Prozessgegner gehört haben, sind nicht unbekannte Personen, sondern es ist der Statthalter selbst. Man nennt diese Verwendung des PPP im Ablativus absolutus auch: **„kryptoaktiv"** („heimlich aktiv"). Eine gute Übersetzung lautet daher folgendermaßen:
„Nachdem **er** die Aussagen der Prozessgegner angehört **hatte**, verkündete der Statthalter das Urteil."

Übungen

■ Schreibe aus dem Lesestück alle Sätze heraus, die einen Ablativus absolutus enthalten, und übersetze sie nach der oben beschriebenen Methode.

`Texte erschließen`

117

Grammatik und Vokabeln

Die Lernvokabeln in AGITE

In den folgenden Lektionen sind die Vokabeln aufgelistet, die du im Verlauf dieses Bandes lernst. Die Plateaulektionen enthalten keine neuen Vokabeln.

Zu Beginn einer jeden Lektion sind einige Vokabeln aus vorangegangenen Lektionen aufgelistet, die du für die Lektüre des Lesestücks wiederholen solltest; dies wird dir das Übersetzen des Lesestücks erleichtern.

Alle Vokabeln sind in der Reihenfolge ihres Vorkommens im Lesestück aufgelistet. Die Wörter, die mit einem Sternchen (*) gekennzeichnet sind, kommen innerhalb der jeweiligen Lektion schon im Wortschatzteil (W) vor und werden dort in kleinen Sätzen und Texteinheiten ohne neue Grammatik präsentiert.

In Lektion 37 wird das Perfekt Passiv eingeführt. Mit der Einführung des Partizips Perfekt Passiv kannst du von allen lateinischen Verben die gesamte Stammformenreihe bilden. Diejenigen Verben, die schon früher vorgekommen sind, in der betreffenden Lektion aber mit ihrer Stammformenreihe wiederholt werden, sind von Lektion 37 an zur besseren Übersicht mit einem Punkt (•) gekennzeichnet. Außerdem werden von Lektion 37 an bis einschließlich Lektion 43 jeweils am Ende etwa 10 bekannte Verben aus den Lektionen 1–36 mit ihrer gesamten Stammformenreihe aufgelistet. Wenn du diese Verben zusätzlich regelmäßig wiederholst, beherrschst du am Ende der Lektion 43 alle Verben, die bis dahin in AGITE vorgekommen sind, mit ihren Stammformen. Nicht aufgeführt sind die regelmäßig gebildeten Stammformen der Verben der a-Konjugation.

Die dritte Spalte im Lernvokabular enthält bekannte Wörter derselben lateinischen Wortfamilie, deutsche Fremdwörter oder Wörter moderner europäischer Fremdsprachen, in denen dieses lateinische Wort weiterlebt (E. Englisch, F. Französisch, I. Italienisch, S. Spanisch). Selbst wenn du nur eine dieser Sprachen lernst oder nicht alle der aufgelisteten Wörter kennst, können diese Hinweise dennoch eine Hilfe bieten für das Lernen und Einprägen der Vokabeln.

Am Ende des jeweiligen Lernvokabulars findest du bei dem Buchstaben „J" (= Junkturen) einige Wortverbindungen. Hier sind wichtige lateinische Wendungen aufgelistet, deren Kenntnis die Übersetzung erleichtert.

Lektion 26

Grammatik

1. **Die Konjugation von ferre**

Infinitiv Präsens	ferre	Infinitiv Perfekt	tulisse
Indikativ Präsens	ferō fers fert ferimus fertis ferunt	Indikativ Perfekt	tulī tulistī tulit tulimus tulistis tulērunt
Indikativ Imperfekt	ferēbam ferēbās ferēbat ferēbāmus ferēbātis ferēbant	Indikativ Plusquamperfekt	tuleram tulerās tulerat tulerāmus tulerātis tulerant
Futur I	feram ferēs feret ferēmus ferētis ferent	Futur II	tulerō tuleris tulerit tulerimus tuleritis tulerint

Imperativ: fer! bringe! trage!
ferte! bringt! tragt!

2. Das Verbum ferre hat zwei Wurzeln. Im Präsensstamm: fer- und im Perfektstamm: tul-.

3. Bei afferre (Angleichung bzw. Assimilation aus: ad-ferre) gleicht sich das Präfix (vgl. Lektion 16, F 2) an den Perfektstamm an: at-tuli.
Bei auferre liegt ein altes Präfix vor, das dieselbe Bedeutung wie ab(s)- hat. Daher lautet der Perfektstamm: abs-tuli.

4. Die Konjugation von ferre ist vergleichbar mit den Verben der konsonantischen Konjugation (vgl. Lektion 11, F 1.4; 2). Nur bei den Endungen, die mit -r, -s und -t beginnen, fehlt der Bindevokal: fer-re, fer-s, fer-t, fer-tis.

119

Lektion 26

Vokabeln

rēx – timor – stupēre – adīre – corpus – surgere – mare – quō? – miser – redīre – posse – sinere

amīca, ae f.	die Freundin	F. l'amie
*lītus, lītoris n.	die Küste, der Strand	I. il lido
*virgō, virginis f.	das junge Mädchen	
fōrma, ae f.	die Form, die Gestalt, die Schönheit	Form
sentīre, sentiō, sēnsī	fühlen, meinen	sensibel
*flōs, flōris m.	die Blume, die Blüte	E. flower
*offerre, offerō, obtulī	entgegenbringen, anbieten	Offerte
tangere, tangō, tetigī	berühren	Tangente
cōnsīdere, cōnsīdō, cōnsēdī	sich niederlassen, sich setzen	
abīre, abeō, abiī	weggehen	Abiturient
*īnferre, īnferō, intulī	hineintragen	
afferre, afferō, attulī	herbeitragen, hinzufügen	
referre, referō, rettulī	zurückbringen, berichten	Referat
auferre, auferō, abstulī	wegtragen, wegbringen	
*ferre, ferō, tulī	tragen, bringen; ertragen; berichten	
īnsula, ae f.	die Insel	F. l'île
trānsferre, trānsferō, trānstulī	hinüberbringen	Transfer
procul (Adv.)	in der Ferne, weit; von weitem	
perferre, perferō, pertulī	aushalten, ertragen; überbringen	
dolēre, doleō, doluī	Schmerzen empfinden, traurig sein	I. dolere
nēmō (Gen.: nūllīus, Dat.: nēminī)	niemand, keiner	
mūtāre	(ver-)ändern, verwandeln	Mutation
māiestās, māiestātis f.	die Erhabenheit, die Würde, die Größe	Majestät

procul ā patriā   fern der Heimat

Lektion 27

Grammatik

1. Die Konjugation des Verbs im Konjunktiv Imperfekt

1.1 Die Formen:

		a-Konjugation	e-Konjugation	i-Konjugation	kons. Konjugation		esse
Sg.	1. P.	laudārem	monērem	audīrem	regerem	caperem	essem
	2. P.	laudārēs	monērēs	audīrēs	regerēs	caperēs	essēs
	3. P.	laudāret	monēret	audīret	regeret	caperet	esset
Pl.	1. P.	laudārēmus	monērēmus	audīrēmus	regerēmus	caperēmus	essēmus
	2. P.	laudārētis	monērētis	audīrētis	regerētis	caperētis	essētis
	3. P.	laudārent	monērent	audīrent	regerent	caperent	essent

1.2 Die Formen des Konjunktivs Imperfekt werden in allen Konjugationen gebildet aus dem **Präsensstamm**, dem **Moduszeichen** **-re-** (bei esse und Komposita: **-se-**) und den bekannten **Personalendungen**. Als Hilfe merke dir: Konjunktiv Imperfekt = Infinitiv Präsens + Personalendungen.

2. Der Irrealis der Gegenwart

2.1 Im konditionalen Satzgefüge (vgl. Lektion 25, S 2) bezeichnet der **Konjunktiv Imperfekt** eine Bedingung in der Gegenwart, die als **nicht-wirklich** oder **nicht erfüllbar** angesehen wird (**Irrealis der Gegenwart**).

2.2 Beachte den Unterschied zwischen Wirklichkeit (Realis) und Nicht-Wirklichkeit (Irrealis):

Sacerdōs ad Oedipum dīcit:	Der Priester sagt zu Ödipus:
„Sī in patriam **redībis**, patrem **occīdēs**."	„Wenn du in deine Heimat **zurückkehrst**, **wirst** du deinen Vater **töten**."
	(Der Priester prophezeit ein Ereignis, das tatsächlich so eintreten kann oder wird: **Realis**.)
Oedipus sēcum cōgitat:	Ödipus überlegt sich:
„Sī in patriam **redīrem**, patrem **occīderem**. Itaque in patriam nōn redībō."	„Wenn ich in meine Heimat **zurückkehrte/ zurückkehren würde**, **würde** ich meinen Vater **töten**. Daher werde ich nicht in die Heimat zurückkehren."

Lektion 27

(Ödipus stimmt zwar der Aussage des Priesters zu, glaubt aber wegen seiner Entscheidung nicht, dass sie tatsächlich eintritt. Die Aussage steht für Ödipus im Gegensatz zur Wirklichkeit: **Irrealis**.)

Vokabeln

occīdere – mors – mōns – perīre – adulēscēns – mōs – cōnsilium capere – cōnsulere – occurrere

ōlim (Adv.)	einmal, einst	
ōrāculum, ī n.	der Götterspruch, das Orakel; die Orakelstätte	
*parere, pariō, peperī	hervorbringen, gebären	parentēs
arcessere, arcessō, arcessīvī	jmd. herbeiholen, herbeikommen lassen	
*alere, alō, aluī	ernähren, großziehen	Alimente
*expōnere, expōnō, exposuī	aussetzen, ausstellen	Exponat; E. to expose; F. exposer
*cāsū (Adv.)	aus Zufall, zufällig	
*pāstor, pāstōris m.	der Hirte	Pastor
*invenīre, inveniō, invēnī	finden, erfinden	venīre; E. to invent; F. inventer
certē (Adv.)	sicher, gewiss	
nōmināre	nennen, benennen	E. to nominate; F. nommer
vīs, vim, vī f. Plur.: vīrēs, vīrium	die Kraft, Stärke; die Kräfte, Streitkräfte	
uxōrem dūcere, dūcō, dūxī	heiraten	
*cōnstituere, cōnstituō, cōnstituī	festsetzen, beschließen	E. to constitute
senex, senis m.	der alte Mann, der Greis	Senior
nescīre, nesciō, nescīvī	nicht wissen, nicht verstehen	scīre

mortem offerre	(jemandem) den Tod bringen
īram deōrum excitāre	den Zorn der Götter erregen
ōrāculum adīre	ein Orakel aufsuchen
calamitātem īnferre	(jemandem) Unglück bringen, (jemanden) ins Unglück stürzen

Lektion 28

Grammatik

1. Die Konjugation des Verbs im Konjunktiv Plusquamperfekt

1.1 Die Formen:

		a-Konjugation	e-Konjugation	i-Konjugation	kons. Konjugation	esse
Sg.	1. P.	laudāvissem	monuissem	audīvissem	rēxissem	fuissem
	2. P.	laudāvissēs	monuissēs	audīvissēs	rēxissēs	fuissēs
	3. P.	laudāvisset	monuisset	audīvisset	rēxisset	fuisset
Pl.	1. P.	laudāvissēmus	monuissēmus	audīvissēmus	rēxissēmus	fuissēmus
	2. P.	laudāvissētis	monuissētis	audīvissētis	rēxissētis	fuissētis
	3. P.	laudāvissent	monuissent	audīvissent	rēxissent	fuissent

1.2 Die Formen des Konjunktivs Plusquamperfekt werden in allen Konjugationen gebildet aus dem **Perfektstamm**, dem **Moduszeichen** -isse- und den bekannten **Personalendungen**. Als Hilfe merke dir:

Konjunktiv Plusquamperfekt = Infinitiv Perfekt + Personalendungen

1.3 Der Konjunktiv Plusquamperfekt von **īre** lautet: īssem, īssēs, īsset, …

2. Der Irrealis der Vergangenheit

2.1 Im konditionalen Satzgefüge (vgl. Lektion 25, S 2) bezeichnet der **Konjunktiv Plusquamperfekt** eine Bedingung in der Vergangenheit, die als **nicht mehr wirklich** oder **nicht mehr erfüllbar** angesehen wird (**Irrealis der Vergangenheit**).

2.2 Beachte den Unterschied zwischen dem Irrealis der Gegenwart und der Vergangenheit:

Orpheus clāmat:	Orpheus ruft laut:
„Sī tum verbīs Plūtōnis **pāruissem**, Eurydicēn **servāvissem**.	„Wenn ich damals den Worten Plutos **gehorcht hätte**, **hätte** ich Eurydike **gerettet**.
Nisī mē ad uxōrem **vertissem**, eam ad lūcem **retulissem**."	Wenn ich mich nicht zu meiner Ehefrau **umgedreht hätte**, **hätte** ich sie ans Tageslicht **zurückgeführt**."
	(Orpheus hat sich aber umgedreht und dadurch die Rettung Eurydikes für immer zunichte gemacht.

Lektion 28

Orpheus clāmat:
„Sī mihi nunc **licēret**, iterum Plūtōnem **adīrem**. Sed mihi nōn iam licet Tartarum intrāre."

Seine Aussage bezieht sich auf ein Ereignis in der Vergangenheit: **Irrealis der Vergangenheit**.)
Orpheus ruft laut:
„Wenn es mir jetzt **erlaubt wäre**, **würde** ich wiederum Pluto **aufsuchen**. Aber es ist mir nicht mehr erlaubt, den Tartarus zu betreten."
(Orpheus würde zwar gerne noch einmal den Tartarus betreten, kann es aber nicht mehr. Seine Aussage bezieht sich auf einen Vorgang in der Gegenwart: **Irrealis der Gegenwart**.)

Vokabeln

calamitās – dum – fugere – movēre – adesse – nōtus – omnis – licet – vītam agere		
*vōx, vōcis f.	die Stimme, Äußerung, der Laut	vocare; Vokal; E. voice
mē miserum!	ich Armer!	
quantus, a, um	wie groß, wie viel	Quantität
*errāre	sich irren, herumirren	E. error; F. l'erreur
*trīstis, trīste	traurig, finster, unfreundlich	trist
*flēre, fleō, flēvī	weinen, beweinen	
*carmen, carminis n.	das Lied, das Gedicht	
immortālis, immortāle	unsterblich	mors; E. immortal
mortuus, a, um	gestorben, tot	mors; F. mort
*reddere, reddō, reddidī	zurückgeben; machen zu	dare; E. to render; F. rendre
hūc (Adv.)	hierher	
*lūx, lūcis f.	das Licht, das Tageslicht	I. la luce
condiciō, condiciōnis f.	die Bedingung, die Lage	Konditionalsatz; E. condition
pōnere, pōnō, posuī	setzen, stellen, legen	deponere; Position
cōnsistere, cōnsistō, cōnstitī	sich hinstellen, haltmachen	
vertere, vertō, vertī	wenden, drehen	Version
cum (Subjunktion mit Indikativ)	als (plötzlich)	

māgnā vōce — mit lauter Stimme
condiciōnem pōnere — (jemandem) eine Bedingung stellen, auferlegen

124

Lektion 29

Grammatik

1. Die e-Deklination

1.1 Die Formen

	Singular	Plural
Nominativ	rēs	rēs
Genitiv	reī	rērum
Dativ	reī	rēbus
Akkusativ	rem	rēs
Ablativ	rē	rēbus

1.2 Die Substantive der e-Deklination sind **Feminina**.

1.3 Einzige Ausnahme ist das Substantiv diēs (der Tag) mit dem Genus **masculinum**. Bedeutet diēs allerdings „Frist, Termin", ist sein Genus feminin.

2. Der dativus finalis

2.1 Der **dativus finalis** bezeichnet den **Zweck** oder die **Wirkung** einer Sache. Nach dem dativus finalis fragt man: „**Wozu?**"
Der Dativus finalis steht meistens nach esse (in der Bedeutung: zu etwas dienen, zu etwas gereichen).

2.2 Meistens ist der dativus finalis mit einem Dativ der Person verbunden. Dieser bezeichnet dann die Person, zu deren Vorteil (oder Nachteil) etwas ist: **dativus commodi** (bzw. incommodi). Nach dem dativus commodi (bzw. incommodi) fragt man: „**Für wen? Für was?**"

2.3 Der dativus commodi (bzw. incommodi) ist als Satzglied ein Objekt, der dativus finalis in Verbindung mit esse (oder mit venīre, dare) ist ein Prädikatsnomen:

Sinon dīxit:	Sinon sagte:
„Equus līgneus vōbīs praesidiō erit."	„Das hölzerne Pferd wird euch zum Schutz dienen."
Sed is diēs Trōiānīs perniciēī fuit.	Aber dieser Tag war für die Trojaner verderblich.

Lektion 29

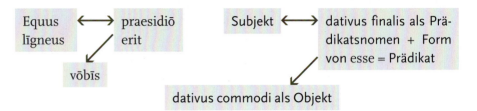

2.4 Nach bestimmten Verben (z. B. dare, venire) ist der dativus finalis als Satzglied ein Adverbiale:

Sinon dīxit:	Sinon sagte:
„Graecī Minervae deae equum līgneum dōnō dant."	„Die Griechen geben der Göttin Minerva das hölzerne Pferd zum Geschenk."

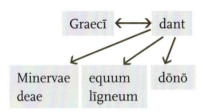 

2.5 Merke die folgenden Wendungen:

gaudiō esse	Freude bereiten
dolōrī esse	schmerzhaft sein
odiō esse	(jdm.) verhasst sein, gehasst werden (von jdm.)
praesidiō esse	zum Schutz dienen
perniciēī esse	verderblich sein

Vokabeln

oppūgnāre – expūgnāre – dolus – relinquere – comperīre – petere – ingēns – odium – dōnum

convocāre	zusammenrufen	vōx, vocāre
frūstrā (Adv.)	vergeblich, umsonst	frustriert
spēs, speī f.	die Hoffnung	I. la speranza; S. la esperanza
*diēs, diēī m., f.	der Tag, f.: der Termin	S. el dia
solvere, solvō, solvī	lösen	E. solution; F. la solution
rēs, reī f.	die Sache, das Ding	real
nihil	nichts	
disserere, disserō, disseruī	sprechen über, erörtern	
faciēs, faciēī f.	das Gesicht, das Aussehen, die Gestalt	E. face; F. la face
incrēdibilis, incrēdibile	unglaublich	crēdere; I. incredibile
nōmen, nōminis n.	der Name	nōmināre; Nomen; E. name

126

Lektion 29

fidēs, fideī f.	die Treue, das Vertrauen, der Glaube	fidus
*perniciēs, perniciēī f.	das Verderben, der Untergang	
medius, a, um	mittlerer, in der Mitte	medium
sīc (Adv.)	so, auf diese Weise	
nox, noctis f.	die Nacht	F. la nuit; I. la notte; S. la noche
aperīre, aperiō, aperuī	öffnen, aufdecken	F. ouvrir; I. aperire

spēs victoriae — die Hoffnung auf den Sieg
navēs solvere — die Anker lichten
fidem habēre (m. Dativ) — (jemandem) vertrauen
mediā nocte — mitten in der Nacht

Lektion 30

Grammatik

1. Die Konjugation des Verbs im Konjunktiv Präsens

1.1 Die Formen:

		a-Konjugation	e-Konjugation	i-Konjugation	kons. Konjugation	
Sg.	1. P.	laudem	moneam	audiam	regam	capiam
	2. P.	laudēs	moneās	audiās	regās	capiās
	3. P.	laudet	moneat	audiat	regat	capiat
Pl.	1. P.	laudēmus	moneāmus	audiāmus	regāmus	capiāmus
	2. P.	laudētis	moneātis	audiātis	regātis	capiātis
	3. P.	laudent	moneant	audiant	regant	capiant

ferre und Komposita: feram, ferās, ferat usw.

Lektion 30

1.2 Das Moduszeichen des Konjunktiv Präsens ist in den meisten Konjugationen der Buchstabe -a-, der an den Präsensstamm angehängt wird. Nur in der a-Konjugation lautet das Moduszeichen des Konjunktiv Präsens -e-. Es steht dann an der Stelle des Stammvokales -a-.

1.3 **esse, posse, īre** und **velle**

		esse	posse	īre
Sg.	1. P.	sim	possim	eam
	2. P.	sīs	possīs	eās
	3. P.	sit	possit	eat
Pl.	1. P.	sīmus	possīmus	eāmus
	2. P.	sītis	possītis	eātis
	3. P.	sint	possint	eant

Wie bei allen Formen des Präsensstamms von **īre** und seinen Komposita gilt die Regel, dass vor dunklen Vokalen der Stamm zu e- wird, also auch vor dem Moduszeichen des Konjunktiv Präsens: -a-.

velle: velim, velīs, velit *usw.*
nōlle: nōlim, nōlīs, nōlit *usw.*
mālle: mālim, mālīs, mālit *usw.*

2. Abhängige Begehrsätze

2.1 Abhängige Begehrsätze sind Gliedsätze, die den Inhalt eines Wunsches, einer Bitte oder eines Befehls ausdrücken. Sie werden im Lateinischen durch die Subjunktion **ut** (verneint: **nē**) eingeleitet, die zumeist mit „**dass**" (bzw. „**dass nicht**") übersetzt wird. Dabei wird der lateinische Konjunktiv im Deutschen in der Regel mit dem Indikativ wiedergegeben. Teilweise ist auch eine deutsche Übersetzung mit Infinitiv und „zu" möglich.

2.2 Abhängige Begehrsätze stehen nach folgenden Verben:

Verben des Wünschens und Bittens		Verben des Befehlens und Veranlassens		Verben des Strebens und Sorgens	
implōrāre	anflehen	imperāre	befehlen	id agere	sich darum kümmern
ōrāre	beten	monēre	ermahnen		
rogāre	bitten	cōnstituere	beschließen		
petere	bitten				

Lektion 30

Venus: „Tē rogō, pater, **ut** filium meum **servēs**." Venus: „Ich bitte dich, Vater, **dass du** meinen Sohn **rettest**."/„... meinen Sohn **zu retten**."

Iuppiter: „Ego id agō, **ut** filius tuus tūtus **sit**." Jupiter: „Ich kümmere mich darum, **dass** dein Sohn sicher **ist**."

2.3 Abhängige Begehrsätze haben meist die Satzfunktion eines Objekts:

Venus Aenēae imperat, ut urbem relinquat. Venus befiehlt Aeneas, dass er die Stadt verlässt/die Stadt zu verlassen.

2.4 Es gibt auch abhängige Begehrsätze, die ausdrücken, dass etwas gerade **nicht** geschehen soll, was aber befürchtet wird. Diese stehen unter anderem nach folgenden Verben und Ausdrücken:

Verben (und Ausdrücke) des Fürchtens		Verben des Hinderns	
timēre	fürchten	impedīre	hindern
perīculum est	es besteht die Gefahr	prohibēre	abhalten, hindern

Nach den **Verben des Fürchtens und Hinderns** bedeutet im Gliedsatz **nē**: „dass", **ut**: „dass nicht".

Venus: „Timeō, **nē** filius in marī **pereat**." Venus: „Ich fürchte, **dass** mein Sohn auf dem Meer **umkommt**."

Iuppiter: „Impediō, **nē** filius tuus **pereat**." Jupiter: „Ich verhindere, **dass** dein Sohn **umkommt**."

2.5 **Die consecutio temporum: Zeitenfolge in konjunktivischen Nebensätzen (I)**

Das Tempus in konjunktivischen Nebensätzen (hier: im abhängigen Begehrsatz) folgt fast immer den Regeln einer festen Zeitenfolge (**consecutio temporum**):
Der **Konjunktiv Präsens** drückt die **Gleichzeitigkeit** zum übergeordneten Satz aus, wenn in diesem das **Präsens** oder das **Futur** steht.
Der **Konjunktiv Imperfekt** drückt die **Gleichzeitigkeit** zum übergeordneten Satz aus, wenn in diesem ein **Vergangenheitstempus** (Imperfekt, Perfekt, Plusquamperfekt) steht.

Es gelten die folgenden Regeln für die Gleichzeitigkeit:

Lektion 30

Bei der Übersetzung ins Deutsche wird zumeist der Indikativ des Tempus gewählt, das im lateinischen Nebensatz steht. Der lateinische Konjunktiv Präsens wird also mit deutschem Indikativ Präsens übersetzt und der lateinische Konjunktiv Imperfekt mit deutschem Indikativ des Präteritums:

Tempus des übergeordneten Satzes	Tempus des konjunktivischen Nebensatzes
Präsens oder Futur I	Konjunktiv Präsens
Imperfekt, Perfekt oder Plusquamperfekt	Konjunktiv Imperfekt

Venus Iovem **implōrat**, ut filium **servet**.

Venus **fleht** Jupiter an, dass er ihren Sohn **rettet**.

Venus Iovem **implōrābat**, ut filium **servāret**.

Venus **flehte** Jupiter an, dass er ihren Sohn **rettete**.

Vokabeln

dormīre – monēre – patria – dēspērāre – rogāre – servāre – tempestās – perīre – pervenīre – condere

ut (mit Konjunktiv)	dass	
*quaerere, quaerō, quaesīvī	suchen, erwerben wollen; fragen	E. question
*rēs secundae f. (Pl.)	das Glück	rēs, secundus
adversus, a, um	entgegengesetzt, feindlich	adversārius
*rēs adversae f. (Pl.)	das Unglück	
*dēserere, dēserō, dēseruī	verlassen, im Stich lassen	desertieren
ōrāre	bitten, beten	ōrātiō
nē (mit Konjunktiv)	dass nicht	
*fuga, ae f.	die Flucht	fugere; E. fugitive
umerus, ī m.	die Schulter	
*comes, comitis m.	der Gefährte, der Begleiter	cum
sē cōnferre, cōnferō, cōntulī	sich (wohin) begeben	ferre
Iuppiter, Iovis, Iovī, Iovem, ā Iove	Jupiter	
implōrāre	anflehen	E. to implore
impedīre	hindern, verhindern	E. impediment
postrēmō (Adv.)	schließlich, zuletzt	post

bonō animō esse	guten Mutes sein
fugā salūtem petere	sein Heil in der Flucht suchen
timēre, nē	fürchten, dass
perīculum est, nē	es besteht die Gefahr, dass
amīcum impedīre, nē	den Freund daran hindern, dass

Lektion 31

Grammatik

1. Das Demonstrativpronomen hic, haec, hoc: dieser, diese, dieses

	Singular			Plural		
	m.	f.	n.	m.	f.	n.
Nominativ	hic	haec	hoc	hī	hae	haec
Genitiv	huius	huius	huius	hōrum	hārum	hōrum
Dativ	huic	huic	huic	hīs	hīs	hīs
Akkusativ	hunc	hanc	hoc	hōs	hās	haec
Ablativ	hōc	hāc	hōc	hīs	hīs	hīs

2. Das Demonstrativpronomen ille, illa, illud: jener, jene, jenes

	Singular			Plural		
	m.	f.	n.	m.	f.	n.
Nominativ	ille	illa	illud	illī	illae	illa
Genitiv	illīus	illīus	illīus	illōrum	illārum	illōrum
Dativ	illī	illī	illī	illīs	illīs	illīs
Akkusativ	illum	illam	illud	illōs	illās	illa
Ablativ	illō	illā	illō	illīs	illīs	illīs

3. Die Verwendung der Demonstrativpronomina hic, haec, hoc und ille, illa, illud

3.1 Das Demonstrativpronomen hic, haec, hoc dient dazu, Dinge oder Personen zu bezeichnen, die dem Sprecher zeitlich oder räumlich nahe sind:

131

Lektion 31

        Haec causa nōs sollicitat.   Diese Angelegenheit (hier) beunruhigt uns.

3.2 Das Demonstrativpronomen ille, illa, illud dient dazu, Dinge oder Personen zu bezeichnen, die vom Sprecher aus zeitlich oder räumlich weiter entfernt liegen:

    Illa tempora iūcunda fuērunt.   Jene (früheren) Zeiten waren angenehm.
    Hic hortus amplus est, ille pulcher.   Dieser Garten (hier) ist groß, jener (dort) schön.

3.3 Wenn die Pronomina hic und ille auf zwei vorher genannte Dinge oder Personen Bezug nehmen, bezeichnet hic das zuletzt Genannte (Näherliegende) und ille das zuerst Genannte (Entferntere):

    Nōbīs et hostēs et amīcī sunt. Hī   Wir haben sowohl Feinde als auch
    nōs semper adiuvant, illī autem   Freunde. Diese (amīcī) unterstützen
    semper nōbīscum bellum gerunt.   uns immer, jene (hostēs) aber führen ständig gegen uns Krieg.

Das Neutrum des Pronomens hic weist oft auf den folgenden Gedanken hin:

    Haec tibi explicābō: ...   Ich werde dir Folgendes erklären: ...

3.4 Nicht selten verweist ille auf eine Person oder Sache, die ausdrücklich als berühmt bezeichnet wird. Dann steht das Pronomen meist nach dem Substantiv:

    Scīpiō ille Carthāginem dēlēvit.   Jener/Der berühmte Scipio zerstörte Karthago.

    Merke die Wendung: illud Catōnis   Jener berühmte Ausspruch/der berühmte Ausspruch des Cato

4. Der doppelte Akkusativ

4.1 Bei bestimmten Verben kann neben einem Objekt im Akkusativ ein weiterer Akkusativ stehen, der die Prädikataussage inhaltlich vervollständigt. Der zweite Akkusativ ist somit ein **Prädikatsnomen**, das hier allerdings in Kasus-Kongruenz zu dem Akkusativ-Objekt steht. Daher wird diese Konstruktion auch als doppelter Akkusativ bezeichnet.

    Scīpiō sē fortem praestitit.   Scipio erwies sich als tapfer.
    Rōmānī Scīpiōnem cōnsulem creāvērunt.   Die Römer wählten Scipio zum Konsul.

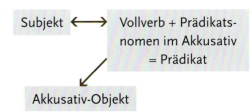

Lektion 31

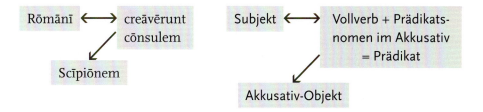

4.2 Der doppelte Akkusativ findet sich sehr häufig nach folgenden Verben:

facere	(jemanden) zu etwas machen
creāre	(jemanden) zu etwas wählen
dīcere	(jemanden) zu etwas ernennen
nōmināre, vocāre	(jemanden) als etwas bezeichnen
dūcere, putāre	(jemanden) für etwas halten
habēre	(jemanden) als etwas haben, (jemanden) für etwas halten
sē praestāre	sich als etwas erweisen, sich als etwas zeigen

Vokabeln

mōs – īgnōtus, a, um – explicāre – libenter – praeesse – celebrāre – ferre – convenīre – ōrātiō		
imāgō, imāginis f.	das Bild, Abbild; Ahnenbild (die Wachsmaske)	imaginär; E. image, to imagine; F. l'image
*cōnservāre	bewahren, erhalten; retten	servāre; konservativ, Konserve; F. conserver
certus, a, um	sicher, gewiss	certē; Zertifikat; E. certain; I. certo
ostendere, ostendō, ostendī	zeigen, darlegen	ostentativ
hic, haec, hoc	dieser, diese, dieses	
ille, illa, illud	jener, jene, jenes	
*sē praestāre, praestō, praestitī	sich erweisen (als)	
aut	oder	aut – aut
pūblicus, a, um	öffentlich, staatlich	publizieren; E. public; F. publique
*pūblicum, ī n.	die Öffentlichkeit, der staatliche Bereich	Publikum; E. public
*rēs pūblica, reī pūblicae f.	das Gemeinwesen, der Staat	Republik; E. republic; F. la république
iterum (Adv.)	wiederum, zum zweiten Mal	iterum atque iterum

Lektion 31

creāre	verursachen, erschaffen, wählen	kreativ; E. to create
*familiāris, familiāris m.	der Familienangehörige, der Vertraute	familia; E. familiar; F. familier
nepōs, nepōtis m.	der Enkel, der Neffe	Nepotismus; E. nephew; F. le neveu
discēdere, discēdō, discessī	auseinandergehen, weggehen	
*factum, ī n.	die Tat; die Tatsache	facere; Faktum; E. fact; F. le fait;
*commemorāre	in Erinnerung rufen, erwähnen	E. to commemorate
*nōbilis, nōbile	berühmt, vornehm, adelig	nōtus; nobel; E. noble, I. nobile
*commovēre, commoveō, commōvī	bewegen, antreiben, erregen	movēre; E. commotion
*incitāre	antreiben, erregen	E. to incite; F. inciter
exemplum, ī n.	das Beispiel, Vorbild	Exempel, exemplarisch; E. example; F. l'exemple
*ēgregius, a, um	herausragend, hervorragend, ausgezeichnet	E. egregious; I./S. egregio

Lektion 32

Grammatik

1. Die u-Deklination

1.1 Die Formen

	Singular	Plural
Nominativ	magistrātus	magistrātūs
Genitiv	magistrātūs	magistrātuum
Dativ	magistrātuī	magistrātibus
Akkusativ	magistrātum	magistrātūs
Ablativ	magistrātū	magistrātibus

1.2 Die meisten Substantive der u-Deklination sind maskulinen Geschlechts.

Lektion 32

2. Der ablativus qualitatis

Der ablativus qualitatis steht zur Angabe von körperlichen oder geistigen Eigenschaften. Nach dem ablativus qualitatis fragt man: **Von welcher Art? Wie beschaffen?**

a) Virī **māgnā virtūte** rem pūblicam servāvērunt. Männer von großer Tapferkeit haben den Staat gerettet.
b) Marius **summō ingeniō** fuit. Marius war von höchster Begabung/Marius war sehr begabt.

Der ablativus qualitatis kann nicht nur als Attribut (a), sondern auch als Prädikatsnomen (b) verwendet werden:

a)
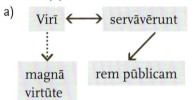 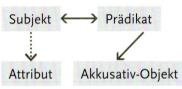

b)
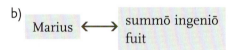 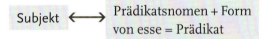

Vokabeln

āmittere – incitāre – perniciēs – arcēre – nōn īgnōrāre – ingenium – vincere – fugāre – cōgnōscere		
cōnsulātus, cōnsulātūs m.	das Konsulat	cōnsul; Konsulat
septimus, a, um	siebter, der Siebte	September, Septime
maximus, a, um	sehr groß, der Größte	māgnus; Maximum; E. maximum; F. le maximum; I. massimo
*exercitus, exercitūs m.	das Heer	I. l'esercito; S. el ejército
fortitūdō, fortitūdinis f.	die Tapferkeit, der Mut	fortis
paene (Adv.)	fast, beinahe	E. peninsula; F. la péninsule
disciplīna, ae f.	die Disziplin, Ordnung	discipulus; Disziplin; E. discipline; F. la discipline
barbarus, a, um	fremd; ungebildet; barbarisch	barbarisch; E. barbarian
barbarus, ī m.	der Ausländer; Barbar	
māgnitūdō, māgnitūdinis f.	die Größe, Bedeutung	māgnus; E. magnitude
quīntus, a, um	fünfter, der Fünfte	Quinte

Lektion 32

vehemēns, vehementis	heftig, energisch, gewaltig	vehement; I. veemente
*impetus, impetūs m.	der Ansturm, der Angriff	petere; Impetus
dēvincere, dēvincō, dēvīcī	(völlig) besiegen	vincere
et … et	sowohl … als auch	et
inimīcus, ī m.	der (persönliche) Feind	amīcus; E. enemy; F. l'ennemi
*magistrātus, magistrātūs m.	der Beamte; das Amt	magister; Magistrat
cum (mit Indikativ)	immer wenn; sooft	
*senātus, senātūs m.	der Senat, die Ratsversammlung	senex; Senat
lēx, lēgis f.	das Gesetz, das Gebot	legal, legitim
ūsus, ūsūs m.	der Gebrauch, die Verwendung; die Brauchbarkeit, der Nutzen	Usus; E. use; F. l'usage; I. l'uso
praetor, praetōris m.	der Prätor	
obtinēre, obtineō, obtinuī	besitzen, verwalten	tenēre
cursus, cursūs m.	der Lauf; die Bahn; die Laufbahn	currere; Kurs; F. le cours; I. il corso
honōs, honōris m.	die Ehre, das Ehrenamt	honorieren; E. honour; F. l'honneur
complēre, compleō, complēvī	anfüllen, erfüllen, vollenden	plēnus; komplett; E. to complete; F. compléter

cōnsulātum petere	das Konsulat anstreben, sich um das Konsulat bewerben
ūsuī esse	von Nutzen sein, nützlich sein
lēgēs ferre	Gesetze beantragen

Lektion 33

Grammatik

1. Die Deklination von domus

Die meisten Substantive der u-Deklination sind maskulinen Geschlechts (vgl. Lektion 32, F 1). Das Substantiv **domus** ist dagegen ein **Femininum** und hat in einigen Kasus die Ausgänge der o-Deklination (vgl. Lektion 8, F 1.2):

	Singular	Plural
Nominativ	domus	domūs
Genitiv	domūs	**domōrum**
Dativ	domuī	domibus
Akkusativ	domum	**domōs**
Ablativ	in **domō**	in domibus

2. Die Konjugation des Verbs im Konjunktiv Perfekt

2.1 Die Formen:

		a-Konjugation	e-Konjugation	i-Konjugation	kons. Konjugation	esse
Sg.	1. P.	laudāverim	monuerim	audīverim	rēxerim	fuerim
	2. P.	laudāveris	monueris	audīveris	rēxeris	fueris
	3. P.	laudāverit	monuerit	audīverit	rēxerit	fuerit
Pl.	1. P.	laudāverimus	monuerimus	audīverimus	rēxerimus	fuerimus
	2. P.	laudāveritis	monueritis	audīveritis	rēxeritis	fueritis
	3. P.	laudāverint	monuerint	audīverint	rēxerint	fuerint

posse: potuerim, potueris, potuerit …
īre: ierim, ieris, ierit …
velle: voluerim, volueris, voluerit …
ferre: tulerim, tuleris, tulerit …

Lektion 33

2.2 Die **Formen des Konjunktivs Perfekt** werden in allen Konjugationen gebildet aus dem **Perfektstamm**, dem **Moduszeichen -eri -** und den bekannten **Personalendungen**.

2.3 Die Formen des Konjunktivs Perfekt haben keine direkte deutsche Entsprechung: Ihre Übersetzung richtet sich jeweils nach ihrer Verwendung im Satz.

3. Die consecutio temporum: Zeitenfolge in konjunktivischen Nebensätzen (II)

3.1 In Lektion 30, S 2.4 hast du bereits die consecutio temporum für die Verwendung des Konjunktivs Präsens und Imperfekt in Nebensätzen kennengelernt. Hier werden die Regeln der consecutio temporum für die Verwendung des Konjunktivs Perfekt und Plusquamperfekt in Nebensätzen erweitert:
Der **Konjunktiv Perfekt** drückt die **Vorzeitigkeit** zum übergeordneten Satz aus, wenn in diesem das **Präsens** oder das **Futur** steht.
Der **Konjunktiv Plusquamperfekt** drückt die **Vorzeitigkeit** zum übergeordneten Satz aus, wenn in diesem ein **Vergangenheitstempus** (Imperfekt, Perfekt, Plusquamperfekt) steht.

3.2 Zusammengefasst gelten also die folgenden Regeln:

Tempus des übergeordneten Satzes	Tempus des konjunktivischen Nebensatzes	Zeitverhältnis
Präsens/Futur	Konjunktiv Präsens	gleichzeitig
	Konjunktiv Perfekt	vorzeitig
Imperfekt/Perfekt/Plusquamperfekt	Konjunktiv Imperfekt	gleichzeitig
	Konjunktiv Plusquamperfekt	vorzeitig

3.3 Bei der Übersetzung ins Deutsche wird zumeist der Indikativ des Tempus gewählt, das im lateinischen Nebensatz steht:

Cum Milō cōnsulātum petat, Clōdius praetūram petit.	Als sich Milo um das Konsulat bewirbt, bewirbt sich Clodius um die Prätur.
Cum Milō cōnsulātum peteret, Clōdius praetūram petēbat.	Als sich Milo um das Konsulat bewarb, bewarb sich Clodius um die Prätur.
Clōdius, cum compererit Milōnem iter Lānuvium facere, Rōmam relinquit.	Nachdem Clodius erfahren hat, dass Milo nach Lanuvium fährt, verlässt er Rom.

Lektion 33

Clōdius, cum comperisset Milōnem iter Lānuvium facere, Rōmam relīquit. | Nachdem Clodius erfahren hatte, dass Milo nach Lanuvium fuhr, verließ er Rom.

Vokabeln

| inimīcus – petere – cōgnōscere – ēripere – odium – relinquere – uxor – occurrere – comes |

cum (mit Konjunktiv)	als, nachdem; weil; während (dagegen)	
etsī	auch wenn, obwohl	etiam, sī
domus, domūs f.	das Haus, Gebäude	dominus, domina
domum (Akk.)	nach Hause	
vestis, vestis f.	das Kleidungsstück, Kleid	Weste; I. la veste
currus, currūs m.	der Wagen	currere
*tēlum, ī n.	das Geschoss, der Speer, die Waffe	
dēsilīre, dēsiliō, dēsiluī	herabspringen, hinabspringen	
*gladius, ī m.	das Schwert	Gladiator
ēdūcere, ēdūcō, ēdūxī	herausziehen, herausführen	dūcere, dux; E. to educe
tergum, ī n.	der Rücken	
*caedere, caedō, cecīdī	fällen, niederhauen, töten	occīdere
*interficere, interficiō, interfēcī	töten	facere

praetūram petere	die Prätur anstreben, sich um die Prätur bewerben
gladium ēdūcere	das Schwert zücken
ā tergō	von hinten, im Rücken
Clōdium petere	Clodius angreifen

139

Lektion 34

Grammatik

1. Das Interrogativpronomen

1.1 Das substantivische Interrogativpronomen quis, quid

Nominativ	quis? quid?	wer? was?
Genitiv	cuius?	wessen?
Dativ	cui?	wem?
Akkusativ	quem? quid?	wen? was?
Ablativ	ā quō? quōcum?	von wem? mit wem?

1.2 Das adjektivische Interrogativpronomen qui, quae, quod

	Singular			Plural		
	m.	f.	n.	m.	f.	n.
Nominativ	quī	quae	quod	quī	quae	quae
Genitiv	cuius	cuius	cuius	quōrum	quārum	quōrum
Dativ	cui	cui	cui	quibus	quibus	quibus
Akkusativ	quem	quam	quod	quōs	quās	quae
Ablativ	quō	quā	quō	quibus	quibus	quibus

quī, quae, quod wird wie das Relativpronomen dekliniert (vgl. Lektion 23, F 1). Als adjektivisches Interrogativpronomen steht es wie ein Adjektiv bei einem Substantiv, nach dem es sich in Kasus, Numerus und Genus richtet (**KNG-Kongruenz**; vgl. Lektion 7, S 3). Die Übersetzung lautet: welcher? welche? welches?

1.3 Die Verwendung des substantivischen und adjektivischen Interrogativpronomens

a) Quis mihi dōnum fert?
Quī puer mihi dōnum fert?

Quae puella mihi dōnum fert?

a) Wer bringt mir das Geschenk?
Welcher Junge bringt mir das Geschenk?

Welches Mädchen bringt mir das Geschenk?

Lektion 34

b) Quid in forō vidēs?
    Quod templum in forō vidēs?

b) Was siehst du auf dem Forum?
    Welchen Tempel siehst du auf
    dem Forum?

2. Der Interrogativsatz (Fragesatz)

S

Bei Interrogativsätzen (Fragesätzen) unterscheidet man zwischen Wortfragen und Satzfragen.

2.1 Eine **Wortfrage** ist ein Fragesatz, der durch ein **Fragewort** (z. B. quis?, quid?, ubi?) eingeleitet wird.

Frage:	Antwort:
Quid Quīntus videt?	Quīntus **Capitōlium** videt.
Was sieht Quintus?	Quintus sieht das Kapitol.
Ubi templum Iovis est?	Templum Iovis **in Palātiō** est.
Wo ist der Jupitertempel?	Der Jupitertempel befindet sich auf dem Palatin.

2.2 Eine **Satzfrage** ist ein Fragesatz, der (im Deutschen) die Antwort „ja" oder „nein" erwartet. Im Lateinischen kann sie durch -**ne**, **nōnne** oder **num** eingeleitet werden. Diese einleitenden Wörter zeigen an, welche Antwort der Fragende erwartet, nämlich: bei -**ne**: Ja oder Nein
    bei **nōnne**: Ja, Doch
    bei **num**: Nein

Frage:	Antwort:
Vide**tne** Quīntus Capitōlium?	Quīntus Capitōlium **videt/nōn videt**.
Sieht Quintus das Kapitol?	Ja/Nein.
Nōnne Quīntus Capitōlium videt?	Quīntus Capitōlium **videt.**
Sieht Quintus **etwa nicht** das Kapitol?	Doch, er sieht es. (Ja)
Num Quīntus ad Capitōlium properat?	Quīntus **nōn** ad Capitōlium **properat**.
Eilt Quintus **etwa** zum Kapitol?	Nein (er eilt nicht zum Kapitol).

Lektion 34

Vokabeln

	maximus – ante – expūgnāre – rēx – celebrāre – redīre – clārus – placēre	
trēs, tria	drei	Trio
*auctōritās, auctōritātis f.	das Ansehen, der Einfluss, die Macht	Autorität, Auktion
nōnne (Fragepartikel)	nicht? denn nicht? etwa nicht?	
*regiō, regiōnis f.	Gebiet, Richtung	Region; E. region; F. la région
quī, quae, quod (adjektivisches Interrogativpronomen)	welcher, welche, welches	
comparāre (cum)	erwerben, (vor)bereiten, vergleichen (mit)	parāre; E. to compare
*prōcōnsul, prōcōnsulis m.	der Prokonsul, der Statthalter	cōnsul, cōnsulātus
*ferē (Adv.)	ungefähr, fast, beinahe	
*usque ad (mit Akk.)	bis zu	
*subicere, subiciō, subiēcī	unterwerfen	Subjekt
*potentia, ae f.	die Macht, der Einfluss	potēns, potestās
*augēre, augeō, auxī	vermehren, vergrößern, fördern	auctōritās
num (Fragepartikel)	etwa?	
*favēre, faveō, fāvī (mit Dativ)	(jemanden) begünstigen, fördern	Favorit
*poscere, poscō, popōscī	fordern, verlangen	
-n (Fragepartikel)	(wird nicht übersetzt)	
alter, altera, alterum	der eine (von zweien), der andere; der zweite	Alternative
dēferre, dēferō, dētulī	(hinab)tragen, -bringen, darbieten	ferre
*cīvīlis, cīvīle	bürgerlich, Bürger-	cīvis; zivil
committere, committō, commīsī	zusammenbringen, übergeben, anvertrauen	E. to commit; F. commettre
flūmen, flūminis n.	der Fluss	
rīpa, rīpae f.	das Ufer	F. la rive; I. la riva
pōns, pontis m.	die Brücke	F. le pont; I. il ponte

cōnsulātum dēferre — das Konsulat anbieten
amīcō favēre — dem Freund günstig gesinnt sein, den Freund begünstigen
bellum committere — den Krieg beginnen

Lektion 35

Grammatik

Indirekte Fragesätze

1. **Indirekte Fragesätze** sind abhängig von Verben des Fragens, Sagens und Wissens. Sie haben die Funktion eines **Objekts** oder eines **Subjekts**:
   a) Nōnia rogat, quis Caesarem interfēcerit.   Nonia fragt, wer Cäsar getötet hat.

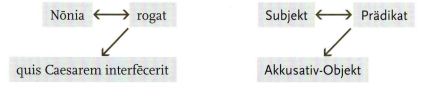

   b) Nōtum est, quis Caesarem interfēcerit.   Es ist bekannt, wer Cäsar getötet hat.

2. Indirekte Fragesätze werden wie die direkten Fragesätze durch Fragepronomina, Frageadverbien oder durch Fragepartikel eingeleitet.

3. Indirekte Fragesätze stehen **im Lateinischen** immer im **Konjunktiv**, im Deutschen meist im Indikativ.

4. Indirekte Fragesätze können gleichzeitig und vorzeitig sein. Welches **Zeitverhältnis** jeweils vorliegt, kann man am Tempus des Prädikats des Nebensatzes erkennen. Die bisher bekannten Regeln der **consecutio temporum** (vgl. Lektion 33, S 3.2) gelten auch für die indirekten Fragesätze:

   Nesciō, quid faciās. (Gleichzeitigkeit)   Ich weiß nicht, was du tust.
   Nesciō, quid fēceris. (Vorzeitigkeit)   Ich weiß nicht, was du getan hast.
   Nescīvī, quid facerēs. (Gleichzeitigkeit)   Ich wusste nicht, was du tatest.
   Nescīvī, quid fēcissēs. (Vorzeitigkeit)   Ich wusste nicht, was du getan hattest.

5. Indirekte Wortfragen, Satzfragen und Wahlfragen (vgl. Lektion 34, S 2):
   Indirekte Wortfragen werden durch die bekannten Fragewörter (z. B. quis?, quid?, ubi?) eingeleitet:

   Quīntus rogat, **quis** Caesarem   Quintus fragt, **wer** Cäsar getötet hat.
   interfēcerit.

   Indirekte Satzfragen werden durch num oder -ne (ob ...; ob nicht ...; ob etwa ...) eingeleitet. Dabei wird im Gegensatz zu den direkten Satzfragen (vgl. Lekton 34,

Lektion 35

S 2.2) nicht angedeutet, welche Antwort erwartet wird. Du musst sie dir aus dem Kontext erschließen:

Quīntus rogat, **num** senātōrēs cōnsilium cēperint Caesarem interficere.

Quintus fragt, **ob** die Senatoren den Plan gefasst haben, Cäsar zu töten.

Nōnia rogat, Caesar**ne** dē cōnsiliīs senātōrum audīverit.

Nonia fragt, **ob** Cäsar **nicht** von den Plänen der Senatoren gehört hat.

Indirekte Wahlfragen (Doppelfragen) werden eingeleitet durch utrum ... an, -ne ... an, ... an und werden jeweils übersetzt mit: ob ... oder.

Quīntus rogat, **utrum** Caesar domī mānserit **an** cūriam Pompeī adierit.

Quintus fragt, **ob** Cäsar zu Hause blieb **oder** in die Kurie ging.

Vokabeln

redīre – honōs – cōnsilium capere – placet – īnsidiās parāre – ostendere – dexter – cōnsīdere		
*dēcernere, dēcernō, dēcrēvī	entscheiden, beschließen	Dekret, Dezernent
perpetuus, a, um	beständig, ununterbrochen	Perpetuum mobile
*exīstimāre	urteilen, meinen	E. to estimate; F. estimer
utrum ... an	ob ... oder	
futūrus, a, um	zukünftig	Futur
*somnium, ī n.	der Traum	F. le songe; I. il sogno
suprā (Präp. m. Akk.)	oberhalb, über, über ... hinaus	Sopran
nūbēs, nūbis f.	die Wolke	
volāre	fliegen, eilen	F. voler; I. volare; S. volar
iungere, iungō, iūnxī	verbinden, vereinigen	
*afficere, afficiō, affēcī	(mit etwas) versehen, behandeln	Affekt
*dubitāre	zögern (mit Infinitiv), zweifeln	E. to doubt; F. douter; I. dubitare
num	ob, ob nicht (indirekte Frage)	
*domī	zu Hause	domus
*manēre, maneō, mānsī	bleiben, warten; erwarten	F. la maison
accēdere, accēdō, accessī	herantreten, hinzukommen	E. to accede; F. accéder; I. accedere
temptāre	versuchen, prüfen; angreifen	E. to attempt; F. tenter; I. tentare
iacēre, iaceō, iacuī	liegen	

(cum amīcō) dexteram iungere
cūrīs afficere

(dem Freund) die (rechte) Hand geben
(jemanden) in Sorge versetzen; (jemandem) Sorgen bereiten

Lektion 36

Grammatik

1. Die Konjugation des Verbs im Passiv (Präsensstamm)

1.1 Die Formen des Indikativ Präsens:

		a-Konjugation	e-Konjugation	i-Konjugation	kons. Konjugation	
Sg.	1. P.	laudor	moneor	audior	regor	capior
	2. P.	laudāris	monēris	audīris	regeris	caperis
	3. P.	laudātur	monētur	audītur	regitur	capitur
Pl.	1. P.	laudāmur	monēmur	audīmur	regimur	capimur
	2. P.	laudāminī	monēminī	audīminī	regiminī	capiminī
	3. P.	laudantur	monentur	audiuntur	reguntur	capiuntur
Infinitiv		laudārī	monērī	audīrī	regī	capī

1.2 Die Formen des Indikativ Imperfekt:

		a-Konjugation	e-Konjugation	i-Konjugation	kons. Konjugation	
Sg.	1. P.	laudābar	monēbar	audiēbar	regēbar	capiēbar
	2. P.	laudābāris	monēbāris	audiēbāris	regēbāris	capiēbāris
	3. P.	laudābātur	monēbātur	audiēbātur	regēbātur	capiēbātur
Pl.	1. P.	laudābāmur	monēbāmur	audiēbāmur	regēbāmur	capiēbāmur
	2. P.	laudābāminī	monēbāminī	audiēbāminī	regēbāminī	capiēbāminī
	3. P.	laudābantur	monēbantur	audiēbantur	regēbantur	capiēbantur

Lektion 36

1.3 Die Formen des Indikativ Futur:

	a-Konjugation	e-Konjugation	i-Konjugation	kons. Konjugation	
Sg. 1. P.	laudābor	monēbor	audiar	regar	capiar
2. P.	laudāberis	monēberis	audiēris	regēris	capiēris
3. P.	laudābitur	monēbitur	audiētur	regētur	capiētur
Pl. 1. P.	laudābimur	monēbimur	audiēmur	regēmur	capiēmur
2. P.	laudābiminī	monēbiminī	audiēminī	regēminī	capiēminī
3. P.	laudābuntur	monēbuntur	audientur	regentur	capientur

2. Aktiv und Passiv: Die Genera verbi (Diathesen)

2.1 Verbformen im **Aktiv** geben an, was das Subjekt tut. Das Subjekt ist also der Handlungsträger:
Cīvēs Rōmānī Augustum laudant. – Die römischen Bürger loben Augustus.
Verbformen im **Passiv** geben an, dass mit dem Subjekt etwas geschieht. Das Subjekt ist also von der Handlung betroffen:
Augustus ā cīvibus Rōmānīs laudātur. – Augustus wird von den römischen Bürgern gelobt.

2.2 Wie der Begriff „Genus" bei den Nomina das Maskulinum, Femininum und Neutrum umfasst (vgl. Lektion 3, F 1.1), so lautet bei den Verben der Oberbegriff für Aktiv und Passiv: „**Genus verbi**" (oder: „**Diathese**").
Für die vollständige Bestimmung einer Verbform benötigst du daher fünf Merkmale: Person, Numerus, Modus, Tempus und Genus verbi, z. B.:
laudantur: 3. Person Plural Indikativ Präsens Passiv.

2.3 Ist der Verursacher des Geschehens eine **Person**, steht er beim Passiv im **Ablativ mit der Präposition ā, ab**. Ist der Verursacher des Geschehens ein **abstrakter Begriff**, steht er beim Passiv **im bloßen Ablativ**.

2.4 Wenn das Subjekt der Handlungsträger ist und zugleich selbst von dieser Handlung betroffen ist, kann das passive lateinische Prädikat im Deutschen mit dem Aktiv eines reflexiven Verbums übersetzt werden:
Cīvēs pāce dēlectantur: Die Bürger werden durch den Frieden erfreut.
= Die Bürger **freuen sich** über den Frieden.

3. Der doppelte Nominativ

Wenn die Verben, nach denen im Lateinischen ein **doppelter Akkusativ** steht (vgl. Lektion 31, S 4.2), **im Passiv** stehen, wird aus dem doppelten Akkusativ ein **doppelter Nominativ**.

Doppelter Akkusativ:
Senātōrēs Octāviānum Augustum appellant.   Die Senatoren nennen Octavian Augustus.

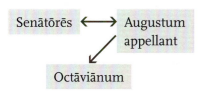
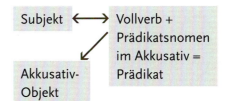

Doppelter Nominativ:
Octāviānus ā senātōribus Augustus appellātur.   Octavian wird von den Senatoren Augustus genannt.

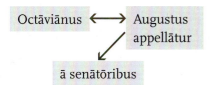

Vokabeln

	pāx – rēs pūblica – licentia – corrumpere – mōs – mūtāre – cīvīlis,e – lībertās	
dēlectāre	erfreuen	
praeferre, praeferō, praetulī	vorziehen, lieber mögen als	Präferenz; F. préférer
*opprimere, opprimō, oppressī	unterdrücken, überfallen	E. to oppress
fallere, fallō, fefellī	täuschen, betrügen	
ūnus, a, um (Gen.: ūnīus, Dat.: ūnī)	ein einziger, einer	Unikat; F. un, une
*prīnceps, prīncipis m.	der Erste, Führende; Kaiser	Prinz; I. il principe
necesse est (mit AcI)	es ist notwendig, nötig, unausweichlich	E. necessary
*paulātim (Adv.)	allmählich	
discordia, ae f.	Zwietracht, Uneinigkeit	

Lektion 36

*restituere, restituō, restituī	wiederherstellen, zurückgeben	E. restitution
*scelus, sceleris n.	das Verbrechen, der Frevel	
*appellāre	nennen, ansprechen, ernennen zu	Appell; F. appeler
*cōnficere, cōnficiō, cōnfēcī	zustande bringen, vollenden, aufreiben	Konfektion
*tollere, tollō, sustulī	aufheben, erheben, beseitigen	I. togliere

nihil nisī   nichts außer; nur
scelus committere   ein Verbrechen begehen
bellum cōnficere   einen Krieg beenden

Lektion 37

Grammatik

1. Das Partizip Perfekt Passiv (PPP)

Die meisten lateinischen Verben bilden ein Partizip Perfekt Passiv. Mit diesem wird das Passiv in den Zeiten des Perfektstamms ausgedrückt.

1.1 Die Bildung des Partizip Perfekt Passiv (PPP)
Das **PPP** wird durch das Kennzeichen **-tus, -ta, -tum** oder **-sus, -sa, -sum** gebildet. Dekliniert wird es wie ein Adjektiv der a- und o-Deklination (vgl. Lektion 7, F 2):
a-Konjugation: laudāre → laudātus, a, um
e-Konjugation: delēre → delētus, a, um; monēre → monitus, a, um
i-Konjugation: audīre → audītus, a, um

Die Verben der **konsonantischen Konjugation** bilden das PPP auf unterschiedliche Weise. Daher musst du das PPP jeweils gesondert lernen, z. B.:
dūcere → ductus, a, um; mittere → missus, a, um; scrībere → scrīptus, a, um

1.2 Das Partizip Perfekt Passiv und die Stammformen
Von nun an wird das PPP bei der Durchnahme neuer Verben bei den **Stammformen** mitgelernt. Dabei wird das PPP immer mit der Neutrum-Endung **-um** angegeben.

Lektion 37

Die vollständige **Stammformenreihe** besteht nun aus folgenden vier Formen:

Infinitiv Präsens	1. Pers. Sg. Ind. Präs.	1. Pers. Sg. Ind. Perf.	Partizip Perfekt Passiv	deutsche Bedeutung
laudāre	laudō	laudāvī	**laudātum**	loben
monēre	moneō	monuī	**monitum**	ermahnen
audīre	audiō	audīvī	**audītum**	hören
regere	regō	rēxī	**rēctum**	leiten

Die vollständigen Stammformenreihen (einschließlich PPP) der bereits gelernten Verben werden von dieser Lektion an durch „Blaupunktvokabeln" im Wortschatz sowie in einer Liste weiterer Verben am Ende jeder Lektion aufgelistet. So werden von den bekannten Verben die noch nicht bekannten Partizipien des Perfektstammes nach und nach gelernt.

2. Das Passiv im Perfektstamm

2.1 Die Formen des Indikativ Perfekt Passiv

	Singular		Plural	
1. Person	laudātus, a, um **sum**	ich bin gelobt worden/wurde gelobt	laudātī, ae, a **sumus**	wir sind gelobt worden/ wurden gelobt
2. Person	laudātus, a, um **es**	du bist gelobt worden/ wurdest gelobt	laudātī, ae, a **estis**	ihr seid gelobt worden/ wurdet gelobt
3. Person	laudātus, a, um **est**	er/sie/es ist gelobt worden/wurde gelobt	laudātī, ae, a **sunt**	sie sind gelobt worden/ wurden gelobt

Die Formen des Indikativ Perfekt Passiv werden durch das **PPP** in Verbindung mit den **Präsensformen von** esse gebildet. Die Endung des PPP richtet sich dabei nach Kasus, Numerus und Genus seines Bezugsworts (des Subjekts).

149

Lektion 37

2.2 Die Formen des Indikativ Plusquamperfekt Passiv

	Singular		Plural	
1. Person	laudātus, a, um **eram**	ich war gelobt worden	laudātī, ae, a **erāmus**	wir waren gelobt worden
2. Person	laudātus, a, um **erās**	du warst gelobt worden	laudātī, ae, a **erātis**	ihr wart gelobt worden
3. Person	laudātus, a, um **erat**	er/sie/es war gelobt worden	laudātī, ae, a **erant**	sie waren gelobt worden

Das **Plusquamperfekt Passiv** wird durch das **PPP** in Verbindung mit den **Imperfektformen** von esse gebildet. Die Endung des PPP richtet sich dabei nach Kasus, Numerus und Genus seines Bezugsworts (des Subjekts).

2.3 Die Formen des Futur II Passiv

	Singular	Plural
1. Person	laudātus, a, um **erō**	laudātī, ae, a **erimus**
2. Person	laudātus, a, um **eris**	laudātī, ae, a **eritis**
3. Person	laudātus, a, um **erit**	laudātī, ae, a **erunt**

Zur Übersetzung der Formen des Futur II vgl. Lektion 25, F 1.4.

Das **Futur II Passiv** wird durch das **PPP** in Verbindung mit den **Futur-I-Formen von** esse gebildet. Die Endung des PPP richtet sich dabei nach Kasus, Numerus und Genus seines Bezugsworts (des Subjekts).

2.4 Der Infinitiv Perfekt Passiv

Der **Infinitiv Perfekt Passiv** wird durch das **PPP** in Verbindung mit der Form esse gebildet. Die Endung des PPP richtet sich dabei nach Numerus und Genus seines Bezugsworts. Da der Infinitiv Perfekt Passiv vor allem im AcI vorkommt, werden die Endungen des PPP hier im Akkusativ angegeben: laudātum, am, um; ōs, ās, a esse: gerufen worden (zu) sein

Wie der Infinitiv Perfekt Aktiv bezeichnet auch der Infinitiv Perfekt Passiv die im Verhältnis zur übergeordneten Handlung bereits abgeschlossene Handlung (Infinitiv der Vorzeitigkeit, vgl. Lektion 19, S 2.4 b). Dies ist bei der Übersetzung durch die korrekte Wahl der deutschen Tempora wiederzugeben. Grundsätzlich gilt folgende Regel:
Steht im übergeordneten deutschen Satz ein Präsens oder Futur I, wird der lateinische Infinitiv Perfekt Passiv mit dem Perfekt übersetzt. Steht im übergeordneten deutschen Satz ein Vergangenheitstempus, wird der lateinische Infinitiv Perfekt Passiv mit dem Plusquamperfekt übersetzt:

Lektion 37

Multa templa ab Augustō restitūta esse cōnstat.	**Es steht fest,** dass viele Tempel von Augustus **wiederhergestellt worden sind.**	
Templum Apollinis ab Augustō aedificātum esse audīvimus.	Wir **hörten,** dass der Apollotempel von Augustus **errichtet worden war.**	

Vokabeln

domus – adesse – dolor – lūx – discēdere – uxor – īnfēstus – tempestās – vexāre – mōs – miser

● movēre, moveō, mōvī, mōtum	bewegen, veranlassen	Motor, Motiv; E. to move, movie
● relinquere, relinquō, relīquī, relictum	verlassen, zurücklassen	Reliquie, Relikt
● iubēre, iubeō, iūssī, iussum (m. Akk)	(jemandem) befehlen	
● discēdere, discēdō, discessī, discessum	auseinandergehen, weggehen	concedere
*sōlācium, ī n.	der Trost	E. solace
● dare, dō, dedī, datum	geben	Datum; I. dare
exclāmāre	aufschreien; ausrufen	ex, clamare; E. to exclaim
*perterrēre, perterreō, perterruī, perterritum	sehr erschrecken, in Angst versetzen	per, terrere
*lūctus, ūs m.	die Trauer	
hinc (Adv.)	von hier; daher; daraufhin	hic
● abdūcere, abdūcō, abdūxī, abductum	wegführen, abbringen	ab, ducere; E. to abduct
● cōgere, cōgō, coēgī, coāctum	zusammenbringen; zwingen	agere
*īnfēlīx, īnfēlīcis	unglücklich	felix
pietās, pietātis f.	das Pflichtbewusstsein, die Frömmigkeit	E. piety
coniūnx, coniugis m./f.	der Ehemann/die Ehefrau	Konjunktion
● commovēre, commoveō, commōvī, commōtum	bewegen, antreiben, erregen, erschüttern	movere
● agere, agō, ēgī, āctum	handeln, verhandeln; betreiben	Aktion, aktiv
frīgus, frīgoris n.	die Kälte, der Frost	frigid; E. fridge
hiems, hiemis f.	der Winter, die Kälte	F. l'hiver

151

Lektion 37

*scrībere, scrībō, scrīpsī, scrīptum	schreiben	Skript, Schrift
•mittere, mittō, mīsī, missum	schicken	Mission
*error, errōris m.	der Irrtum, die Irrfahrt	E. error
*indūcere, indūcō, indūxī, inductum	hineinführen; verleiten, veranlassen	Induktion

ante lūcem — vor Tagesanbruch
in errōrem indūcere — (jemanden) zu einem Fehler verleiten

Stammformen zur Wiederholung

Ab dieser Lektion werden jeweils am Ende einige bekannte Verben aus den Lektionen 1–36 mit ihrer gesamten Stammformenreihe aufgelistet. Nicht aufgeführt sind die regelmäßig gebildeten Stammformen der Verben der a-Konjugation. In der Wiederholungsliste sind die Verben, die in der jeweiligen Lektion im Wortschatz vorgekommen sind und deren gesamte Wortfamilie jetzt zusätzlich wiederholt wird, kursiv gesetzt.

1	*dare, dō, dedī, datum*	*geben*
2	circumdare, circumdō, circumdedī, circumdatum	umgeben, herumlegen
3	*movēre, moveō, mōvī, mōtum*	*bewegen, veranlassen*
4	commovēre, commoveō, commōvī, commōtum	bewegen, antreiben, erregen
5	terrēre, terreō, terruī, territum	erschrecken, in Schrecken versetzen
6	*perterrēre, perterreō, perterruī, perterritum*	*sehr erschrecken, in Angst versetzen*
7	*discēdere, discēdō, discessī, discessum*	*auseinandergehen, weggehen*
8	accēdere, accēdō, accessī, accessum	herantreten, hinzukommen
9	dūcere, dūcō, dūxī, ductum	führen, ziehen; halten für
10	*abdūcere, abdūcō, abdūxī, abductum*	*wegführen, abbringen*
11	ēdūcere, ēdūcō, ēdūxī, ēductum	herausführen, herausziehen
12	*indūcere, indūcō, indūxī, inductum*	*hineinführen, verleiten, veranlassen*
13	*mittere, mittō, mīsī, missum*	*schicken*

152

Lektion 37

14	āmittere, āmittō, āmīsī, āmissum	verlieren
15	committere, committō, commīsī, commissum	zusammenbringen, übergeben, anvertrauen
16	dīmittere, dīmittō, dīmīsī, dīmissum	entsenden, entlassen, aufgeben
17	ōmittere, ōmittō, ōmīsī, ōmissum	aufgeben, beiseite lassen
18	*scrībere, scrībō, scrīpsī, scrīptum*	*schreiben*
19	cōnscrībere, cōnscrībō, cōnscrīpsī, cōnscrīptum	in eine Liste eintragen, verfassen

Lektion 38

Grammatik

1. Das Demonstrativpronomen iste, ista, istud

1.1 Die Formen von iste

	Singular			Plural		
	m.	f.	n.	m.	f.	n.
Nom.	iste	ista	**istud**	istī	istae	ista
Gen.	istīus	istīus	istīus	istōrum	istārum	istōrum
Dat.	istī	istī	istī	istīs	istīs	istīs
Akk.	istum	istam	**istud**	istōs	istās	ista
Abl.	istō	istā	istō	istīs	istīs	istīs

1.2 Das Demonstrativpronomen iste zeigt häufig auf Personen oder Dinge, die dem Sprecher zeitlich und räumlich nahe sind (vgl. Lektion 31, S 3). Es hat zuweilen eine abwertende Bedeutung. Übersetzt wird es mit „dieser (da)".

Lektion 38

2. Das Demonstrativpronomen ipse, ipsa, ipsum

2.1 Die Formen von ipse

	Singular			Plural		
	m.	f.	n.	m.	f.	n.
Nom.	ipse	ipsa	ipsum	ipsī	ipsae	ipsa
Gen.	ipsīus	ipsīus	ipsīus	ipsōrum	ipsārum	ipsōrum
Dat.	ipsī	ipsī	ipsī	ipsīs	ipsīs	ipsīs
Akk.	ipsum	ipsam	ipsum	ipsōs	ipsās	ipsa
Abl.	ipsō	ipsā	ipsō	ipsīs	ipsīs	ipsīs

2.2 Das Demonstrativpronomen ipse dient zur Hervorhebung des Begriffs, auf den es sich bezieht. Es wird meist mit „selbst; persönlich; gerade" übersetzt.

Leō **ipse** praedam dīvīsit.   Der Löwe **selbst/persönlich** verteilte die Beute.

3. Grund- und Ordnungszahlen

Bei den Zahlwörtern unterscheidet man zwischen Grund- und Ordnungszahlen. Als **Grundzahlen** bezeichnet man die Zahlen, mit denen man zählt, also eins, zwei, drei usw. Dagegen geben **Ordnungszahlen** eine Position in einer Reihe an: der erste, zweite, dritte usw.

3.1 Lateinische Zahlwörter

		Grundzahl	Ordnungszahl
1	I	**ūnus, a, um**	prīmus, a, um
2	II	**duo, ae, o**	secundus, a, um
3	III	**trēs, tria**	tertius, a, um
4	IV	quattuor	quārtus, a, um
5	V	quīnque	quīntus, a, um
6	VI	sex	sextus, a, um
7	VII	septem	septimus, a, um
8	VIII	octō	octāvus, a, um
9	IX	novem	nōnus, a, um

154

Lektion 38

10	X	decem	decimus, a, um
11	XI	ūndecim	ūndecimus, a, um
12	XII	duodecim	duodecimus, a, um
13	XIII	trēdecim	tertius decimus, a, um
14	XIV	quattuordecim	quartus decimus, a, um
15	XV	quīndecim	quīntus decimus, a, um
16	XVI	sēdecim	sextus decimus, a, um
17	XVII	septendecim	septimus decimus, a, um
18	XVIII	duodēvīgintī	duodēvīcēsimus, a, um
19	XIX	ūndēvīgintī	ūndēvīcēsimus, a, um
20	XX	vīgintī	vīcēsimus, a, um
30	XXX	trīgintā	trīcēsimus, a, um
100	C	centum	centēsimus, a, um
200	CC	ducentī, ae, a	ducentēsimus, a, um
1000	M	mīlle	mīllēsimus, a, um

3.2 Deklination der Ordnungszahlen

Die Ordnungszahlen werden wie Adjektive der a- und o-Deklination dekliniert (vgl. Lektion 7, F 2).

3.3 Deklination der Grundzahlen

Von den Grundzahlen werden nur 1, 2 und 3 sowie die Hunderterzahlen ab 200 (200, 300, 400 usw.) und der Plural von mīlle (1000) dekliniert. Alle übrigen Grundzahlen werden nicht dekliniert.

ūnus (eins), duo (zwei) und trēs (drei) werden folgendermaßen dekliniert:

	m.	f.	n.	m.	f.	n.
Nom.	ūnus	ūna	ūnum	duo	duae	duo
Gen.	ūnīus	ūnīus	ūnīus	duōrum	duārum	duōrum
Dat.	ūnī	ūnī	ūnī	duōbus	duābus	duōbus
Akk.	ūnum	ūnam	ūnum	duo/duōs	duās	duo
Abl.	ūnō	ūnā	ūnō	duōbus	duābus	duōbus

155

Lektion 38

	m.	f.	n.	n.
Nom.	trēs	trēs	tria	mīlia
Gen.	trium	trium	trium	mīlium
Dat.	tribus	tribus	tribus	mīlibus
Akk.	trēs	trēs	tria	mīlia
Abl.	tribus	tribus	tribus	mīlibus

Der Plural von mīlle lautet mīlia, z. B.: duo mīlia (2000).

Die Hunderterzahlen werden wie Adjektive der a- und o-Deklination im Plural dekliniert; z. B.: ducentī, ae, a (200).

3.4 Lerntipps für die Grundzahlen
- Zahlen mit 8 oder 9 als Einern werden gebildet, indem man von den nächsthöheren Zehnern 1 oder 2 abzieht, z. B.: **duo-dē-vīgintī** („zwei weg von zwanzig"): 18; **ūn-dē-vīgintī** („eins weg von zwanzig"): 19, **vīgintī**: 20.
- Zehnerzahlen enden auf **-gintī** oder **-gintā**; z. B. vīgintī (20), trīgintā (30).
- Hunderterzahlen enden auf **-centī, ae, a** oder **-gentī, ae, a**; z. B. ducentī (200), quadringentī (400).

Vokabeln

sentenia – dēmōnstrāre – vērus – mōns – ambulāre – fortis – comes – vester – plūs – praeda

• reperīre, reperiō, repperī, repertum	finden	
ipse, ipsa, ipsum	selbst	
*versus, versūs m.	der Vers, die Zeile	Vers; E. verse
• vertere, vertō, vertī, versum	wenden, drehen	Version
*prūdēns, prūdentis	klug, verständig	I. prudente
*docēre, doceō, docuī, doctum	lehren, unterweisen	Dozent, Doktor
*liber, librī m.	das Buch	Libretto; I. libro
amīcitia, ae f.	die Freundschaft	amare; I. l'amicizia
leō, leōnis m.	der Löwe	E. lion; I. il leone

Lektion 38

animal, animālis n., Abl. Sg.: animālī; Nom./Akk. Pl.: animālia, Gen. Pl.: animālium	das Tier, das Lebewesen	animus; E. animal; I. l'animale
silva, ae f.	der Wald	I./S. la selva
valēre, valeō, valuī	stark sein, mächtig sein, gelten	Valenz; E. value
iste, ista, istud	dieser (da)	is, ea, id
• capere, capiō, cēpī, captum	fassen, ergreifen, erobern	kapieren; E. catch; I. capire
*dīvidere, dīvidō, dīvīsī, dīvīsum	trennen, teilen, verteilen	dividieren; E. divide
*pars, partis f.	der Teil	Partei; I. la parte
• facere, faciō, fēcī, factum	machen, tun	Fazit, Faktum; F. faire; I. fare
• tangere, tangō, tetigī, tactum	berühren	Tangente, Kontakt
• interficere, interficiō, interfēcī, interfectum	töten	facere
*improbus, a, um	schlecht, dreist, unständig	I./S. improbo
• auferre, auferō, abstulī, ablātum	wegtragen, wegbringen	Ablativ

amīcum mōrēs docēre	den Freund das richtige Verhalten lehren, den Freund im richtigen Verhalten unterweisen
partēs facere	etwas (auf)teilen
plūs valēre	stärker sein, mächtiger sein (als jemand)

Stammformen zur Wiederholung

1	*capere, capiō, cēpī captum*	*fassen, ergreifen, erobern*
2	accipere, accipiō, accēpī, acceptum	annehmen, aufnehmen
3	*facere, faciō, fēcī, factum*	*machen, tun; machen zu*
4	*interficere, interficiō, interfēcī, interfectum*	töten
5	afficere, afficiō, affēcī, affectum	(mit etwas) versehen, behandeln
6	cōnficere, cōnficiō, cōnfēcī, cōnfectum	zustande bringen, vollenden, aufreiben
7	ferre, ferō, tulī, lātum	tragen, bringen, ertragen; berichten
8	affere, afferō, attulī, allātum	herbeitragen, hinzufügen

Lektion 38

9	*auferre, auferō, abstulī, ablātum*	wegtragen, wegbringen
10	*dēferre, dēferō, dētulī, dēlātum*	hinabtragen, hinabbringen; darbieten
11	*īnferre, īnferō, intulī, illātum*	hineintragen
12	*offerre, offerō, obtulī, oblātum*	entgegenbringen, anbieten
13	*praeferre, praeferō, praetulī, praelātum*	vorziehen, lieber mögen (als etwas)
14	*referre, referō, rettulī, relātum*	zurückbringen, berichten
15	*trānsferre, trānsferō, trānstulī, trānslātum*	hinüberbringen

Lektion 39

Grammatik

1. Das Partizip Perfekt Passiv (PPP)

Die Bildung des Partizip Perfekt Passiv (PPP) hast du schon in Lektion 37, F 1.1 kennengelernt: Das PPP wird durch das Kennzeichen **-tus, -ta, -tum** oder **-sus, -sa, -sum** gebildet und wie ein Adjektiv der a- und o-Deklination dekliniert.

2. Das Partizip Perfekt Passiv (PPP) als Participium coniunctum

2.1 Das Partizip Perfekt Passiv (PPP) richtet sich in Kasus, Numerus und Genus nach seinem Bezugswort: prīnceps perterritus, aedificia dēlēta, Chrīstiānī comprehēnsī.
Wenn das Partizip durch zusätzliche Angaben näher bestimmt wird, stehen diese häufig zwischen dem Bezugswort und dem Partizip (sog. geschlossene Wortstellung):
virī poenīs affectī, aedificia incendiō dēlēta, mōrēs ā māiōribus nostrīs trāditī

Lektion 39

2.2 Die Verwendung des PPP als Participium coniunctum (P.c.)

Das über KNG-Kongruenz mit seinem Bezugswort verbundene Partizip wird als **Participium coniunctum** (P.c.) bezeichnet. Das P.c., eine typische lateinische Konstruktion, kann adverbial oder attributiv verstanden werden:

a) Das P.c. kann die Satzfunktion eines **Attributs** übernehmen (selten):

  Imperātor Nerō **aedificia dēlēta** spectat.   Kaiser Nero betrachtet die zerstörten Gebäude.

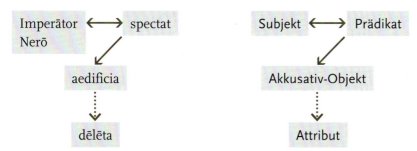

Das PPP als Attribut kann übersetzt werden:
- **wörtlich**: Kaiser Nero betrachtet die **zerstörten** Gebäude.
- mit einem **Relativsatz**: Kaiser Nero betrachtet die Gebäude, **die** zerstört worden sind.

b) Meist übernimmt aber das P.c. die Satzgliedfunktion eines **Adverbiale**:

  Prīnceps rūmōre **perterritus** Christiānōs accūsāvit.   Weil der Kaiser über das Gerücht sehr erschreckt (worden) war, klagte er die Christen an.

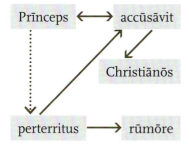 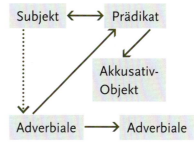

2.3 Das P.c. als Adverbiale bestimmt inhaltlich die Aussage des Satzes näher. Die Wiedergabe im Deutschen kann daher durch einen **adverbialen Gliedsatz** erfolgen. Je nach inhaltlichem Zusammenhang sind bei der Übersetzung eine oder mehrere Sinnrichtungen möglich:

a) **temporaler Sinn:**
  Nachdem/als der Kaiser über das Gerücht sehr erschreckt war, klagte er die Christen an.

b) **kausaler Sinn**
  Weil der Kaiser über das Gerücht sehr erschreckt war, klagte er die Christen an.

159

Lektion 39

c) konzessiver Sinn

Christiānī ā Nerōne incendiī accūsātī tamen urbem nōn incenderant.	Obwohl die Christen von Nero wegen Brandstiftung angeklagt worden waren, hatten sie die Stadt nicht angezündet.

2.4 Das PPP drückt fast immer die **Vorzeitigkeit** zur übergeordneten Verbaussage aus. Dieses **Zeitverhältnis** ist bei der Übersetzung stets zu beachten:

Prīnceps rūmōre perterritus Christiānōs accūsat.	Weil der Kaiser über das Gerücht sehr erschreckt (worden) **ist, klagt** er die Christen an.
Princeps rumore perterritus Christianos accūsāvit.	Weil der Kaiser über das Gerücht sehr erschreckt (worden) **war, klagte** er die Christen an.

2.5 Da das P.c. als Attribut und als Adverbiale mit einem Nebensatz übersetzt werden kann, gilt auch diese Konstruktion als **satzwertig** (vgl. Lektion 19, S 2.1). In Lektion 41 wirst du noch weitere Möglichkeiten kennenlernen, ein P.c. elegant zu übersetzen.

Vokabeln

ingēns – multitūdō – appellāre – nūper – īnfēstus – mōs – māiōrēs – interesse – fugere		
• audīre, audiō, audīvī, audītum	hören	Audiokassette, Auditorium
*iussū (Abl.)	auf Befehl	iubēre
• caedere, caedō, cecīdī, caesum	fällen, niederhauen, töten	occīdere
*poena, ae f.	die Strafe; Buße	E. pain; F. la peine; I. la pena
*crūdēlis, crūdēle	grausam	E. cruel; F. cruel; I. crudele;
probāre	billigen, für gut befinden; prüfen; beweisen	probieren; E. proof; F. (é)prouver; I. la prova; S. la prueba
trādere, trādō, trādidī, trāditum	überliefern; übergeben	Tradition; E. tradition; I. tradire
• neglegere, neglegō, neglēxī, neglectum	vernachlässigen, unbeachtet lassen	intellegere; E. to neglect; F. négliger;
sacrum, ī n.	das Opfer; das Heiligtum	sacer, sacrificāre; sakral; E. sacred
ōdisse, ōdī	hassen	odium; E. odious; F. odieux
• colere, colō, coluī, cultum	bebauen, pflegen, verehren	kultivieren, Kultur
• convenīre, conveniō, convēnī, conventum	zusammenkommen, jemanden treffen	venire; Konvent; I. convenire

Lektion 39

quasi (Adv.)	gleichsam, (gleich)wie	
canere, canō, cecinī	singen; ertönen	Kantate; E. to chant; F. chanter
*incendere, incendō, incendī, incēnsum	anzünden, entflammen	incendium
equidem	(ich) allerdings, zumindest	
*incendium, ī n.	der Brand, die Feuersbrunst	incendere
*rūmor, rūmōris m.	das Gerücht, Gerede	rumoren; E. rumour; I. il rumore
• dīcere, dīcō, dīxī, dictum	sagen; sprechen	Diktion; F. dire; I. dire; S. decir
• dēlēre, dēleō, dēlēvī, dēlētum	zerstören, vernichten	E. to delete
at	aber	
*crīmen, crīminis n.	die Anklage, der Vorwurf; das Verbrechen	kriminell; E. crime; F. le crime
repetere, repetō, repetīvī, repetītum	wiederholen; zurückfordern	petere; E. to repeat; F. répéter
*supplicium, ī n.	die Todesstrafe; Hinrichtung	F. le supplice; I. il supplizio
• cupere, cupiō, cupīvī, cupītum	wünschen, begehren	
• quaerere, quaerō, quaesīvī, quaesītum	suchen; fragen	E. to query; question
*comprehendere, comprehendō, comprehendī, comprehēnsum	erfassen, ergreifen, verhaften; begreifen	E. to comprehend; F. comprendre; I. comprendere; S. comprender

sacra facere	Opfer darbringen, opfern
crīminī dare	(jemandem) etwas zum Vorwurf machen
suppliciō afficere	(jemanden) hinrichten, mit dem Tode bestrafen
incendiī accūsāre	(jemanden) wegen Brandstiftung anklagen

Stammformen zur Wiederholung

1	convenīre, conveniō, convēnī, conventum	zusammenkommen, jemanden treffen
2	venīre, veniō, vēnī, ventum	kommen
3	invenīre, inveniō, invēnī, inventum	finden, erfinden
4	pervenīre, perveniō, pervēnī, perventum	ankommen, (wohin) gelangen
5	caedere, caedō, cecīdī, caesum	fällen, niederhauen, töten

Lektion 39

6	occīdere, occīdō, occīdī, occīsum	niederhauen, töten
7	*neglegere, neglegō, neglēxī, neglēctum*	*vernachlässigen, unbeachtet lassen*
8	intellegere, intellegō, intellēxī, intellēctum	erkennen, begreifen
9	*trādere, trādō, trādidī, trāditum*	*überliefern; übergeben*
10	addere, addō, addidī, additum	hinzufügen, ergänzen
11	condere, condō, condidī, conditum	gründen, erbauen; aufbewahren, verbergen
12	crēdere, crēdō, crēdidī, crēditum	glauben, (an)vertrauen
13	perdere, perdō, perdidī, perditum	verderben, zugrunde richten; verlieren
14	reddere, reddō, reddidī, redditum	zurückgeben, machen zu
15	vendere, vendō, vendidī, venditum	verkaufen

Lektion 40

Grammatik

1. Die Konjugation des Verbs im Konjunktiv Passiv (Präsensstamm)

1.1 Im Präsensstamm sind die **Personalendungen** der Formen im Konjunktiv Passiv dieselben wie bei den Formen des Indikativ Passiv (vgl. Lektion 36, F 1). Die **Moduszeichen** entsprechen denen des Konjunktivs Aktiv (vgl. Lektion 30, F 1; Lektion 27, F 1).

1.2 Die Formen des Konjunktiv Präsens:

		a-Konjugation	e-Konjugation	i-Konjugation	kons. Konjugation	
Sg.	1. P.	lauder	monear	audiar	regar	capiar
	2. P.	laudēris	moneāris	audiāris	regāris	capiāris
	3. P.	laudētur	moneātur	audiātur	regātur	capiātur

162

Lektion 40

Pl.	**1. P.**	laudēmur	moneāmur	audiāmur	regāmur	capiāmur
	2. P.	laudēminī	moneāminī	audiāminī	regāminī	capiāminī
	3. P.	laudentur	moneantur	audiantur	regantur	capiantur

1.3 Die Formen des Konjunktiv Imperfekt:

		a-Konjugation	e-Konjugation	i-Konjugation	kons. Konjugation	
Sg.	**1. P.**	laudārer	monērer	audīrer	regerer	caperer
	2. P.	laudārēris	monērēris	audīrēris	regerēris	caperēris
	3. P.	laudārētur	monērētur	audīrētur	regerētur	caperētur
Pl.	**1. P.**	laudārēmur	monērēmur	audīrēmur	regerēmur	caperēmur
	2. P.	laudārēminī	monērēminī	audīrēminī	regerēminī	caperēminī
	3. P.	laudārentur	monērentur	audīrentur	regerentur	caperentur

2. Die Konjugation des Verbs im Konjunktiv Passiv (Perfektstamm)

2.1 Die konjunktivischen Formen des Perfektstammes im Passiv werden gebildet aus dem Partizip Perfekt Passiv (PPP) und den Formen von esse im Konjunktiv (vgl. Lektion 37, F 2.1–2.2; Lektion 30, F 1.3; Lektion 27, F 1).

2.2 Die Formen des Konjunktiv Perfekt und Plusquamperfekt Passiv

		Konjunktiv Perfekt Passiv	Konjunktiv Plusquamperfekt Passiv
Sg.	**1. P.**	laudātus, a, um sim	laudātus, a, um essem
	2. P.	laudātus, a, um sīs	laudātus, a, um essēs
	3. P.	laudātus, a, um sit	laudātus, a, um esset
Pl.	**1. P.**	laudātī, ae, a sīmus	laudātī, ae, a essēmus
	2. P.	laudātī, ae, a sītis	laudātī, ae, a essētis
	3. P.	laudātī, ae, a sint	laudātī, ae, a essent

163

Lektion 40

3. Finalsätze

3.1 Finalsätze stehen im Lateinischen wie abhängige Begehrsätze im Konjunktiv. Sie werden eingeleitet mit **ut** (damit; um ... zu m. Inf.) oder, falls verneint, mit **nē** (damit nicht, um nicht ... zu m. Inf.). Finalsätze drücken einen **Zweck** oder eine **Absicht** aus.

Maxentius sē in urbem recēperat, **ut** intrā moenia impetūs Cōnstantīnī arcēret.	Maxentius hatte sich in die Stadt zurückgezogen, **um** innerhalb der Mauern die Angriffe Konstantins abzuwehren.
Maxentius ad pontem Mulvium fūgit, **nē** ab hostibus occīderētur.	Maxentius floh zur Milvischen Brücke, **damit** er **nicht** von den Feinden getötet werde/wurde.

3.2 Finalsätze haben im Lateinischen die Satzgliedfunktion eines Adverbiale:

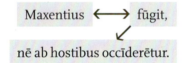

4. Konsekutivsätze

4.1 Auch Konsekutivsätze stehen im Lateinischen mit dem Konjunktiv. Sie werden eingeleitet mit **ut** (dass; sodass) oder, falls verneint, mit **ut non** (dass nicht, sodass nicht). Konsekutivsätze drücken eine **Folge** aus. Sie stehen häufig nach Wörtern, die im übergeordneten Satz das Ausmaß eines Vorgangs oder einer Eigenschaft ausdrücken, welches eine genannte Folge nach sich zieht, z. B.: ita: so (... dass); tantus, a, um: so groß (... dass).

Mīlitēs **tantā** fortitūdine pūgnāvērunt, **ut** hostēs vincerent.	Die Soldaten kämpften mit so großer Tapferkeit, dass sie die Feinde besiegten.

4.2 Auch Konsekutivsätze haben die Satzgliedfunktion eines Adverbiale:

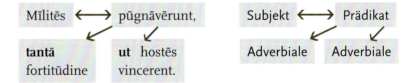

5. Explikativsätze

Explikativsätze sind Erläuterungssätze. Nach bestimmten unpersönlichen Ausdrücken wie accidit (es ereignet sich), contingit (es glückt), multum abest (es fehlt viel daran), füllt der mit ut (und Konjunktiv) eingeleitete Gliedsatz den unpersönlichen Ausdruck mit Inhalt. Explikativsätze haben meist die Satzfunkton eines Subjekts.

Lektion 40

Vokabeln

scrībere – facere – scīre – quōmodo – bellum gerere – arcēre – castra – impetus – exercitus – vōx		
•petere, petō, petīvī, petītum	erstreben, (er)bitten; eilen, angreifen	Petition
ut (mit Konjunktiv)	dass; damit; sodass	
*accidere, accidit, accidit	geschehen, sich ereignen	E. accident; F. accident
•comperīre, comperiō, comperī, compertum	erfahren	
•gerere, gerō, gessī, gestum	ausführen, führen, tragen	Geste, gestikulieren
*expellere, expellō, expulī, expulsum	vertreiben, verbannen	E. to expel; F. expulser; I. espellere; S. expulsar
*recipere, recipiō, recēpī, receptum	zurücknehmen, aufnehmen, wiedergewinnen	capere; Rezeption; E. to receive F. recevoir; I. ricevere
*sē recipere	sich zurückziehen	
intrā (Präp. mit Akk.)	innerhalb (von)	intrāre; intravenös; I. entro
*moenia, moenium n.	die (Stadt-)Mauern	
*collocāre	aufstellen, errichten	I. collocare; S. collocar
*contingere, contingit, contigit	gelingen, zuteil werden	
*dīvīnus, a, um	göttlich	E. divine; F. divin; I. divino
•monēre, moneō, monuī, monitum	mahnen, ermahnen, erinnern	
scūtum, ī n.	der Schild	
cūrāre	besorgen, sorgen für	cūra; kurieren; E. to cure
cōnfīrmāre	stärken, (be)festigen; (fest) versichern	Konfirmation; E. to confirm
aciēs, aciēī f.	Schlacht(reihe); Schärfe	ācer
īnstruere, īnstruō, īnstrūxī, īnstrūctum	aufstellen; ausrüsten; unterrichten	Instruktion; E. to instruct; F. instruire; I. istruire
•vincere, vincō, vīcī, victum	(be)siegen, übertreffen	victōria; F. vaincre; I. vincere
premere, premō, pressī, pressum	(unter)drücken, bedrängen	Presse, Depression; E. to press; F. presser; I. premere

castra collocāre — ein Lager aufstellen, errichten
proelium committere — eine Schlacht beginnen
aciem īnstruere — eine Schlachtreihe aufstellen

165

Lektion 40

Stammformen zur Wiederholung

1	habēre, habeō, habuī, habitum	haben, halten; mit dopp. Akk.: (jemanden) halten für
2	adhibēre, adhibeō, adhibuī, adhibitum	anwenden, hinzuziehen
3	prohibēre, prohibeō, prohibuī, prohibitum	(etwas von jemandem) abhalten, (jemanden an etwas) hindern
4	dēbēre, dēbeō, dēbuī, dēbitum	müssen
5	*monēre, moneō, monuī, monitum*	*ermahnen, erinnern*
6	obtinēre, obtineō, obtinuī, obtentum	besitzen, verwalten
7	impedīre, impediō, impedīvī, impedītum	hindern, verhindern
8	aperīre, aperiō, aperuī, apertum	öffnen, aufdecken
9	sentīre, sentiō, sēnsī, sēnsum	fühlen, meinen
10	*comperīre, comperiō, comperī, compertum*	*erfahren*
11	*petere, petō, petīvī, petītum*	*erstreben, (er)bitten, eilen; angreifen*
12	*gerere, gerō, gessī, gestum*	*tragen, ausführen*
13	*vincere, vincō, vīcī, victum*	*siegen, besiegen*

Lektion 41

Grammatik

1. Das Partizip Präsens Aktiv (PPA)

1.1 Die Deklination des PPA

	Singular		Plural	
Nom.	laudāns	laudāns	laudantēs	laudantia
Gen.	laudantis		laudantium	
Dat.	laudantī		laudantibus	
Akk.	laudantem	laudāns	laudantēs	laudantia
Abl.	laudante		laudantibus	

Die übrigen Konjugationsklassen bilden das PPA entsprechend:

monēre	audīre	regere	capere
monēns, monentis	audiēns, audientis	regēns, regentis	capiēns, capientis

1.2 Das PPA bildet man aus dem Präsensstamm, dem Kennzeichen **-nt-** und den Endungen der Adjektive der 3. Deklination (vgl. Lektion 20, F 2.2; Lektion 22, F 2.3). Achtung: Im Ablativ Singular endet das PPA auf **-e**!

2. Das Partizip Präsens Aktiv (PPA) als Participium coniunctum (P.c.)

2.1 Wie beim PPP (Vgl. Lektion 39, S 2.1) gelten KNG-Kongruenz und die sog. geschlossene Wortstellung auch für das Participium coniunctum mit PPA.

2.2 Wie das PPP kann das PPA als Participium coniunctum folgende Funktionen im Satz übernehmen:
a) **Attribut** (selten):
Rōmānī impetū Eburōnum māgnā virtūte pūgnantium perterritī sunt.   Die Römer wurden von dem Angriff der Eburonen, **die** mit großer Tapferkeit kämpften, sehr erschreckt.

Lektion 41

b) **Adverbiale** (meist):

Eburōnēs impetum in mīlitēs Rōmānōs castra relinquentēs fēcērunt.	Die Eburonen griffen die römischen Soldaten an, **als** sie ihr Lager verließen.

2.3 Das logische Verhältnis zwischen dem P.c. als Adverbiale und dem restlichen Satz ergibt sich aus dem inhaltlichen Zusammenhang (vgl. Lektion 39, S 2.3):

Eburōnēs impetum in mīlitēs Rōmānōs castra relinquentēs fēcērunt.	Die Eburonen griffen die römischen Soldaten an, **als** sie ihr Lager verließen. (**temporale** Sinnrichtung)
Gallī plūrima tēla in ōrdinēs Rōmānōrum conicientēs multōs mīlitēs occidērunt.	**Indem** die Gallier zahlreiche Speere in die Reihen der Römer schleuderten, töteten sie viele Soldaten. (**modale** Sinnrichtung)

2.4 Das PPA drückt die **Gleichzeitigkeit** zur übergeordneten Verbaussage aus.

2.5 Da auch das Participium coniunctum mit PPA in seiner Funktion als Attribut mit einem Relativsatz oder in seiner Funktion als Adverbiale mit einem Adverbialsatz übersetzt wird, ist es eine **satzwertige Konstruktion** (vgl. Lektion 39, S 2.5).

2.6 Neben der Übersetzung durch Unterordnung (vgl. Lektion 39, F 2.3) gibt es für das Participium coniunctum mit PPP und PPA noch weitere Möglichkeiten: die **Beiordnung** und den **Präpositionalausdruck**. Die folgende Tabelle gibt einen Überblick über die verschiedenen Übersetzungsmöglichkeiten:

Sinnrichtung	Frage	Unterordnung	Beiordnung	Präpositional-ausdruck
temporal	Wann?	während; als; nachdem	und dabei; und danach	während; nach
kausal	Warum?	weil; da	und deshalb; und daher	wegen
konditional	Unter welcher Bedingung?	wenn, falls	und in dem Fall	im Falle
konzessiv	Trotz welchen Umstandes?	obwohl	aber dennoch; aber trotzdem	trotz
modal	Wie?	indem; dadurch, dass; wobei	und dadurch; und so	mit

Lektion 41

Beispiel für die Übersetzung bei **temporaler** Sinnrichtung:

	Cotta **pugnans** ab hostibus circumventus est.
a) Unterordnung (Adverbialsatz)	**Während/Als** Cotta kämpfte, wurde er von den Feinden umzingelt.
b) Beiordnung	Cotta kämpfte und wurde **dabei** von den Feinden umzingelt.
c) Präpositionalausdruck	**Während** seines Kampfes wurde Cotta von den Feinden umzingelt.

Beispiel für die Übersetzung bei **konzessiver** Sinnrichtung:

	Cotta magna virtute **pugnans tamen** ab hostibus interfectus est.
a) Unterordnung (Adverbialsatz)	**Obwohl** Cotta mit großer Tapferkeit kämpfte, wurde er trotzdem von den Feinden getötet.
b) Beiordnung	Cotta kämpfte mit großer Tapferkeit, wurde **aber trotzdem** von den Feinden getötet.
c) Präpositionalausdruck	**Trotz** seines tapferen Kampfes wurde Cotta von den Feinden getötet.

Vokabeln

īnsidiae – exspectāre – agmen – ostendere – ante (Adv.) – perterrēre – inīre – excitāre – precēs

*animadvertere, animadvertō, animadvertī, animadversum	wahrnehmen, bemerken	animus; vertere
adventus, adventūs m.	die Ankunft	venīre; Advent
dēscendere, dēscendō, dēscendī	herabsteigen	
*undique (adv.)	von allen Seiten, überall	
demum (Adv.)	endlich; erst	
prōvidēre, prōvideō, prōvīdī, prōvīsum	vorhersehen; Vorsorge treffen	vidēre; Provision; E. to provide
*cohors, cohortis f.	die Kohorte (10. Teil einer Legion)	Kohorte
*incipere, incipiō, coepī, inceptum	anfangen, beginnen	capere

169

Lektion 41

•contendere, contendō, contendī, contentum	sich anstrengen; eilen; kämpfen	E. to contend
*conicere, coniciō, coniēcī, coniectum	schleudern, werfen; vermuten	
urgēre, urgeō, ursī	bedrängen	E. urgent; F. urgent
*parcere, parcō, pepercī (m. Dat.)	(jemanden) (ver)schonen; (etw.) sparen	
•respondēre, respondeō, respondī, respōnsum	antworten, erwidern	Korrespondenz; E. to respond; F. répondre
sermō, sermōnis m.	die Unterhaltung, das Gespräch	E. sermon; F. le sermon
abicere, abiciō, abiēcī, abiectum	wegwerfen, niederlegen	conicere
•trahere, trahō, trāxī, tractum	ziehen, schleppen	Traktor
*circumvenīre, circumveniō, circumvēnī, circumventum	umzingeln; umgeben	venīre
*ōrdō, ōrdinis m.	die Reihe, Ordnung, der Stand	Orden; E. order; F. l'ordre, I. l'ordine
occāsiō, occāsiōnis f.	die Gelegenheit	E. occasion; F. l'occasion; I. l'occasione

hostibus parcere	die Feinde verschonen
sermōnem cum amīcō habēre	ein Gespräch mit dem Freund führen, sich mit dem Freund unterhalten
sermōnem trahere	ein Gespräch in die Länge ziehen

Stammformen zur Wiederholung

1	complēre, compleō, complēvī, complētum	anfüllen, erfüllen, vollenden
2	flēre, fleō, flēvī, flētum	weinen, beweinen
3	augēre, augeō, auxī, auctum	vermehren, vergrößern, fördern
4	rīdēre, rīdeō, rīsī, rīsum	(über etwas) lachen
5	vidēre, videō, vīdī, vīsum	sehen
6	arcessere, arcessō, arcessīvī, arcessītum	(jemanden) herbeiholen, herbeikommen lassen
7	dēcernere, dēcernō, dēcrēvī, dēcrētum	entscheiden, beschließen

Lektion 41

8	lacessere, lacessō, lacessīvī, lacessītum	reizen, herausfordern
9	pōnere, pōnō, posuī, positum	setzen, stellen, legen
10	dēpōnere, dēpōnō, dēposuī, dēpositum	niederlegen, aufgeben
11	expōnere, expōnō, exposuī, expositum	aussetzen, ausstellen

Lektion 42

Grammatik

1. Die Bildung von Adverbien aus Adjektiven

1.1 Neben Wörtern, die von sich aus zur Wortart Adverb gehören (z. B. diū, saepe), können Adverbien auch von Adjektiven gebildet werden. Diese Adverbien erkennt man an ihrer Form:
  a) Bei den Adjektiven der **a- und o-Deklination** wird an den Wortstock die Endung **-ē** gesetzt (callidus → callidē).
  b) Bei den Adjektiven der **3. Deklination** wird an den Wortstock die Endung **-iter** angefügt (fortis → fortiter). Adjektive, deren Stamm auf **-nt-** endet, erhalten die Endung **-er** (vehemēns → vehementer).

1.2 Die Übersicht:

a-/o-Deklination		3. Deklination	
Adjektiv	**Adverb**	**Adjektiv**	**Adverb**
molestus, a, um	molestē	brevis, breve	breviter
miser, misera, miserum	miserē	ācer, ācris, ācre	ācriter
pulcher, pulchra, pulchrum	pulchrē	prūdēns, prūdentis	prūdenter

1.3 Die Adverbien der folgenden Adjektive stellen eine **Ausnahme** dar:
  bonus → bene; rārus → rārō; facilis → facile

171

Lektion 42

2. Das Adverb

Das Adverb hat als Adverbiale die Funktion, Verbalaussagen z. B. nach Ort, Zeit oder Art und Weise näher zu bestimmen (vgl. Lektion 1, S 3):

Caesar Helvētiōs **celeriter** oppressit.   Caesar überfiel die Helvetier **schnell**.

3. Adjektive und Substantive als Prädikativum

3.1 Manche lateinischen Adjektive, die in KNG-Kongruenz zu ihrem Bezugswort stehen, können weder als Prädikatsnomen noch als Attribut verstanden werden. Sie machen stattdessen eine zusätzliche Aussage über ihr Bezugswort und werden daher als **Prädikativum** bezeichnet:

Mīlitēs incolumēs in castra rediērunt.   Die Soldaten kehrten ins Lager zurück und dabei waren sie unverletzt.

zusätzliche Aussage über das Bezugswort

→ Die Soldaten kehrten **unverletzt** ins Lager zurück.

3.2 Bei den Adjektiven, die als Prädikativa verwendet werden, handelt es sich vor allem um solche, die einen körperlichen oder seelischen Zustand, eine Reihenfolge oder eine Mengenangabe bezeichnen:

Caesar **prīmus** omnium imperātōrum Rōmānōrum Rhēnum trānsiit.   Caesar überschritt **als erster** von allen römischen Feldherren den Rhein.

3.3 Als substantivische Prädikativa werden Begriffe verwendet, die ein Lebensalter oder ein Amt bezeichnen:

Vārus **imperātor** trium legiōnum cecidit.   Varus fiel **als Feldherr** von drei Legionen.

3.4 Das Prädikativum kannst du im Deutschen oft mit dem Wort „als" übersetzen.

Vokabeln

vincere – animadvertere – aciēs – sē recipere – arcēre – īnstāre – putāre – dubitāre – subicere – parēre

*loca, ōrum n.	die Orte; die Gegend	locus
incolumis, incolume	wohlbehalten, unverletzt	

Lektion 42

*palūs, palūdis f.	der Sumpf	
modo ... modo (Adv.)	bald ... bald	
*dēficere, dēficiō, dēfēcī, dēfectum	abnehmen, fehlen; abfallen	facere; Defizit, Defekt
*caedēs, caedis f.	das Morden, das Blutbad	caedere
salvus, a, um	gesund, wohlbehalten, unverletzt	F. sauf, sauve
*effugere, effugiō, effūgī	entfliehen, entkommen	fugere
•cōgnōscere, cōgnōscō, cōgnōvī, cōgnitum	kennenlernen, erkennen	kognitiv
facilis, facile	leicht, mühelos	F. facile
*dēcipere, dēcipiō, dēcēpī, dēceptum	täuschen, betrügen, hintergehen	capere; E. deception
*sēcūrus, a, um	sorglos, unbesorgt	E. security
•subicere, subiciō, subiēcī, subiectum	unterwerfen	Subjekt
turpis, turpe	hässlich, schändlich	
ops, opis f.	die Kraft, Macht	opulent
Pl.: opēs, opum f.	die Streitkräfte, der Reichtum, Einfluss	
tolerāre	ertragen, aushalten	Toleranz
persuādēre, persuādeō, persuāsī, persuāsum (mit Dat.)	(mit ut) überreden, (mit AcI) überzeugen	E. to persuade; F. persuader

*animō dēficere — den Mut sinken lassen, mutlos werden
vim sibi afferre — Selbstmord begehen
*bene facere, quod — gut daran tun, dass
Germānīs persuādēre, ut — die Germanen (dazu) überreden, dass

Stammformen zur Wiederholung

1	ascendere, ascendō, ascendī, ascēnsum	besteigen; hinaufsteigen, emporsteigen
2	cōnstituere, cōnstituō, cōnstituī, cōnstitūtum	festsetzen, beschließen
3	restituere, restituō, restituī, restitūtum	wiederherstellen, zurückgeben
4	dēfendere, dēfendō, dēfendī, dēfēnsum	verteidigen

Lektion 42

5	solvere, solvō, solvī, solūtum	lösen
6	flectere, flectō, flexī, flexum	biegen, beugen, umstimmen
7	iungere, iungō, iūnxī, iūnctum	verbinden, vereinigen
8	lūdere, lūdō, lūsī, lūsum	spielen
9	regere, regō, rēxī, rēctum	lenken, leiten
10	tollere, tollō, sustulī, sublātum	aufheben, erheben, beseitigen

Lektion 43

Grammatik

Der Ablativus absolutus (Ablativ mit Partizip)

1. Der Ablativus absolutus ist die Bezeichnung für eine häufige lateinische **Konstruktion**, die aus einem Nomen im Ablativ und aus einem Partizip im Ablativ besteht. Das Partizip steht zum Nomen in KNG-Kongruenz. Diese Konstruktion ist syntaktisch nicht mit dem restlichen Satz verknüpft und wird daher als „absolut" („losgelöst") bezeichnet.

2. Der Ablativus absolutus ist eine **satzwertige Konstruktion**. Er hat immer die Satzgliedfunktion eines **Adverbiale**.

3. Das Tempus, das für die Übersetzung des Ablativus absolutus gewählt wird, richtet sich nach dem Tempus des Prädikats im restlichen Satz: Da das **PPP** die **Vorzeitigkeit** ausdrückt, muss nach einem Präsens/Futur für den Ablativus absolutus ein Perfekt gewählt werden, nach einem Vergangenheitstempus das Plusquamperfekt.

4.1 Die **Sinnrichtung** des Ablativus absolutus richtet sich dabei nach dem Zusammenhang des Textes. Für die Übersetzung gibt es dieselben Möglichkeiten wie beim Participium coniunctum (vgl. Lektion 41, S 2.6). Es wird empfohlen, den Ablativus absolutus zunächst als eigenständigen Aussagesatz zu übersetzen und ihn dann mit dem restlichen Satz gedanklich zu verbinden:

Lektion 43

Hostibus proeliō victīs Rōmānī veniam nōn dant.

4.2 **1. Schritt**: Übersetzung durch einen Aussagesatz

Hostibus proeliō victīs　　　　Rōmānī veniam nōn dant.
Die Feinde sind in der Schlacht　Die Römer gewähren keine Gnade.
besiegt worden.

2. Schritt: Übersetzung mit Sinnrichtung
a) **Unterordnung (adverbialer Gliedsatz):**
   Nachdem/Weil die Feinde in der Schlacht besiegt sind, gewähren die Römer keine Gnade.
b) **Beiordnung (Hauptsatz) mit logischer Verknüpfung:**
   Die Feinde sind in der Schlacht besiegt worden **und dann/und deswegen** gewähren die Römer keine Gnade.
c) **Präpositionalausdruck:**
   Nach dem Sieg über die Feinde in der Schlacht gewähren die Römer keine Gnade.

Vokabeln

flūmen – rīpa – cōnsistere – oculus – āmittere – accipere – comes – abdūcere – quaerere		
*vulnus, vulneris n.	die Verletzung, die Wunde	
*facultās, facultātis f.	die Fähigkeit; die Möglichkeit	facere; Fakultät
*ōs, ōris n.	der Mund, das Gesicht	Ōstia; oral
respōnsum, ī n.	die Antwort	respondēre; E. response
*praemium, ī n.	die Belohnung, der Preis	Prämie; I. il premio
*mīlitāris, mīlitāre	militärisch, soldatisch	mīles
pretium, ī n.	der Preis, der Wert	Pretiose; E. price; F. le prix
*praedicāre	ausrufen; rühmen, preisen	predigen
dēdere, dēdō, dēdidī, dēditum	übergeben, ausliefern	dare
•dēserere, dēserō, dēseruī, dēsertum	verlassen, im Stich lassen	desertieren

Lektion 43

nēve (nach ut, nē)	und nicht	
prōdere, prōdō, prōdidī, prōditum	überliefern; verraten	dare
ambō, ambae, ambō	beide (zusammen)	
retinēre, retineō, retinuī, retentum	zurückhalten, festhalten	tenere; F. retenir; I. ritenere

sermōnem cum frātre habēre — sich mit dem Bruder unterhalten
facultātem dare — (jemandem) die Möglichkeit geben
sē dēdere — sich ergeben, kapitulieren

Stammformen zur Wiederholung

1	adiuvāre, adiuvō, adiūvī, adiūtum	(jemanden) unterstützen, (jemandem) helfen
2	cōnsulere, cōnsulō, cōnsuluī, cōnsultum	(jemanden) um Rat fragen
3	corrumpere, corrumpō, corrūpī, corruptum	verderben, bestechen
4	dēvincere, dēvincō, dēvīcī, dēvictum	(völlig) besiegen
5	emere, emō, ēmī, emptum	kaufen
6	tendere, tendō, tetendī, tentum	ausstrecken
7	ēripere, ēripiō, ēripuī, ēreptum	entreißen
8	parere, pariō, peperī, partum	hervorbringen, gebären

Lektion 44

Grammatik

1. Der Ablativus absolutus mit PPA

1.1 Wie beim Participium coniunctum (vgl. Lektion 41, S 2.4) drückt das PPA im Ablativus absolutus die **Gleichzeitigkeit** zum Prädikat des Satzes aus.
Das Tempus, das dabei für die Übersetzung des Ablativus absolutus gewählt wird, richtet sich nach dem Tempus des Prädikats im restlichen Satz: Nach

Lektion 44

einem Präsens/Futur muss für den Ablativus absolutus ein Präsens gewählt werden, nach einem Vergangenheitstempus das Präteritum:

Cīvitās nostra nōn iam tūta **erit** lēgiōnibus Rōmānīs redeuntibus.	Unsere Stadt **wird** nicht mehr sicher sein, wenn die römischen Legionen **zurückkehren**.
Mīlitibus Rōmānīs fortiter pūgnantibus Batāvī castra **expūgnāvērunt**.	Die Bataver **eroberten** das Lager, obwohl die römischen Soldaten tapfer **kämpften**.

1.2 Für die Übersetzung gibt es dieselben Möglichkeiten wie beim Ablativus absolutus mit PPP (vgl. Lektion 43, S 4.1 und 4.2).

2. Der nominale Ablativus absolutus

2.1 Der Ablativus absolutus kann auch ohne Partizip nur aus zwei **Nomina**, die aufeinander bezogen sind, gebildet werden (**nominaler Ablativus absolutus**). Der nominale Ablativus absolutus drückt immer die Gleichzeitigkeit aus.

2.2 Der nominale Ablativus absolutus steht besonders nach Nomina, die
   a) eine handelnde Person bezeichnen,
   b) eine Altersangabe machen,
   c) eine Amtsbezeichnung angeben
   d) und nach einigen Adjektiven in KNG-Kongruenz zum Bezugswort.

Merke folgende Wendungen:

a)	Cīvīlī duce:	unter der Führung des Civilis
b)	mē puerō:	in meiner Kindheit
	Caesare adulēscente:	In Cäsars Jugend
c)	Cicerōne cōnsule:	unter dem Konsulat Ciceros
	Catōne praetōre:	während Catos Prätur
	Caesare imperātōre:	unter Cäsar als Feldherrn
d)	salvīs amīcīs:	ohne Schaden für die Freunde

Vokabeln

incendium – nūntiāre – crēdere – īgnis – dīvinus – dēficere – persuadēre – dēvincere – foedus

*prīncipātus, prīncipātūs m.	die erste Stelle, der Vorrang	prīnceps
difficilis, difficile	schwierig, schwer (zu tun)	facilis
*coniūrātiō, coniūrātiōnis f.	die Verschwörung	
*situs, a, um	gelegen, liegend	
prīmō (Adv.)	zuerst	
līber, lībera, līberum	frei	līberāre

Lektion 44

pōstulāre	fordern, verlangen	Postulat
occidere, occidō, occidī	untergehen, umkommen	
sēdēs, sēdis f.	der Platz, Sitz; Wohnsitz	sedēre
*coniungere, coniungō, coniūnxī, coniūnctum	verbinden, vereinigen	iungere, coniūnx; Konjunktion

*novīs rēbus studēre   einen Umsturz vorbereiten; sich um eine Veränderung der bestehenden Verhältnisse bemühen

foedus facere   ein Bündnis schließen

Lektion 45

Grammatik

1. Adjektive der dritten Deklination: dīves, vetus, pauper

1.1 Du kennst bereits die Adjektive der dritten Deklination (vgl. Lektion 20, F 2; Lektion 22, F 2). Einige wenige aus dieser Gruppe von Adjektiven werden wie Substantive der konsonantischen Deklination dekliniert. Sie sind einendig und bilden
den **Ablativ Singular** auf -e,
den **Nominativ und Akkusativ Plural neutrum** auf -a,
und den **Genitiv Plural** auf -um.
Diese Adjektive sind: vetus, veteris: alt; pauper, pauperis: arm; dīves, dīvitis: reich.

1.2 Die Formen

	Singular m./f.	Singular n.	Plural m./f.	Plural n.
Nominativ	vetus	vetus	veterēs	vetera
Genitiv	veteris	veteris	veterum	veterum
Dativ	veterī	veterī	veteribus	veteribus
Akkusativ	veterem	vetus	veterēs	vetera
Ablativ	vetere	vetere	veteribus	veteribus

178

Lektion 45

2. Der genitivus subiectivus und der genitivus obiectivus

2.1 Der genitivus subiectivus/obiectivus steht vor allem bei Substantiven, die eine Verbalaussage enthalten, z. B.: timor → timēre, amor → amāre. In Verbindung mit solchen Substantiven kann der Genitiv die Person bezeichnen, die logisch die Verbalhandlung ausführt (= **genitivus subiectivus**):
Amor patris: die Liebe des Vaters – Frage: Wer liebt? – Der Vater (= Subjekt) liebt.

2.2 Der Genitiv kann aber auch die Person bezeichnen, welche logisch von der Verbalhandlung betroffen ist (= **genitivus obiectivus**):
Amor patriae: die Liebe zum Vaterland – Frage: Wen liebt jemand? – Jemand liebt das Vaterland (= Objekt).

2.3 In beiden Fällen hat der Genitiv die Funktion eines Attributs. Welcher der beiden Genitive vorliegt, ergibt sich aus der kombinierten Bedeutung der beiden Substantive oder aus dem Kontext:
timor mortis: die Furcht **vor** dem Tod, die Todesfurcht, aber nicht: die Furcht des Todes;
timor Rōmānōrum: die Furcht **der** Römer, oder, je nach Kontext: die Furcht **vor** den Römern.

3. Der Genitiv der Beschaffenheit (genitivus qualitatis)

Ähnlich wie der ablativus qualitatis (vgl. Lektion 32, S 2) gibt der genitivus qualitatis die Beschaffenheit oder Eigenschaft seines Bezugswort an. Dabei kann er die Funktion eines **Attributs** und – in Verbindung mit einer Form von esse – die eines **Prädikatsnomens** übernehmen. Auch nach dem genitivus qualitatis fragt man: **Von welcher Art? Wie beschaffen?**

Calgācus, vir māgnae virtūtis, ōrātiōnem habuit.	Calgacus, ein Mann von großer Tapferkeit/ein sehr tapferer Mann, hielt eine Rede.
Calgācus māgnae virtūtis fuit.	Calgacus war von großer Tapferkeit/ war sehr tapfer.

In den meisten Fällen kannst du den genitivus qualitatis erst mit „von ..." übersetzen, bevor du im Deutschen dann eine elegante Übersetzung mit einem Adjektiv wählst.

Lektion 45

Vokabeln

virtūs – multitūdō – pōscere – proelium – occupāre – superbia – effugere – subicere – licentia – auferre

*genus, generis n.	die Abstammung, Art; das Geschlecht	gēns; generell; F. le genre; I. il genere
*praestāre, praestō, praestitī (mit Dat.)	(jemanden) übertreffen	I. prestare; S. prestar
apud (mit Akk.)	bei; vor (jemandem)	
cupidus, a, um (mit Gen.)	(be)gierig (nach etwas)	cupere; F. cupide; I. cupido
initium, ī n.	der Anfang, Beginn	inīre; Initiative
orbis, orbis m.	der Kreis, Kreislauf	Orbit; E. orbit; F. l'orbite
orbis terrārum	der Erdkreis, die Welt	
*avāritia, ae f.	die Habgier, der Geiz	E. avarice; F. l'avarice; I. l'avarizia
*possidēre, possideō, possēdī, possessum	besitzen	Possessiv-Pronomen
*dīves, dīvitis	reich	dīvitiae
*pauper, pauperis	arm	E. poor; F. pauvre; I. povero
rapere, rapiō, rapuī, raptum	an sich reißen, rauben	raptāre; I. rapire; S. raptar
falsus, a, um	falsch	fallere; E. false; F. faux; I. falso
*reprehendere, reprehendō, reprehendī, reprehēnsum	zurückhalten; kritisieren, tadeln	E. to reprehend; F. reprendre; I. riprendere
īgnārus, a, um (mit Gen.)	ohne Kenntnis (von etwas), unwissend (in etwas)	īgnōrāre; ignorant; E. ignorant; F. ignare
vetus, veteris	alt	Veteran
memor, memoris (mit Gen.)	sich erinnernd, in Erinnerung (an etwas)	commemorāre; Memory
posterī, posterōrum m.	die Nachkommen	post, postrēmō

omnibus virtūte praestāre	alle an Tapferkeit übertreffen
cupidus proeliī	kampfeswütig
īgnārus terrae	ohne Kenntnis des Landes
Este memorēs māiōrum!	Denkt an eure Vorfahren!

Formenlehre

1. Verben

1.1 Indikativ Aktiv

Präsensstamm

Präsens

		a-Konjugation	e-Konjugation	i-Konjugation	kons. Konjugation	
Infinitiv		laudāre	monēre	audīre	regere	capere
Sg.	1. P.	laudō	moneō	audiō	regō	capiō
	2. P.	laudās	monēs	audīs	regis	capis
	3. P.	laudat	monet	audit	regit	capit
Pl.	1. P.	laudāmus	monēmus	audīmus	regimus	capimus
	2. P.	laudātis	monētis	audītis	regitis	capitis
	3. P.	laudant	monent	audiunt	regunt	capiunt

Imperfekt

		a-Konjugation	e-Konjugation	i-Konjugation	kons. Konjugation	
Sg.	1. P.	laudābam	monēbam	audiēbam	regēbam	capiēbam
	2. P.	laudābās	monēbās	audiēbās	regēbās	capiēbās
	3. P.	laudābat	monēbat	audiēbat	regēbat	capiēbat
Pl.	1. P.	laudābāmus	monēbāmus	audiēbāmus	regēbāmus	capiēbāmus
	2. P.	laudābātis	monēbātis	audiēbātis	regēbātis	capiēbātis
	3. P.	laudābant	monēbant	audiēbant	regēbant	capiēbant

Futur

		a-Konjugation	e-Konjugation	i-Konjugation	kons. Konjugation	
Sg.	1. P.	laudābō	monēbō	audiam	regam	capiam
	2. P.	laudābis	monēbis	audiēs	regēs	capiēs
	3. P.	laudābit	monēbit	audiet	reget	capiet
Pl.	1. P.	laudābimus	monēbimus	audiēmus	regēmus	capiēmus
	2. P.	laudābitis	monēbitis	audiētis	regētis	capiētis
	3. P.	laudābunt	monēbunt	audient	regent	capient

181

Formenlehre

Imperativ

	a-Konjugation	e-Konjugation	i-Konjugation	kons. Konjugation	
Singular	laudā!	monē!	audī!	rege!	cape!
Plural	laudāte!	monēte!	audīte!	regite!	capite!

Partizip Präsens Aktiv (PPA)

a-Konjugation	e-Konjugation	i-Konjugation	kons. Konjugation	
laudāns	monēns	audiēns	regēns	capiēns
laudantis	monentis	audientis	regentis	capientis

Perfektstamm

Perfekt

		a-Konjugation	e-Konjugation	i-Konjugation	kons. Konjugation
Infinitiv		laudāvisse	monuisse	audīvisse	rēxisse
Sg.	1. P.	laudāvī	monuī	audīvī	rēxī
	2. P.	laudāvistī	monuistī	audīvistī	rēxistī
	3. P.	laudāvit	monuit	audīvit	rēxit
Pl.	1. P.	laudāvimus	monuimus	audīvimus	rēximus
	2. P.	laudāvistis	monuistis	audīvistis	rēxistis
	3. P.	laudāvērunt	monuērunt	audīvērunt	rēxērunt

Plusquamperfekt

		a-Konjugation	e-Konjugation	i-Konjugation	kons. Konjugation
Sg.	1. P.	laudāveram	monueram	audīveram	rēxeram
	2. P.	laudāverās	monuerās	audīverās	rēxerās
	3. P.	laudāverat	monuerat	audīverat	rēxerat
Pl.	1. P.	laudāverāmus	monuerāmus	audīverāmus	rēxerāmus
	2. P.	laudāverātis	monuerātis	audīverātis	rēxerātis
	3. P.	laudāverant	monuerant	audīverant	rēxerant

Formenlehre

Futur II

		a-Konjugation	e-Konjugation	i-Konjugation	kons. Konjugation
Sg.	1. P.	laudāverō	monuerō	audīverō	rēxerō
	2. P.	laudāveris	monueris	audīveris	rēxeris
	3. P.	laudāverit	monuerit	audīverit	rēxerit
Pl.	1. P.	laudāverimus	monuerimus	audīverimus	rēxerimus
	2. P.	laudāveritis	monueritis	audīveritis	rēxeritis
	3. P.	laudāverint	monuerint	audīverint	rēxerint

1.2 Indikativ Passiv

Präsensstamm

Präsens

		a-Konjugation	e-Konjugation	i-Konjugation	kons. Konjugation	
Infinitiv		laudārī	monērī	audīrī	regī	capī
Sg.	1. P.	laudor	moneor	audior	regor	capior
	2. P.	laudāris	monēris	audīris	regeris	caperis
	3. P.	laudātur	monētur	audītur	regitur	capitur
Pl.	1. P.	laudāmur	monēmur	audīmur	regimur	capimur
	2. P.	laudāminī	monēminī	audīminī	regiminī	capiminī
	3. P.	laudantur	monentur	audiuntur	reguntur	capiuntur

Imperfekt

		a-Konjugation	e-Konjugation	i-Konjugation	kons. Konjugation	
Sg.	1. P.	laudābar	monēbar	audiēbar	regēbar	capiēbar
	2. P.	laudābāris	monēbāris	audiēbāris	regēbāris	capiēbāris
	3. P.	laudābātur	monēbātur	audiēbātur	regēbātur	capiēbātur
Pl.	1. P.	laudābāmur	monēbāmur	audiēbāmur	regēbāmur	capiēbāmur
	2. P.	laudābāminī	monēbāminī	audiēbāminī	regēbāminī	capiēbāminī
	3. P.	laudābantur	monēbantur	audiēbantur	regēbantur	capiēbantur

183

Formenlehre

Futur

		a-Konjugation	e-Konjugation	i-Konjugation	kons. Konjugation	
Sg.	1. P.	laudābor	monēbor	audiar	regar	capiar
	2. P.	laudāberis	monēberis	audiēris	regēris	capiēris
	3. P.	laudābitur	monēbitur	audiētur	regētur	capiētur
Pl.	1. P.	laudābimur	monēbimur	audiēmur	regēmur	capiēmur
	2. P.	laudābiminī	monēbiminī	audiēminī	regēminī	capiēminī
	3. P.	laudābuntur	monēbuntur	audientur	regentur	capientur

Perfektstamm

Infinitiv

a-Konjugation	e-Konjugation	i-Konjugation	kons. Konjugation
laudātum esse	monitum esse	audītum esse	rēctum esse

Perfekt

		a-Konjugation	e-Konjugation	i-Konjugation	kons. Konjugation
Sg.	1. P.	laudātus, a, um sum	monitus, a, um sum	audītus, a, um sum	rēctus, a, um sum
	2. P.	laudātus, a, um es	monitus, a, um es	audītus, a, um es	rēctus, a, um es
	3. P.	laudātus, a, um est	monitus, a, um est	audītus, a, um est	rēctus, a, um est
Pl.	1. P.	laudātī, ae, a sumus	monitī, ae, a sumus	audītī, ae, a sumus	rēctī, ae, a sumus
	2. P.	laudātī, ae, a estis	monitī, ae, a estis	audītī, ae, a estis	rēctī, ae, a estis
	3. P.	laudātī, ae, a sunt	monitī, ae, a sunt	audītī, ae, a sunt	rēctī, ae, a sunt

Plusquamperfekt

		a-Konjugation	e-Konjugation	i-Konjugation	kons. Konjugation
Sg.	1. P.	laudātus, a, um eram	monitus, a, um eram	audītus, a, um eram	rēctus, a, um eram
	2. P.	laudātus, a, um erās	monitus, a, um erās	audītus, a, um erās	rēctus, a, um erās
	3. P.	laudātus, a, um erat	monitus, a, um erat	audītus, a, um erat	rēctus, a, um erat
Pl.	1. P.	laudātī, ae, a erāmus	monitī, ae, a erāmus	audītī, ae, a erāmus	rēctī, ae, a erāmus
	2. P.	laudātī, ae, a erātis	monitī, ae, a erātis	audītī, ae, a erātis	rēctī, ae, a erātis
	3. P.	laudātī, ae, a erant	monitī, ae, a erant	audītī, ae, a erant	rēctī, ae, a erant

Formenlehre

Futur II

		a-Konjugation	e-Konjugation	i-Konjugation	kons. Konjugation
Sg.	1. P.	laudātus, a, um erō	monitus, a, um erō	audītus, a, um erō	rēctus, a, um erō
	2. P.	laudātus, a, um eris	monitus, a, um eris	audītus, a, um eris	rēctus, a, um eris
	3. P.	laudātus, a, um erit	monitus, a, um erit	audītus, a, um erit	rēctus, a, um erit
Pl.	1. P.	laudātī, ae, a erimus	monitī, ae, a erimus	audītī, ae, a erimus	rēctī, ae, a erimus
	2. P.	laudātī, ae, a eritis	monitī, ae, a eritis	audītī, ae, a eritis	rēctī, ae, a eritis
	3. P.	laudātī, ae, a erunt	monitī, ae, a erunt	audītī, ae, a erunt	rēctī, ae, a erunt

Partizip Perfekt Passiv (PPP)

a-Konjugation	e-Konjugation	i-Konjugation	kons. Konjugation
laudātus, a, um	monitus, a, um	audītus, a, um	rēctus, a, um

1.3 Konjunktiv Aktiv

Präsens

Präsensstamm

		a-Konjugation	e-Konjugation	i-Konjugation	kons. Konjugation	
Sg.	1. P.	laudem	moneam	audiam	regam	capiam
	2. P.	laudēs	moneās	audiās	regās	capiās
	3. P.	laudet	moneat	audiat	regat	capiat
Pl.	1. P.	laudēmus	moneāmus	audiāmus	regāmus	capiāmus
	2. P.	laudētis	moneātis	audiātis	regātis	capiātis
	3. P.	laudent	moneant	audiant	regant	capiant

Imperfekt

		a-Konjugation	e-Konjugation	i-Konjugation	kons.Konjugation	
Sg.	1. P.	laudārem	monērem	audīrem	regerem	caperem
	2. P.	laudārēs	monērēs	audīrēs	regerēs	caperēs
	3. P.	laudāret	monēret	audīret	regeret	caperet
Pl.	1. P.	laudārēmus	monērēmus	audīrēmus	regerēmus	caperēmus
	2. P.	laudārētis	monērētis	audīrētis	regerētis	caperētis
	3. P.	laudārent	monērent	audīrent	regerent	caperent

185

Formenlehre

Perfektstamm

Perfekt

		a-Konjugation	e-Konjugation	i-Konjugation	kons. Konjugation
Sg.	1. P.	laudāverim	monuerim	audīverim	rēxerim
	2. P.	laudāveris	monueris	audīveris	rēxeris
	3. P.	laudāverit	monuerit	audīverit	rēxerit
Pl.	1. P.	laudāverimus	monerimus	audīverimus	rēxerimus
	2. P.	laudāveritis	monueritis	audīveritis	rēxeritis
	3. P.	laudāverint	monuerint	audīverint	rēxerint

Plusquamperfekt

		a-Konjugation	e-Konjugation	i-Konjugation	kons. Konjugation
Sg.	1. P.	laudāvissem	monuissem	audīvissem	rēxissem
	2. P.	laudāvissēs	monuissēs	audīvissēs	rēxissēs
	3. P.	laudāvisset	monuisset	audīvisset	rēxisset
Pl.	1. P.	laudāvissēmus	monuissēmus	audīvissēmus	rēxissēmus
	2. P.	laudāvissētis	monuissētis	audīvissētis	rēxissētis
	3. P.	laudāvissent	monuissent	audīvissent	rēxissent

1.4 Konjunktiv Passiv

Präsensstamm

Präsens

		a-Konjugation	e-Konjugation	i-Konjugation	kons.Konjugation	
Sg.	1. P.	lauder	monear	audiar	regar	capiar
	2. P.	laudēris	moneāris	audiāris	regāris	capiāris
	3. P.	laudētur	moneātur	audiātur	regātur	capiātur
Pl.	1. P.	laudēmur	moneāmur	audiāmur	regāmur	capiāmur
	2. P.	laudēminī	moneāminī	audiāminī	regāminī	capiāminī
	3. P.	laudentur	moneantur	audiantur	regantur	capiantur

Formenlehre

Imperfekt

		a-Konjugation	e-Konjugation	i-Konjugation	kons.Konjugation	
Sg.	1. P.	laudārer	monērer	audīrer	regerer	caperer
	2. P.	laudārēris	monērēris	audīrēris	regerēris	caperēris
	3. P.	laudārētur	monērētur	audīrētur	regerētur	caperētur
Pl.	1. P.	laudārēmur	monērēmur	audīrēmur	regerēmur	caperēmur
	2. P.	laudārēminī	monērēminī	audīrēminī	regerēminī	caperēminī
	3. P.	laudārentur	monērentur	audīrentur	regerentur	caperentur

Perfektstamm

Perfekt

		a-Konjugation	e-Konjugation	i-Konjugation	kons. Konjugation
Sg.	1. P.	laudātus, a, um sim	monitus, a, um sim	audītus, a, um sim	rēctus, a, um sim
	2. P.	laudātus, a, um sīs	monitus, a, um sīs	audītus, a, um sīs	rēctus, a, um sīs
	3. P.	laudātus, a, um sit	monitus, a, um sit	audītus, a, um sit	rēctus, a, um sit
Pl.	1. P.	laudātī, ae, a sīmus	monitī, ae, a sīmus	audītī, ae, a sīmus	rēctī, ae, a sīmus
	2. P.	laudātī, ae, a sītis	monitī, ae, a sītis	audītī, ae, a sītis	rēctī, ae, a sitīs
	3. P.	laudātī, ae, a sint	monitī, ae, a sint	audītī, ae, a sint	rēctī, ae, a sint

Plusquamperfekt

		a-Konjugation	e-Konjugation	i-Konjugation	kons.Konjugation
Sg.	1. P.	laudātus, a, um essem	monitus, a, um essem	audītus, a, um essem	rēctus, a, um essem
	2. P.	laudātus, a, um essēs	monitus, a, um essēs	audītus, a, um essēs	rēctus, a, um essēs
	3. P.	laudātus, a, um esset	monitus, a, um esset	audītus, a, um esset	rēctus, a, um esset
Pl.	1. P.	laudātī, ae, a essēmus	monitī, ae, a essēmus	audītī, ae, a essēmus	rēctī, ae, a essēmus
	2. P.	laudātī, ae, a essētis	monitī, ae, a essētis	audītī, ae, a essētis	rēctī, ae, a essētis
	3. P.	laudātī, ae, a essent	monitī, ae, a essent	audītī, ae, a essent	rēctī, ae, a essent

Formenlehre

1.5 esse

Indikativ – Präsensstamm

		Präsens	Imperfekt	Futur I
Sg.	1. P.	sum	eram	erō
	2. P.	es	erās	eris
	3. P.	est	erat	erit
Pl.	1. P.	sumus	erāmus	erimus
	2. P.	estis	erātis	eritis
	3. P.	sunt	erant	erunt

	Imperativ
Sg.	es!
Pl.	este!

Indikativ – Perfektstamm

		Perfekt	Plusquamperfekt	Futur II
Sg.	1. P.	fuī	fueram	fuerō
	2. P.	fuistī	fuerās	fueris
	3. P.	fuit	fuerat	fuerit
Pl.	1. P.	fuimus	fuerāmus	fuerimus
	2. P.	fuistis	fuerātis	fueritis
	3. P.	fuērunt	fuerant	fuerint

Infinitiv
fuisse

Konjunktiv

		Präsens	Imperfekt	Perfekt	Plusquamperfekt
Sg.	1. P.	sīm	essem	fuerim	fuissem
	2. P.	sis	essēs	fueris	fuissēs
	3. P.	sit	esset	fuerit	fuisset
Pl.	1. P.	sīmus	essēmus	fuerimus	fuissēmus
	2. P.	sītis	essētis	fueritis	fuissētis
	3. P.	sint	essent	fuerint	fuissent

Formenlehre

1.6 ire

Indikativ – Präsensstamm

		Präsens	Imperfekt	Futur I			Imperativ
Sg.	1. P.	eō	ībam	ībō		Sg.	ī!
	2. P.	īs	ībās	ībis		Pl.	īte!
	3. P.	it	ībat	ībit			
Pl.	1. P.	īmus	ībāmus	ībimus			
	2. P.	ītis	ībātis	ībitis			
	3. P.	eunt	ībant	ībunt			

Indikativ – Perfektstamm

		Perfekt	Plusquamperfekt	Futur II	Infinitiv
Sg.	1. P.	iī	ieram	ierō	īsse
	2. P.	īstī	ierās	ieris	
	3. P.	iit	ierat	ierit	
Pl.	1. P.	iimus	ierāmus	ierimus	
	2. P.	īstis	ierātis	ieritis	
	3. P.	iērunt	ierant	ierint	

Konjunktiv

		Präsens	Imperfekt	Perfekt	Plusquamperfekt
Sg.	1. P.	eam	īrem	ierim	īssem
	2. P.	eās	īrēs	ieris	īssēs
	3. P.	eat	īret	ierit	īsset
Pl.	1. P.	eāmus	īrēmus	ierimus	īssēmus
	2. P.	eātis	īrētis	ieritis	īssētis
	3. P.	eant	īrent	ierint	īssent

Formenlehre

1.7 velle, nōlle, mālle

Indikativ – Präsensstamm

		Präsens	Imperfekt	Futur I
Sg.	**1. P.**	volō	volēbam	volam
	2. P.	vīs	volēbās	volēs
	3. P.	vult	volēbat	volet
Pl.	**1. P.**	volumus	volēbāmus	volēmus
	2. P.	vultis	volēbātis	volētis
	3. P.	volunt	volēbant	volent

		Präsens	Imperfekt	Futur I
Sg.	**1. P.**	nōlō/mālō	nōlēbam/mālēbam	nōlam/mālam
	2. P.	nōn vīs/māvīs	nōlēbas/mālēbās	nōlēs/mālēs
	3. P.	nōn vult/māvult	nōlēbat/mālēbat	nōlet/mālet
Pl.	**1. P.**	nōlumus/mālumus	nōlēbāmus/mālēbāmus	nōlēmus/mālēmus
	2. P.	nōn vultis/māvultis	nōlēbātis/mālēbātis	nōlētis/mālētis
	3. P.	nōlunt/mālunt	nōlēbant/mālēbant	nōlent/mālent

Partizip Präsens Aktiv (PPA)

volēns, volentis   nolēns, nolentis

Perfektstamm

		Perfekt	Plusquamperfekt	Futur II	Infinitiv
Sg.	**1. P.**	voluī	volueram	voluerō	voluisse
	2. P.	voluistī	voluerās	volueris	
	3. P.	voluit	voluerat	voluerit	
Pl.	**1. P.**	voluimus	voluerāmus	voluerimus	
	2. P.	voluistis	voluerātis	volueritis	
	3. P.	voluērunt	voluerant	voluerint	

Die Verben nōlle und mālle werden im Perfektstamm wie velle gebildet.

Formenlehre

Konjunktiv

		Präsens	Imperfekt	Perfekt	Plusquamperfekt
Sg.	**1. P.**	velim	vellem	voluerim	voluissem
	2. P.	velīs	vellēs	volueris	voluissēs
	3. P.	velit	vellet	voluerit	voluisset
Pl.	**1. P.**	velīmus	vellēmus	voluerimus	voluissēmus
	2. P.	velītis	vellētis	volueritis	voluissētis
	3. P.	velint	vellent	voluerint	voluissent

Die Verben nōlle und mālle werden im Konjunktiv wie velle gebildet.

1.8 ferre

Aktiv

		Präsens		Imperfekt		Futur I
		Indikativ	Konjunktiv	Indikativ	Konjunktiv	Indikativ
Sg.	**1. P.**	ferō	feram	ferēbam	ferrem	feram
	2. P.	fers	ferās	ferēbās	ferrēs	ferēs
	3. P.	fert	ferat	ferēbat	ferret	feret
Pl.	**1. P.**	ferimus	ferāmus	ferēbāmus	ferrēmus	ferēmus
	2. P.	fertis	ferātis	ferēbātis	ferrētis	ferētis
	3. P.	ferunt	ferant	ferēbant	ferrent	ferent

Imperativ: fer! ferte!   Partizip Präsens Aktiv: ferēns, ferentis

		Perfekt		Plusquamperfekt		Futur II
		Indikativ	Konjunktiv	Indikativ	Konjunktiv	Indikativ
Sg.	**1. P.**	tulī	tulerim	tuleram	tulissem	tulerō
	2. P.	tulistī	tuleris	tulerās	tulissēs	tuleris
	3. P.	tulit	tulerit	tulerat	tulisset	tulerit
Pl.	**1. P.**	tulimus	tulerimus	tulerāmus	tulissēmus	tulerimus
	2. P.	tulistis	tuleritis	tulerātis	tulissētis	tuleritis
	3. P.	tulērunt	tulerint	tulerant	tulissent	tulerint

Partizip Perfekt Passiv: lātus, a, um

191

Formenlehre

Passiv

		Präsens		Imperfekt		Futur I
		Indikativ	**Konjunktiv**	**Indikativ**	**Konjunktiv**	**Indikativ**
Sg.	1. P.	feror	ferar	ferēbar	ferrer	ferar
	2. P.	ferris	ferāris	ferēbāris	ferrēris	ferēris
	3. P.	fertur	ferātur	ferēbātur	ferrētur	ferētur
Pl.	1. P.	ferimur	ferāmur	ferēbāmur	ferrēmur	ferēmur
	2. P.	feriminī	ferāminī	ferēbāminī	ferrēminī	ferēminī
	3. P.	feruntur	ferantur	ferēbantur	ferrentur	ferentur

		Perfekt		Plusquamperfekt		Futur II
		Indikativ	**Konjunktiv**	**Indikativ**	**Konjunktiv**	**Indikativ**
Sg.	1. P.	lātus sum	lātus sim	lātus eram	lātus essem	lātus erō
	2. P.	lātus es	lātus sīs	lātus erās	lātus essēs	lātus eris
	3. P.	lātus est	lātus sit	lātus erat	lātus esset	lātus erit
Pl.	1. P.	lāti sumus	lāti sīmus	lāti erāmus	lāti essēmus	lāti erimus
	2. P.	lāti estis	lāti sītis	lāti erātis	lāti essētis	lāti eritis
	3. P.	lāti sunt	lāti sint	lāti erant	lāti essent	lāti erunt

2. Substantive

2.1 a-Deklination

a-Deklination

	Singular	Plural
Nominativ	domina	dominae
Genitiv	dominae	dominārum
Dativ	dominae	dominīs
Akkusativ	dominam	dominās
Ablativ	dominā	dominīs
Vokativ	domina!	dominae!

192

Formenlehre

2.2 o-Deklination

o-Deklination masculinum

o-Deklination neutrum

	Singular	Plural	Singular	Plural	Singular	Plural
Nom.	dominus	dominī	puer	puerī	templum	templa
Gen.	dominī	dominōrum	puerī	puerōrum	templī	templōrum
Dat.	dominō	dominīs	puerō	puerīs	templō	templīs
Akk.	dominum	dominōs	puerum	puerōs	templum	templa
Abl.	dominō	dominīs	puerō	puerīs	templō	templīs
Vok.	domine!	dominī!	puer!	puerī!		

2.3 Dritte Deklination

Dritte Deklination

	Singular	Plural	Singular	Plural	Singular	Plural
Nominativ	rēx	rēgēs	māter	mātrēs	urbs	urbēs
Genitiv	rēgis	rēgum	mātris	mātrum	urbis	urbium
Dativ	rēgī	rēgibus	mātrī	mātribus	urbī	urbibus
Akkusativ	rēgem	rēgēs	mātrem	mātrēs	urbem	urbēs
Ablativ	cum rēge	cum rēgibus	cum mātre	cum mātribus	in urbe	in urbibus
Vokativ	rēx!	rēgēs!	māter!	mātrēs!		

Dritte Deklination: Neutra

	Singular	Plural	Singular	Plural
Nominativ	tempus	tempora	mare	maria
Genitiv	temporis	temporum	maris	marium
Dativ	temporī	temporibus	marī	maribus
Akkusativ	tempus	tempora	mare	maria
Ablativ	tempore	temporibus	marī	maribus

193

Formenlehre

2.4 e-Deklination

	Singular	Plural
Nominativ	rēs	rēs
Genitiv	reī	rērum
Dativ	reī	rēbus
Akkusativ	rem	rēs
Ablativ	rē	rēbus

2.5 u-Deklination

	Singular	Plural
Nominativ	magistrātus	magistrātūs
Genitiv	magistrātūs	magistrātuum
Dativ	magistrātuī	magistrātibus
Akkusativ	magistrātum	magistrātūs
Ablativ	magistrātū	magistrātibus

3. Adjektive

3.1 a- und o-Deklination

	Singular			Plural		
	m.	f.	n.	m.	f.	n.
Nominativ	bonus	bona	bonum	bonī	bonae	bona
Genitiv	bonī	bonae	bonī	bonōrum	bonārum	bonōrum
Dativ	bonō	bonae	bonō	bonīs	bonīs	bonīs
Akkusativ	bonum	bonam	bonum	bonōs	bonās	bona
Ablativ	bonō	bonā	bonō	bonīs	bonīs	bonīs

3.2 Dritte Deklination

	Singular			Plural		
	m.	f.	n.	m.	f.	n.
Nominativ	ācer	ācris	ācre	ācrēs	ācrēs	ācria
Genitiv	ācris	ācris	ācris	ācrium	ācrium	ācrium
Dativ	ācrī	ācrī	ācrī	ācribus	ācribus	ācribus
Akkusativ	ācrem	ācrem	ācre	ācrēs	ācrēs	ācria
Ablativ	ācrī	ācrī	ācrī	ācribus	ācribus	ācribus

Formenlehre

4. Pronomina

4.1 Personalpronomen

	Singular		Plural	
	1. Person	**2. Person**	**1. Person**	**2. Person**
Nominativ	ego	tū	nōs	vōs
Genitiv	meī	tuī	nōstrī/nostrum	vestrī/vestrum
Dativ	mihi	tibi	nōbīs	vōbīs
Akkusativ	mē	tē	nōs	vōs
Ablativ	ā mē; mēcum	ā tē; tēcum	ā nōbīs; nōbīscum	ā vōbīs; vōbīscum

4.2 Reflexivpronomen

	Singular	Plural
Genitiv	suī	suī
Dativ	sibī	sibī
Akkusativ	sē	sē
Ablativ	ā sē; sēcum	ā sē; sēcum

4.3 Relativpronomen

	Singular			Plural		
	m.	**f.**	**n.**	**m.**	**f.**	**n.**
Nominativ	quī	quae	quod	quī	quae	quae
Genitiv	cuius	cuius	cuius	quōrum	quārum	quōrum
Dativ	cui	cui	cui	quibus	quibus	quibus
Akkusativ	quem	quam	quod	quōs	quās	quae
Ablativ	quō	quā	quō	quibus	quibus	quibus

195

Formenlehre

4.4 Interrogativpronomen

substantivisch:

Nominativ	quis? quid?
Genitiv	cuius?
Dativ	cui?
Akkusativ	quem? quid?
Ablativ	ā quō? quōcum?

adjektivisch:

	Singular		
	m.	f.	n.
Nominativ	quī	quae	quod

Die Deklination wird gebildet wie das Relativpronomen (4.3).

4.5 Demonstrativpronomina

	Singular			Plural		
	m.	f.	n.	m.	f.	n.
Nominativ	hic	haec	hoc	hī	hae	haec
Genitiv	huius	huius	huius	hōrum	hārum	hōrum
Dativ	huic	huic	huic	hīs	hīs	hīs
Akkusativ	hunc	hanc	hoc	hōs	hās	haec
Ablativ	hōc	hāc	hōc	hīs	hīs	hīs

	Singular			Plural		
	m.	f.	n.	m.	f.	n.
Nominativ	ille	illa	illud	illī	illae	illa
Genitiv	illīus	illīus	illīus	illōrum	illārum	illōrum
Dativ	illī	illī	illī	illīs	illīs	illīs
Akkusativ	illum	illam	illud	illōs	illās	illa
Ablativ	illō	illā	illō	illīs	illīs	illīs

	Singular			Plural		
	m.	f.	n.	m.	f.	n.
Nominativ	is	ea	id	iī (eī)	eae	ea
Genitiv	eius	eius	eius	eōrum	eārum	eōrum
Dativ	eī	eī	eī	iīs (eīs)	iīs (eīs)	iīs (eīs)
Akkusativ	eum	eam	id	eōs	eās	ea
Ablativ	eō	eā	eō	iīs (eīs)	iīs (eīs)	iīs (eīs)

	Singular			Plural		
	m.	f.	n.	m.	f.	n.
Nominativ	iste	ista	istud	istī	istae	ista
Genitiv	istīus	istīus	istīus	istōrum	istārum	istōrum
Dativ	istī	istī	istī	istīs	istīs	istīs
Akkusativ	istum	istam	istud	istōs	istās	ista
Ablativ	istō	istā	istō	istīs	istīs	istīs

	Singular			Plural		
	m.	f.	n.	m.	f.	n.
Nominativ	ipse	ipsa	ipsum	ipsī	ipsae	ipsa
Genitiv	ipsīus	ipsīus	ipsīus	ipsōrum	ipsārum	ipsōrum
Dativ	ipsī	ipsī	ipsī	ipsīs	ipsīs	ipsīs
Akkusativ	ipsum	ipsam	ipsum	ipsōs	ipsās	ipsa
Ablativ	ipsō	ipsā	ipsō	ipsīs	ipsīs	ipsīs

Formenlehre

5. Präpositionen

	mit dem Ablativ		mit dem Akkusativ
ā, ab: von, von ... her, von ... an	Ā forō ad Capitōlium properō. Ich eile *vom* Marktplatz zum Kapitol.	ad: zu, bis ... zu, bei	Ad thermās properō. Ich eile *zu* den Thermen. Ad thermās amīcōs videō. *Bei* den Thermen sehe ich meine Freunde.
cum: mit, zusammen mit	Cum amīcīs ad forum properō. *Zusammen mit* den Freunden eile ich zum Marktplatz.	ante: vor	Dāvus ante templum est. Davus befindet sich *vor* dem Tempel.
		apud: bei; vor (jemandem)	Calgācus apud mīlitēs ōrātiōnem habuit. Calgacus hielt vor seinen Soldaten eine Rede.
dē: von, von ... herab, über	Dē Capitōliō monumenta forī spectō. Ich betrachte *vom* Kapitol herab die Denkmäler des Marktplatzes. Dāvus dē summō deō nārrat. Davus erzählt *vom (über den)* höchsten Gott.	contrā: gegen	Rōmānī contrā hostēs pūgnant. Die Römer kämpfen *gegen* die Feinde.
ē, ex: aus, aus ... heraus	Dominus ē vīllā exit. Der Herr tritt *aus* dem Landhaus *heraus*. Nāvēs frūmentum ē Siciliā apportant. Die Schiffe bringen Getreide *aus* Sizilien herbei.	in: nach, in (wohin?)	In theātrum properō. Ich eile *in* das Theater. Fīliī rēgis in Graeciam properant. Die Söhne des Königs eilen *nach* Griechenland.
in: in, an, auf (wo?)	In forō sum. Ich bin *auf* dem Marktplatz. In theātrō sum. Ich bin *im* Theater.	inter: zwischen, unter, während	Inter templum et statuās āra est. *Zwischen* dem Tempel und den Statuen befindet sich ein Altar. Inter amīcōs etiam Quīntus est. *Unter* den Freunden befindet sich auch Quintus. Inter cēnam Dāvus fābulam recitat. *Während* des Essens liest Davus eine Geschichte vor.

Formenlehre

mit dem Ablativ		mit dem Akkusativ	
		intrā: innerhalb (von)	Māxentius intrā moenia urbis impetūs Cōnstantīnī exspectāvit. Maxentius erwartete innerhalb der Stadtmauern die Angriffe des Konstantin.
prō: für, vor, anstelle von	Plebeiī parātī nōn sunt prō patriā pūgnāre. Die Plebejer sind nicht bereit, *für* das Vaterland zu kämpfen.	per: durch (... hindurch)	Per forum ad Capitōlium properō. Ich eile *über* (durch) den Marktplatz (hindurch) zum Kapitol.
sine: ohne	Quīntus sine amīcīs in thermās properat. Quintus eilt *ohne* seine Freunde in die Thermen.	post: hinter, nach	Dāvus post templum est. Davus befindet sich *hinter* dem Tempel.
		suprā: oberhalb, über, über ... hinaus	Caesar in somniō vīderat sē suprā nūbēs volāre. Caesar hatte im Traum gesehen, dass er *über* den Wolken schwebte.
		usque ad: bis zu	Caesar Galliam ūsque ad Ōceanum subiēcit. Caesar unterwarf Gallien *bis zum* Atlantik.

Anhang

Grammatisches Register der Lektionen 1 – 45

(Angegeben ist jeweils die Lektion, in der das Phänomen erstmals auftritt.)

Ablativ
als Objekt   8
der Art und Weise (modi)   8
der Beschaffenheit (qualitatis)   32
der Trennung (separativus)   8
des Grundes (causae)   8
des Mittels (instrumenti)   8

Ablativus absolutus
gleichzeitig   44
nominaler Abl. abs.   44
vorzeitig   43

Adjektiv
als Substantiv   7
Attribut   7
Prädikatsnomen   7

Adverb   1
Bildung aus Adjektiven   42

Adverbiale
Ablativ   8
Ablativus absolutus   43; 44
Akkusativ der Richtung   16
dativus finalis   29
Finalsatz   40
Konsekutivsatz   40
Participium coniunctum   39; 41

Adverbialsatz   13; 14

Akkusativ
als Objekt   3
der Richtung   16
der zeitlichen Ausdehnung   12
doppelter Akkusativ   31

Akkusativ mit Infinitiv (AcI)
als Objekt   19
als Subjekt   19

Zeitverhältnis im AcI   19

Aktiv   36

Attribut
ablativus qualitatis   32
Adjektiv   7
Genitiv   6
Participium coniunctum   39; 41
Relativsatz   23

Bindevokal   2; 11

consecutio temporum
Gleichzeitigkeit   30
Vorzeitigkeit   35

Dativ
als Objekt   4
des Besitzers (possessoris)   12
des Vorteils (commodi)   29
des Zwecks (finalis)   29

Deklination   1
Adjektive: a-/o-Deklination   7
Adjektive auf -(e)r   9
Adjektive: dritte Deklination   20; 22; 45
Partizip Präsens Aktiv (PPA)   41
Substantive: a-Deklination   8
Substantive: dritte Deklination   12; 13; 18; 19
Substantive: e-Deklination   29
Substantive: o-Deklination   8
Substantive: auf -(e)r   9
Substantive: u-Deklination   32

Diathese   36

Dritte Deklination (Substantive)
Einsilbige   13
Gleichsilbige   18
i-Stämme (Neutrum)   19
Konsonantenstämme   12

200

Anhang

Neutra 13

Genitiv
Attribut 6
genitivus obiectivus 45
der Beschaffenheit (qualitatis) 45
genitivus subiectivus 45

Genus 3
natürliches Geschlecht 4

Genus verbi 36

Gliedsatz
als Adverbiale 13
Kausalsatz 13
Konditionalsatz 25
Temporalsatz 3; 14

Imperativ
a-/e-/i-Konjugation 5
esse 10
konsonantische Konjugation 15

Infinitiv 1
als Subjekt 7
der Gleichzeitigkeit im AcI 19
der Vorzeitigkeit im AcI 19

Irrealis
der Gegenwart 27
der Vergangenheit 28

Kasus
Ablativ als Adverbiale 8
Ablativ als Objekt 8
Akkusativ als Objekt 3
Akkusativ der Richtung 16
Akkusativ der zeitl. Ausdehnung 12
doppelter Akkusativ 31
Dativ als Objekt 4
Dativ des Besitzers 12
Dativ des Vorteils 29
Dativ des Zwecks 29
Genitiv als Attribut 6
Genitiv der Beschaffenheit 45
genitivus obiectivus 45
genitivus subiectivus 45

Nominativ 1
doppelter Nominativ 36
Vokativ 5

Kongruenz
Subjekt – Prädikat 1; 2
Adjektiv 7

Konnektoren 13

Konjugation 1
ferre 26
Futur I Aktiv 24
Futur II Aktiv 25
Imperfekt Aktiv (a-/e-/i-Konjugation) 10
Imperfekt Aktiv (konson. Konjugation) 11
Imperfekt (esse) 10
ire 20
Konjunktiv Imperfekt Aktiv 27
Konjunktiv Perfekt Aktiv 33
Konjunktiv Plusquamperfekt Aktiv 28
Konjunktiv Präsens Aktiv 30
Passiv (Präsensstamm) 36
Passiv (Perfektstamm) 37
Passiv (Konjunktiv) 40
Perfekt Aktiv (a-/e-/i-Konjugation) 13
Perfekt (esse) 13
Plusquamperfekt Aktiv 17
Präsens Aktiv (a-/e-/i-Konjugation) 4
Präsens Aktiv (konson. Konjugation) 11
Präsens (esse) 7
posse (Präsens, Imperfekt, Perfekt) 16
velle, nolle, malle 22

Modus 5
Imperativ 5
Indikativ 5
Konjunktiv 27

Nominativ 1
doppelter Nominativ 36

Numerus 1

Partizip
Partizip Perfekt Passiv (PPP) 37
Partizip Präsens Aktiv (PPA) 41

Anhang

Participium coniunctum   39; 41

Passiv   36

Perfektbildung
Dehnungsperfekt   15
ohne Stammveränderung   18
Reduplikationsperfekt   17
s-Perfekt   15
v-/u-Perfekt   13

Perfektstamm   13

Pronomina
Demonstrativpronomen (is)   18
Demonstrativpronomen (hic)   31
Demonstrativpronomen (ille)   31
Demonstrativpronomen (iste)   38
Demonstrativpronomen (ipse)   38
Interrogativpronomen
adjektivisch   34
substantivisch   34
is, ea, id als Personalpronomen   18
is, ea, id als Possessivpronomen   18
Personalpronomen (1./2. Pers.)   16
Personalpronomen im AcI   21
Possessivpronomen   17
Reflexivpronomen   21
Relativpronomen   23

Prädikat   1

Prädikativum   42

Prädikatsnomen
ablativus qualitatis   32
Adjektiv   7
dativus finalis   29
Substantiv   6

Präposition   9

Präpositionalausdruck
als Adverbiale   9
als Objekt   9

Relativer Satzanschluss   24

Relativsatz
als Attribut   23

Satzarten
abhängiger Begehrsatz   30
Adverbialsatz   13; 14
Aufforderungssatz   5
Aussagesatz   5
Finalsatz   40
Fragesatz   5; 34; 35
Kausalsatz   13
Konditionalsatz   25; 27; 28
Konsekutivsatz   40
Temporalsatz   13; 14

Satzfrage   34; 35

Satzgefüge   13

Satzglieder
Adverbiale   8
Attribut   6; 7
Objekt   3; 4
Prädikat   1
Subjekt   1; 7

Satzreihe   13

Subjekt   1

Tempus
Futur I   24
Futur II   25
historisches Präsens   11
Imperfekt   10
Perfekt   13
Plusquamperfekt   17

Vokativ   5

Wortfrage   34; 35

Zahlen   38

Zeitenfolge
Gleichzeitigkeit   30
Vorzeitigkeit   35

Zeitverhältnis
Gleichzeitigkeit im AcI   19
Vorzeitigkeit im AcI   19
PPA: gleichzeitig   41
PPP: vorzeitig   39

Eigennamenverzeichnis (Lektionen 1 – 45)

Anhang

(Hinweis: P 15 = Plateaulektion nach Lektion 15 etc.)

Achilles, Achillis m.	Achill, Sohn der Nymphe Thetis und des sterblichen Königs Peleus. Stärkster Kämpfer der Griechen vor Troja; tötet Hektor, den Sohn des trojanischen Königs Priamos.	30
Actium, ī n.	Hafenstadt am Golf von Ambrakia, nördlich der griechischen Landschaft Arkananien. Hier besiegte Octaviānus, der spätere Kaiser → Augustus, im Jahr 31 v. Chr. in einer Seeschlacht → M. Antōnius.	36
Aenēās, Aenēae m. (Vokativ: Aenēa)	Sohn des → Anchīsēs und Vater des → Ascānius, mit denen er aus dem brennenden Troja flieht. Der Sage nach hatte ihn dazu seine Mutter, die Göttin → Venus, aufgefordert. Nach langer Flucht gelangt er nach Italien, wo er sich in Latium niederlässt; gilt als Ahnherr der Römer.	P 15, 30, P 30
Aesōpus, ī m.	Äsop, griechischer Dichter; der Legende nach ein freigelassener Sklave von der Insel Samos; er erfand die literarische Gattung der Fabel. Zahlreiche Motive seiner Fabeln wurden in Rom von → Phaedrus in die lateinische Sprache übernommen.	38
Africa, ae f.	seit 146 v. Chr. römische Provinz im Gebiet des eroberten und zerstörten → Carthāgō	23
Agēnōr, Agēnōris m.	Agenor, Vater der → Europa und König der phönizischen Stadt Tyros	26
Agricola, ae m.	Cnaeus Iūlius Agricola, römischer Senator und Heerführer (40 – 93 n. Chr.); 77 – 84 Statthalter in Britannien, wo er in erfolgreichen Kämpfen gegen die Britannier die römische Herrschaft nach Norden erweiterte.	45
Alba Longa, ae f.	Stadt in → Latium am Albanersee (heute Albano). Der Sage nach gegründet von → Ascanius (Iūlus), dem Sohn des → Aenēās.	30
Alexander Māgnus	Alexander der Große (356 – 323 v. Chr.), König der Makedonen ab 336 v. Chr.; zog 334 v. Chr. mit seinen Truppen nach Kleinasien und besiegte dort bei Issos (333 v. Chr.) und Gaugamela (331 v. Chr.) die Truppen des persischen Großkönigs Dareios III.; zog dann mit seinem Heer bis nach Indien, bis ihn eine Meuterei seiner Soldaten zur Rückkehr zwang.	34
Allia, ae f.	Nebenfluss des Tiber in Mittelitalien; dort vernichteten im Jahr 387 v. Chr. die Gallier ein römisches Heer	10
Alpēs, ium f.	die Alpen	23

203

Anhang

Ambiorīx, Ambiorīgis m.	Fürst des gallischen Stammes der → Eburonen; vernichtete im Jahr 54 v. Chr. bei einem Überfall auf die Truppen der römischen Legaten → Cotta und → Sabīnus 15 Kohorten.	41
Anchīsēs, Anchīsis m.	Ehemann der Göttin → Venus und Vater des → Aenēas. Flieht mit ihm zusammen aus dem brennenden Troja.	30
M. Antōnius, ī m.	Offizier im Heer Caesars, mit dem er im Jahr 44 v. Chr. gemeinsam Konsul war. Verbündete sich nach Caesars Tod mit Lepidus und → Octaviānus zum Triumvirat gegen die Caesarmörder. Wurde 31 v. Chr. bei → Actium von den Truppen des Octavianus besiegt und beging kurz darauf Selbstmord.	36
Apollō, Apollinis m.	Apoll; Gott der Weissagung und Dichtkunst	13, 27
Aristaeus, ī m.	Hirte, der sich in → Eurydicē, die Ehefrau des → Orpheus verliebt hatte	28
Armīnius, ī m.	Fürst des germanischen Stammes der Cherusker; er diente unter Kaiser → Tiberius zunächst im römischen Heer; vernichtete im Jahr 9 n. Chr. mit seinen Truppen die drei Legionen des römischen Statthalters → P. Quintīlius Vārus im Teutoburger Wald.	42, 43
Ascanius, ī m.	Sohn des → Aenēas, der später auch Iulus genannt wird; flieht mit seinem Vater aus Troja und gründet später in → Latium die Stadt → Alba Longa. Aus seinem Geschlecht stammen die Zwillinge Romulus und Remus.	30
Asia, ae f.	Kleinasien; seit 129 v. Chr. römische Provinz	34
Augustus, ī m.	eigentlich: C. Octāvius (63 v. Chr. – 14 n. Chr.); Großneffe des C. Iūlius → Caesar, von dem er mit 18 Jahren adoptiert wurde. Seit dieser Zeit nannte er sich C. Iūlius Caesar Octaviānus. Nach dem Tod Caesars verbündete sich Octaviānus zunächst mit M. Antōnius und besiegte mit dessen Unterstützung im Jahr 42 v. Chr. die Caesarmörder. Nach dem Sieg über Antōnius bei Actium 31 v. Chr. war Octaviānus unumschränkter Alleinherrscher (prīnceps). 27 v. Chr. verlieh ihm der Senat den Ehrentitel Augustus (der „Erhabene").	36, 37
Aventīnus, ī m.	der Aventin; einer der sieben Hügel Roms	11
Batāvī, ōrum m.	die Bataver, germanischer Volksstamm, der in der Nähe der Rheinmündung siedelte. Unter ihrem Anführer → Iūlius Civīlis erhoben sich die Bataver im Jahr 69 n. Chr. gegen die römischen Legionen am Rhein. Der Aufstand wurde jedoch bald niedergeschlagen.	44
Bithȳnia, ae f.	Bithynien, Königreich im nordwestlichen Kleinasien, seit 74 v. Chr. römische Provinz	34

Anhang

Bovillae, ae f.	kleine Stadt in Latium, an der Via Appia, etwa 12 römische Meilen (18 km) von Rom entfernt.	33
Britannia, ae f.	Britannien, seit dem 1. Jahrhundert n. Chr. römische Provinz	45
Brūtus, ī m.	Lūcius Iūnius Brūtus, legendärer Begründer der römischen Republik und des Konsulats im Jahr 509 v. Chr.	13
C. Fabrīcius, i m.	Konsul 282 v. Chr., Zensor 275 v. Chr. Er galt als römisches Beispiel für Unbestechlichkeit und Unerschrockenheit.	22
Caesar, Caesaris m.	Cāius Iūlius Caesar (100–44 v. Chr.); römischer Politiker aus dem patrizischen Geschlecht der Julier, die sich auf → Ascanius (Iūlus), den Sohn des → Aenēās, zurückführten. Konsul 59 v. Chr.; er eroberte als Proconsul 58–51 v. Chr. Gallien (→ Gallia). Im Bürgerkrieg (49–45 v. Chr.) besiegte er → Pompēius und wurde dadurch gleichsam Alleinherrscher in Rom. Im Februar 44 v. Chr. wurde er zum Diktator auf Lebenszeit ernannt, am 15. März des Jahres dann aber von einer Opposition des Senats unter der Führung des C. Cassius und M. Iūnius Brūtus ermordet.	34
Calgācus, ī m.	Anführer des britischen Stammes der Kaledonier; im Jahr 84 n. Chr. vom römischen Feldherrn → Agricola in der Schlacht am Mons Graupius im Norden Britanniens besiegt.	44
Cambodūnum, ī n.	römische Siedlung im Gebiet der heutigen Stadt Kempten im Allgäu	P 45
Campānia, ae f.	Kampanien; fruchtbare Landschaft in Mittelitalien	20
Cannae, ārum, f.	Dorf in Apulien, wo → Hannibal 216 v. Chr. in einer Schlacht dem römischen Heer eine vernichtende Niederlage zufügte.	23
Capitōlium, ī n.	das Kapitol, einer der sieben Hügel Roms, mit einer befestigten Burg und dem Tempel für die römische Göttertrias → Iuppiter, → Iūnō, → Minerva.	9, 10, 18, 44
Carneadēs, is m.	Karneades, Philosoph aus Kyrene (ca. 214–129 v. Chr.), lehrte in Athen, nahm im Jahr 155 v. Chr. an der Gesandtschaft griechischer Philosophen nach Rom teil.	25
Carthāgō, inis f.	Karthago, Stadt in Nordafrika; Hauptstadt der Karthager (→ Poenī)	23, 24, P 30
Catilīna, ae m.	Lūcius Sergius Catilīna, (108–62 v. Chr.), Senator aus einer alten patrizischen Familie. 66 v. Chr. Proprätor in der Provinz Africa, die er ausbeutete. Nach zwei gescheiterten Versuchen, zum Konsul gewählt zu werden, versuchte er im Jahr 63 v. Chr. durch die Ermordung des Konsuls → Cicerō, einen Umsturz herbeizuführen und so an die Macht zu kommen. Nach seiner Flucht nach Etrurien ist er dort im Kampf gegen die römischen Truppen 62 v. Chr. gefallen.	P 35

205

Anhang

Catō, Catōnis m.	Marcus Porcius Catō (234–149 v. Chr.), sittenstrenger römische Politiker, Konsul 195 v. Chr., Zensor 184 v. Chr.	P 10, 24
Cheruscī, ōrum m.	die Cherusker; germanischer Volksstamm, der zwischen Weser und Elbe siedelte.	42, 43
Christiānī, ōrum m.	die Christen	39, 40, P 40
Christus, ī m.	„der Gesalbte"; griechische Übersetzung der hebräischen Bezeichnung „der Messias" für Jesus von Nazareth.	39, P 40
Cicerō, Cicerōnis m.	Marcus Tullius Cicerō (106–43 v. Chr.), römischer Politiker aus dem Ritterstand; Anhänger und zeitweise Wortführer der Senatspartei; der größte Redner Roms; Verfasser bedeutender Schriften zu Redekunst und Philosophie. Wurde als erster seiner Familie im Jahr 63 v. Chr. zum Konsul gewählt (homō novus). In seinem Konsulat vereitelte er den Umsturzversuch des → Catilīna, dessen Verschwörung er aufdeckte.	P 10, P 35
Cimbrī, ōrum m.	die Kimbern; germanischer Volksstamm. Drang gegen Ende des 2. Jahrhunderts v. Chr. nach Gallien und Norditalien ein und vernichtete 105 v. Chr. bei Arausio (heute: Orange) ein römisches Heer völlig; wurde 101 v. Chr. bei → Vercellae von → Marius besiegt.	32
Circus Maximus, ī m.	größte Rennbahn in Rom	6
Civīlis	Cāius Iūlius Civīlis (25–ca. 70 n. Chr.), Fürst der Bataver, der im römischen Heer als Anführer einer Einheit von Hilfstruppen diente. Im Jahr 69 n. Chr. versuchte er, durch einen Aufstand die römischen Legionen am Rhein zu vertreiben, wurde aber nach kurzer Zeit besiegt.	44
Clōdius, Clōdiī m.	Publius Clōdius Pulcher (ca. 92–52 v. Chr.), stammte aus dem Patriziergeschlecht der Claudier. Um im Jahr 58 v. Chr. Volkstribun werden zu können, ließ er sich in die Plebs aufnehmen und nannte seinen Gentilnamen von da an „Clōdius". Als Volkstribun veranlasste er im Jahr 58 die Verbannung Ciceros für dessen Vorgehen gegen → Catilina. Mithilfe seiner Gladiatorenbanden terrorisierte er Rom, bis er im Jahr 52 v. Chr. in einer Auseinandersetzung mit → Milo bei → Bovillae getötet wurde.	33
Cloelia, ae f.	römisches Mädchen, das als Geisel zu König → Porsenna geschickt wurde.	P 25
Concordia, ae f.	die Göttin der Eintracht. Ihr Tempel befand sich auf dem Forum in Rom.	P 10

206

Constantīnus, ī m.	C. Flāvius Valērius Constantīnus (285–337 n. Chr.), wurde im Jahr 306 zum römischen Kaiser ausgerufen. Besiegte 312 den Gegenkaiser → Maxentius an der Milvischen Brücke vor den Toren Roms. 313 erließ er das Toleranzedikt von Mailand, durch das die Ausübung der christlichen Religion im römischen Reich offiziell anerkannt wurde. Nach dem Sieg über seinen Mitregenten Licīnius herrschte er ab 324 allein und wählte Byzanz zur Hauptstadt des römischen Reiches, die er in Konstantinopel umbenannte.	40
Corinthus, ī f.	Korinth, bedeutende griechische Handelsstadt am Isthmus, der Landenge zwischen der Peloponnes und Mittelgriechenland.	27
Coriolānus, ī m.	Coriolan, legendärer Held der Römer im Krieg gegen die Volsker (→ Volscī); begab sich nach einem Streit mit den Plebejern zu den Volskern und griff mit ihnen Rom an.	15
Cotta, ae m.	Lūcius Aurunculēius Cotta, Legat im Heer Caesars; geriet im Winter 54/53 v. Chr. gemeinsam mit dem Legaten → Sabīnus in einen Hinterhalt der Eburonen unter Ambiorix und wurde dabei getötet.	41
Crēta, ae f.	Insel im östlichen Mittelmeer	26
Danūvius, i m.	die Donau	P 45
Didō, Didōnis f.	sagenhafte Gründerin und Königin der Stadt → Carthāgō. Sie verliebte sich in → Aenēās, der auf seiner Flucht von Troja in Carthago landete. Als Aeneas sie verließ und nach Italien weiterfuhr, beging Dido Selbstmord.	P 30
Eburōnēs, Eburōnum m.	die Eburonen, gallischer Stamm, der im Gebiet zwischen Maas und Rhein siedelte. Sie überfielen im Winter 54/53 v. Chr. unter ihrem Anführer → Ambiorix die römischen Kohorten der Legaten → Cotta und → Sabīnus.	41
Epīrus, ī f.	Landschaft an der Westküste Griechenlands	22
Etruscī, ōrum m.	die Etrusker	P 15, 21, P 25
Eurōpa, ae f.	Tochter des Königs → Agēnor aus der phönizischen Stadt Tyros	26
Eurydicē, ēs f.	Eurydike, Ehefrau des berühmten Sängers → Orpheus	28
Flāvus, ī m.	Germane aus dem Stamm der Cherusker, der als Soldat im römischen Heer diente; Bruder des → Armīnius.	43
Gallī, ōrum m.	römischer Sammelname für die keltischen Stämme	10, 41

Gallia, ae f.	Bezeichnung der Römer für das Gebiet zwischen Rhein, Alpen, Pyrenäen und Atlantik. Die römischen Provinzen in Gallien waren zunächst eingeteilt in Gallia Cisalpīna und in Gallia Nārbōnēnsis. Das von → Caesar eroberte Gebiet Galliens wurde später die Provinz Gallia Transalpīna.	23, 34, 41
Germānī, ōrum m.	die Germanen; römische Bezeichnung für eine in viele Stämme zerfallende Völkergruppe Mittel-, Nord- und Osteuropas	32, 42, 44
Germānia, ae f.	römische Bezeichnung für die beiden linksrheinischen Provinzen Niedergermanien (Germānia inferior) und Obergermanien (Germānia superior), aber auch für das nicht unterworfene rechtsrheinische Gebiet (Germānia māgna).	42
Germānicus, ī m.	Iūlius Caesar Germānicus (15 v. Chr. – 19 n. Chr.); Sohn des Drusus und der Antonia, der im Jahr 4 n. Chr. von Kaiser → Tiberius adoptiert wurde. Führte 14 – 16 n. Chr. drei erfolgreiche Feldzüge in Germanien durch und besiegte dabei Arminius bei Idistaviso an der Weser.	43
Graecī, ōrum m.	die Griechen	25, 26, 29, 30
Graecia, ae f.	Griechenland	13, 16
Hannibal, Hannibalis m.	karthagischer Feldherr (246 – 183 v. Chr.), der mit seinen Truppen die Alpen überquerte und in Italien einmarschierte; brachte den Römern bei Cannae (216 v. Chr.) eine vernichtende Niederlage bei; wurde erst 202 v. Chr. von Publius Cornēlius Scīpiō Africānus māior bei → Zama besiegt.	23
Hector, Hectoris m.	Hektor, Sohn des trojanischen Königs Priamus, den Achill im Zweikampf getötet hat.	30
Hispānia, ae f.	Spanien; seit 198 v. Chr. römische Provinz	23
Homērus, ī m.	größter Dichter der Griechen im 8. Jh. v. Chr., unter dessen Namen die beiden Epen Ilias und Odyssee überliefert sind.	10
Iocasta, ae f.	Iokaste, Ehefrau des → Lāius, Mutter des → Oedipus	27
Italia, ae f.	Italien	30, P 30
Iudaea, ae f.	römische Provinz im heutigen Südpalästina, von → Pompēius im Jahr 63 v. Chr. erobert.	34
Iugurtha, ae m.	Jugurtha, König von Numidien (ca. 160 – 104 v. Chr.). Nach dem Tod seines Onkels, König Micipsa, übernahm er 118 v. Chr. die Herrschaft und ließ seine beiden Vettern, die unter dem Schutz Roms standen, ermorden. Die Römer erklärten ihm 111 v. Chr. den Krieg, der erst 105 v. Chr. durch → Marius beendet werden konnte.	32

Iūnō, Iūnōnis f.	Schwester und Ehefrau des → Iuppiter, Schutzgöttin der Frauen	9
Iuppiter, Iovis m.	höchster Gott und Schützer des römischen Reiches. Entspricht in der griechischen Mythologie dem Göttervater Zeus.	6, 9, 26, 30, P 30, P 45
Lāius, ī m.	König von Theben und Vater des → Oedipus	27
Lānuvium, ī n.	Stadt in → Latium, an der Via Appia, heute Città Lavinia	33
Lāocoōn, Lāocoontis m.	Priester, der die Trojaner davor warnte, das hölzerne Pferd in ihre Stadt zu ziehen.	29
Latium, ī n.	Landschaft in Mittelitalien, zwischen den Albaner- und den Sabinerbergen; Wohnsitz der Latiner	30
Māgna Graecia, ae f.	Großgriechenland; Bezeichnung für das Gebiet der griechischen Küstenstädte in Unteritalien und auf Sizilien	22, 26
C. Marius, ī m.	Cāius Marius (157–86 v. Chr.), aus dem Ritterstand; wurde aufgrund seiner hervorragenden militärischen Fähigkeiten als homō novus 107 v. Chr. zum Konsul gewählt; bekleidete dieses Amt insgesamt siebenmal. Führte eine Reform des römischen Heeres durch und besiegte 105 v. Chr. den König → Iugurtha, 101 v. Chr. bei → Vercellae die Kimbern (→ Cimbrī).	32
Mārs, Mārtis m.	der römische Kriegsgott	P 15
Masinissa, ae m.	König von → Numīdīa, etwa 240–149 v. Chr.; sein Angriff auf → Carthāgō löste 149 v. Chr. den dritten Punischen Krieg aus.	24
Maxentius, ī m.	Marcus Aurēlius Maxentius (um 278–312 n. Chr.), Sohn des Kaisers Maximian, wurde im Jahr 306 mit Unterstützung des römischen Senats zum Gegenkaiser Konstantins ausgerufen. Von ihm wurde er 312 in der Schlacht an der Milvischen Brücke besiegt.	40
Menēnius Agrippa, ae m.	Konsul im Jahr 503 v. Chr., sorgte im Jahr 494 v. Chr. dafür, dass die Plebejer wieder in Stadt zurückkehrten.	14
Mercūrius, ī m.	Merkur, römischer Gott; Götterbote; Schutzpatron der Reisenden, der Kaufleute, aber auch der Diebe.	6, P 30, P 45
Messāna, ae f.	Messina; Stadt auf Sizilien	22
Mīlo, Mīlōnis m.	T. Annius Mīlo, Volkstribun des Jahres 57 v. Chr. und Prätor des Jahres 55 v. Chr. Setzte sich für die Rückberufung Ciceros aus dem Exil ein und wurde dadurch zu einem erbitterten Gegner des → Clōdius, mit dem er sich zahlreiche Straßenkämpfe lieferte. Wurde wegen der Ermordung des Clodius angeklagt und von → Cicerō verteidigt.	33

Anhang

Minerva, ae f.	Tochter des → Iuppiter, Göttin der Weisheit, der Künste und Wissenschaften, des Handwerks. Entspricht in der griechischen Mythologie der Göttin Athene.	6, 9, 29
Mithridātēs, Mithridātis m.	Mithridātēs VI. Eupator (120–63 v. Chr.), König von → Pontus, einer der größten Gegner Roms im Osten. Er wurde nach drei langen Kriegen im Jahr 63 v. Chr. von → Pompēius besiegt.	34
mōns Sacer, Sacri m.	der Heilige Berg; Hügel im Norden der Stadt Rom. Dorthin zogen im Jahr 494 v. Chr. die Plebejer, um ihren Forderungen Nachdruck zu verleihen.	14
Mūcius Scaevola	Cāius Mūcius Scaevola; legendärer Held der Römer im Krieg gegen → Porsenna.	21, P 25
Mulvius pōns, pontis m.	die Milvische Brücke über den Tiber an der Via Flaminia, nördlich von Rom. Hier fand im Jahr 312 die Schlacht zwischen den Kaisern Konstantin und Maxentius statt.	40
Nerō, Nerōnis m.	L. Domitius Ahēnobarbus Nerō (37–68 n. Chr.), seit 54 n. Chr. römischer Kaiser. Nach kurzer Zeit begann eine Schreckensherrschaft, in der Nero u. a. zuerst seine Mutter, dann seine Ehefrau Octavia ermorden ließ. Im Zusammenhang mit dem Brand Roms im Jahr 64 ließ er viele Christen als vermeintliche Brandstifter hinrichten. Im Jahr 68 wurde Nero bei einem Aufstand verschiedener Provinzstatthalter schließlich vom Senat zum Staatsfeind erklärt und beging Selbstmord. Mit Nero endete die julisch-claudische Dynastie.	39
Numīdīa, ae f.	Numidien; Land südlich von → Carthāgō, im Gebiet des heutigen Ostalgerien.	24
Oceanus, ī m.	der Ozean; römische Bezeichnung für die Nordsee und den Atlantischen Ozean westlich von Spanien und Frankreich.	34, P 45
Octaviānus, ī m.	→ Augustus	36
Oedipus, ī m.	Sohn des → Lāius und der → Iocasta; wurde als Kind von seinen Eltern ausgesetzt. Durch ein unglückliches Orakel wurde er gegen seinen Willen zum Mörder seines Vaters. Als er die Stadt Theben vor der Bedrohung durch die Sphinx gerettet hatte, erhielt er ohne sein Wissen seine eigene Mutter zur Ehefrau.	27
Orpheus, ī m.	der berühmteste Sänger und Musiker der Antike. Sohn des thrakischen Königs Oiagros und der Muse Kalliope.	28
Ōstia, ae f.	Hafenstadt Roms an der Tibermündung	19

Ovīdius, ī m.	P. Ovīdius Nāsō (43 v. Chr. – 17/18 n. Chr.), römischer Ritter aus Sulmo bei Rom, wo er eine senatorische Laufbahn begann. Schon bald widmete er sich aber nur noch der Dichtkunst. Zu seinen wichtigsten Werken zählen die Liebesdichtungen Amores und Ars amatoria und das Epos Metamorphosen. Im Jahr 8 n. Chr. wurde Ovid von → Augustus lebenslänglich nach Tomi am Schwarzen Meer verbannt. Die Gründe sind bis heute nicht geklärt. Über sein Schicksal in der Verbannung berichtet Ovid in seinen Gedichten Tristia und Epistulae ex Ponto.	37
Palātium, ī n.	der Palatin; einer der sieben Hügel Roms	11
Plīnius, ī m.	C. Plīnius Caecīlius Secundus, der Jüngere (62 – etwa 113 n. Chr.), geboren in Cōmum (heute: Como in Oberitalien); römischer Beamter und Schriftsteller. Konsul im Jahr 100; verwaltete seit 111 als kaiserlicher Statthalter die römische Provinz → Bithȳnia und stand deswegen in regem Briefwechsel mit dem Kaiser → Trāiānus.	P 40
Plūto, Plūtōnis m.	Bruder des Jupiter, König der Unterwelt und Ehemann der → Proserpina	28
Phaedrus, ī m.	römischer Fabeldichter (ca. 15 v. Chr. – 45 n. Chr.), Freigelassener des Augustus. Begründete mit seinen fünf Büchern fābulae Aesōpiae die Gattung der Fabel in Rom.	38
Poenī, ōrum m	die Punier; antiker Name der Karthager	23, 24
Polybius, ī m.	Polybios (ca. 200 – 120 v. Chr.), griechischer Geschichtsschreiber; kam 167 v. Chr. nach Rom; war eng befreundet mit → P. Cornēlius Scīpiō Africānus minor, dessen Lehrer er wurde.	31
Polybus, ī m.	König von → Corinthus	27
Pompēius, ī m.	Cnaeus Pompēius Māgnus (106 – 48 v. Chr.), römischer Feldherr und Politiker auf der Seite der Optimaten. Konsul im Jahr 70 v. Chr. Besiegte im Jahr 67 v. Chr. in kurzer Zeit die Seeräuber, danach den König → Mithridātēs und ordnet die römische Herrschaft in Kleinasien durch die Einrichtung neuer Provinzen. Schloss im Jahr 60 v. Chr. gemeinsam mit → Caesar und Crassus das Triumvirat, stellte sich aber im Bürgerkrieg (ab 49 v. Chr.) gegen Caesar und übernahm den Oberbefehl über die Truppen des Senats. 48 v. Chr. von Caesar bei Pharsalos geschlagen und auf der Flucht in Ägypten ermordet.	34
Pontus, ī m.	Königreich an der Nordküste Kleinasiens am Südostrand des Schwarzen Meeres. Nach dem Sieg des → Pompēius über → Mithridātēs wurde es römische Provinz.	34
Porsenna, ae m.	König der etruskischen Stadt Clūsium; belagerte im Jahr 508 v. Chr. Rom.	21, P 25

Anhang

Prōserpina, ae f.	Tochter der Cerēs und des → Iuppiter; Königin der Unterwelt, die sie gemeinsam mit → Plūto regiert.	28
Pyrrhus, ī m.	König von → Epīrus (319/18 – 272 v. Chr.); setzte 280 v. Chr. auf Bitten der Einwohner der Stadt → Tarentum nach Italien über und führte Krieg gegen die Römer.	22
Pȳthia, ae f.	die Pythia, Priesterin des Gottes Apoll in Delphi	13
Rēmus, ī m.	Zwillingsbruder des → Rōmulus	11
Rhēnus, ī m.	der Rhein	P 45
Rōmulus, ī m.	sagenhafter Gründer Roms; Sohn des Gottes Mars und der Rea Silvia.	11, 12
Rubicō, Rubicōnis m.	kleiner Fluss, der südlich von Ravenna in die Adria mündet. Er galt als natürliche Grenze zwischen → Italia und → Gallia Cisalpīna.	34
Sabīni, ōrum m.	die Sabiner; italischer Stamm in den Sabiner Bergen des Apennins.	12
Sabīnus, ī m.	Quīntus Titurius Sabīnus, Legat im Herr → Caesars; hatte im Winter 54/53 v. Chr. gemeinsam mit dem Legaten → Cotta ein Lager im Gebiet der Eburonen bezogen; geriet dort in einen Hinterhalt des → Ambiorix und wurde dabei getötet.	41
Sāturnus, i m.	Saturn; altrömischer Gott der Saaten und des Ackerbaus; sein Tempel befand sich auf dem Forum.	P 10
Scīpiō, ōnis m.	Publius Cornēlius Scīpiō Africānus minor (ca. 185 – 129 v. Chr.); Konsul 147 und 134 v. Chr.; eroberte und zerstörte 146 v. Chr. im 3. Punischen Krieg Karthago. Freund und Schüler des griechischen Geschichtsschreibers → Polybius.	23, 31
Sicilia, ae f.	Sizilien; seit 238 v. Chr. erste römische Provinz.	16, 19
Sinon, Sinōnis m.	Name des griechischen Helden, der die Trojaner überredete, das hölzerne Pferd als Weihegeschenk anzunehmen.	29
Sphinx, Sphingis f.	die Sphinx; ein Ungeheuer mit dem Körper eines geflügelten Löwen und dem Kopf einer Frau. Sie bedrohte die Stadt Theben, indem sie alle Menschen, die ihr Rätsel nicht lösen konnten, fraß.	28
Syrācūsae, ārum f.	Syrakus; Stadt auf der Insel Sizilien.	22
Syria, ae f.	Syrien, im Jahr 64 v. Chr. von → Pompēius zur römischen Provinz gemacht.	34
Tarentīnī, ōrum m.	die Tarentiner; Einwohner der Stadt → Tarentum.	22

Anhang

Tarentum ī n.	Tarent; Stadt in Unteritalien	22
Tarquinius Superbus, ī m.	der Sage nach siebter und letzter König Roms; von → L. Iūnius Brūtus im Jahr 510 v. Chr. aus der Stadt vertrieben.	13
Tartarus, ī m.	der Tartarus, die Unterwelt	28
Thēbae, ārum f.	Theben, Stadt in Böotien, Griechenland	27
Thēbānī, ōrum m.	die Thebaner, die Einwohner der Stadt Theben	28
Tiberis, Tiberis m.	der (Fluss) Tiber	40
Tiberius, ī m.	Tiberius Iulius Caesar Augustus (42 v. – 37 n. Chr.) römischer Kaiser seit 14 n. Chr.	18
Tigrānēs, is m.	Tigranes I. (95 – ca. 55 v. Chr.), König von Armenien; verbündet mit → Mithridātēs VI. von Pontus.	34
Trāiānus, ī m.	Marcus Ulpius Trāiānus (53 – 117 n. Chr.); stammte aus einer Senatorenfamilie aus Itālica (Spanien); Konsul im Jahr 91, danach Statthalter in Obergermanien (97). Im selben Jahr von Kaiser Nerva adoptiert, dessen Nachfolger er im Jahr 98 wurde. Durch die Eroberungen Trajans erreichte das Imperium Rōmānum seine größte Ausdehnung. Sein Briefwechsel mit → Plīnius gibt einen Einblick in die Probleme der römischen Provinzialverwaltung zu Beginn des 2. Jahrhunderts.	P 40
Trōia, ae f.	Troja, heute Hisarlık. Antike Stadt im Nordwesten Kleinasiens, wo der sagenhafte Krieg zwischen den Griechen und den Trojanern stattgefunden haben soll.	29, 30
Trōiānī, ōrum m.	die Trojaner, Einwohner der Stadt Troja	29, 30, P 30
Ulixes, Ulixis m.	Lateinischer Name des Odysseus. König von Ithaka, der am Krieg vor Troja teilnahm und nach einer zehnjährigen Irrfahrt nach Hause zurückkehrte.	29
Vārus, ī m.	Publius Quīntīlius Vārus (47/46 v. – 9 n. Chr.), Konsul 13 v. Chr.; seit dem Jahr 6 n. Chr. römischer Statthalter in Germanien; wurde im Jahr 9 n. Chr. mit seinen drei Legionen vom Cheruskerfürsten → Armīnius im Teutoburger Wald vernichtend geschlagen und beging daher Selbstmord.	42
Venus, Veneris f.	Venus, die Göttin der Liebe und der Schönheit. Mutter des Trojaners → Aenēās. Entspricht in der griechischen Mythologie der Göttin Aphrodite.	P 15, 30

213

Anhang

Vercellae, ārum f.	Ort in der Nähe des heutigen Ferrara (Oberitalien). Dort fand im Jahr 101 v. Chr. die entscheidende Schlacht gegen die Kimbern statt, die nach Norditalien eingedrungen waren.	32
Vergilius, ī m.	Pūblius Vergilius Maro (Vergil), 70–19 v. Chr.; römischer Dichter und Verfasser des römischen Epos Aeneis.	10
Vesta, ae, f.	die Göttin des Herdfeuers	P 10
Vetūria, ae f.	Mutter des → Coriolānus	15
Vīsurgis, is m.	die Weser	43
Volscī, ōrum	die Volsker, italischer Volksstamm in Latium	15
Volumnia, ae f.	Ehefrau des → Coriolānus	15
Zama, ae f.	Stadt in Nordafrika; hier besiegte → Publius Cornēlius Scīpiō Africānus māior 202 v. Chr. die Truppen des → Hannibal.	23

Anhang

Vokabelverzeichnis (Lektionen 1 – 45)

(Angegeben ist jeweils die Lektion, in der die Vokabel erstmals auftritt.
Hinweis: P15 = Plateaulektion nach Lektion 15 etc.)

ā, ab (Präp. mit Abl.)	von, von … her	9
abdūcere, abdūcō, abdūxī, abductum	wegführen, abbringen	15, P15, 37
abesse, absum, āfuī	abwesend sein, entfernt sein, fehlen	14, 16
abicere, abiciō, abiēcī, abiectum	wegwerfen, niederlegen	41
abīre, abeō, abiī	weggehen	26
ac profectō	und wirklich; und tatsächlich	21
accēdere, accēdō, accessī, accessum	herantreten, hinzukommen	35, 37
accidere, accidit, accidit	geschehen, sich ereignen	40
accipere, accipiō, accēpī, acceptum	annehmen, aufnehmen	22, P25, 38
accūsāre	anklagen	8
incendiī accūsāre	(jemanden) der Brandstiftung anklagen	39
ācer, ācris, ācre	scharf, heftig, eifrig	20
ācrī animō	mit Begeisterung	20
aciēs, aciēī f.	die Schlacht(reihe); die Schärfe	40
ad (Präp. mit Akk.)	zu, bis zu, bei	9
addere, addō, addidī, additum	hinzufügen, ergänzen	19, P20, 39
adesse, adsum, affuī	da sein; mit Dativ: (jemandem) helfen	7, 16
adhibēre, adhibeō, adhibuī, adhibitum	anwenden, hinzuziehen	12, P15, 40
adhūc (Adv.)	bisher, bis jetzt	8
adīre, adeō, adiī	herangehen, aufsuchen, angreifen	20, P20
adiuvāre, adiuvō, adiūvī, adiūtum (mit Akk.)	(jemanden) unterstützen, (jemandem) helfen	5, P15, 43
adulēscēns, adulēscentis m.	der junge Mann (zwischen 18 und 25 Jahren)	21
adventus, adventūs m.	die Ankunft	41
adversārius, ī m.	der Gegner, Feind	10
adversus, a, um	entgegengesetzt, feindlich	30
aedificāre	bauen, erbauen	8

215

Anhang

aedificium, ī n.	das Gebäude	8
aeger, aegra, aegrum	krank, erschöpft	20
aes, aeris n.	das Geld, das Erz	14
aes aliēnum	die Schulden	
afferre, afferō, attulī, allātum	herbeitragen, hinzufügen	26, 38
afficere, afficiō, affēcī, affectum	(mit etwas) versehen, behandeln	35, 38
curīs afficere	(jemanden) in Sorge versetzen; (jemandem) Sorgen bereiten	35
suppliciō afficere	(jemanden) hinrichten, mit dem Tode bestrafen	39
ager, agrī m.	der Acker, das Feld	14
agere, agō, ēgī, āctum	handeln, verhandeln, betreiben	11, P 15, 37
Sāturnālia agere	die Saturnalien feiern	17
āgmen, āgminis n.	der Heereszug	18
alere, alō, aluī	ernähren, großziehen	27
aliquandō (Adv.)	irgendwann, einst	13
alius, alia, aliud	ein anderer	21
alter, altera, alterum	der eine (von zweien), der andere	34
altus, a, um	hoch, tief	8
amāre	lieben, gern haben	4
ambō, ambae, ambō	beide (zusammen)	43
ambulāre	spazieren gehen	2
amīca, ae f.	die Freundin	26
amīcitia, ae f.	die Freundschaft	38
amīcus, ī m.	der Freund	2
amittere, amittō, amīsī, amissum	verlieren	22, P 25, 37
amoenus, a, um	schön, lieblich, hübsch	20
amplus, a, um	weit, groß; großartig, prächtig	18
an	oder (in der Frage)	15
animadvertere, animadvertō, animadvertī, animadversum	wahrnehmen, bemerken	41
animal, animālis n., Abl. Sg. animālī; Nom./Akk. Pl. animālia, Gen. Pl. animālium	das Tier, Lebewesen	38

216

animus, ī m.	das Herz, der Sinn, der Mut, der Geist	15
bonō animō esse	guten Mutes sein	30
annus, ī m.	das Jahr	12
ante (Präp.mit Akk.)	vor	9
anteā (Adv.)	früher, vorher	13
antīquus, a, um	alt	8
aperīre, aperiō, aperuī, apertum	öffnen, aufdecken	29, 40
appārēre, appāreō, appāruī	erscheinen, auftauchen, sich zeigen	5, 13, P 15
appellāre	nennen, ansprechen, ernennen zu	36
apportāre	herbeitragen, herbeischaffen	3
appropinquāre	sich nähern, herankommen	1
apud (Präp. mit Akk.)	bei	45
aqua, ae f.	das Wasser	4
āra, ae, f.	der Altar	9
arcēre, arceō, arcuī	fernhalten, abwehren	10, 14, P 15
arcessere, arcessō, arcessīvī, arcessītum	(jemanden) herbeiholen, herbeikommen lassen	27, 41
ardēre, ardeō, arsī	brennen, entbrannt sein	20, P 20
arēna, ae f.	der Sand, die Arena, der Kampfplatz	16
arma, ōrum n.	die Waffen	11
ascendere, ascendō, ascendī, ascēnsum	besteigen; hinaufsteigen, emporsteigen	18, P 20, 42
asper, aspera, asperum	rau, schroff, mühsam	23
at	aber, jedoch	39
atque, ac	und (dazu); und auch	17
ātrium, ī n.	die Eingangshalle (das Atrium)	4
auctōritās, auctōritātis f.	das Ansehen, der Einfluss, die Macht	34
audācia, ae f.	die Kühnheit, der Wagemut	10
audāx, audācis	waghalsig, kühn, furchtlos	22
audīre, audiō, audīvī, audītum	hören	3, 13, P 15, 39
auferre, auferō, abstulī, ablātum	wegtragen, wegbringen	26, 38
augēre, augeō, auxī, auctum	vermehren, vergrößern, fördern	34, 41

217

Anhang

aut	oder	31
aut ... aut	entweder ... oder	15
autem (Adv.; nachgestellt)	aber	3
auxilium, ī n.	die Hilfe, Unterstützung	11
auxilium ā deīs petere	die Götter um Hilfe bitten	11
avāritia, ae f.	die Habgier, der Geiz	45
avē!	sei gegrüßt!; lebe wohl!	18
avia, ae f.	die Großmutter	20
avus, ī m.	der Großvater	20
barbarus, a, um	fremd; ungebildet; barbarisch	32
barbarus, ī m.	der Ausländer; Barbar	32
bellum, ī n.	der Krieg, Kampf	14
bene (Adv.)	gut	17
bibere, bibō, bibī	trinken	17, P 20
bonus, a, um	gut, tüchtig	7
brevis, breve	kurz, klein	22
caedere, caedo, cecīdī, caesum	fällen, niederhauen, töten	33, 39
caedēs, caedis f.	das Morden, das Blutbad	42
caelum, ī n.	der Himmel	11
calamitās, calamitātis f.	das Unglück, die Niederlage	13
calamitātem īnferre	(jemandem) Unglück bringen, (jemanden) ins Unglück stürzen	27
callidus, a, um	schlau, gewitzt	13
canere, canō, cecinī	singen; ertönen	39
capere, capiō, cēpī, captum	fassen, ergreifen, erobern	11, P 15, 38
arma capere	die Waffen ergreifen, zu den Waffen greifen	11
cōnsilium capere	einen Plan fassen	11
Capitōlium, ī n.	das Kapitol (einer der sieben Hügel Roms mit dem Tempel Jupiters)	9
captīvus, ī m.	der (Kriegs)gefangene	8
carēre, careō, caruī (mit Abl.)	(etwas) entbehren, (etwas) nicht haben	8, P 15
carmen, carminis n.	das Lied, Gedicht	28
castra, ōrum n. (Pluralwort)	das Lager	15

218

cāsū (Adv.)	aus Zufall, zufällig	27
causa, ae f.	die Angelegenheit, der Sachverhalt; der Grund, die Ursache; der Prozess	17
celebrāre	feiern	6
celer, celeris, celere	schnell	20
cēna, ae f.	das Essen, die Mahlzeit	4
cēnāre	essen, speisen	2
centum (indekl.)	hundert	7
certē (Adv.)	sicher, gewiss	27
certus, a, um	sicher, gewiss	31
cessāre	zögern, sich nicht beeilen	1
cēterī, ae, a	die übrigen	7
cibus, ī m.	die Speise, Nahrung, Plur.: die Lebensmittel	4
circumdare, circumdō, circumdedi, circumdatum	umgeben, herumlegen	11, P 20, 37
circumvenīre, circumveniō, circumvēnī, circumventum	umzingeln; umgeben	41
circus, ī m.	der Zirkus, die Rennbahn	6
cīvīlis, cīvīle	bürgerlich, Bürger-	34
cīvis, cīvis m.	der Bürger	18
cīvītās, cīvītātis f.	die Bürgerschaft, der Staat	13
clādēs, clādis f.	die Niederlage	22
clam (Adv.)	heimlich	13
clāmāre	schreien, laut rufen	5
clāmor, clamōris m.	das Geschrei	12
clārus, a, um	hell, klar, berühmt	9
cōgere, cōgō, coēgi, coāctum	zusammenbringen; zwingen	23, P 25, 37
cōgitāre	denken, überlegen	13
cōgnōscere, cōgnōscō, cōgnōvī, cōgnitum	kennenlernen, erkennen	16, P 20, 42
cohors, cohortis f.	die Kohorte (10. Teil einer Legion)	41
colere, colō, coluī, cultum	bebauen, pflegen, verehren	14, P 15, 39

Anhang

agrōs colere	die Äcker bebauen	14
deōs colere	die Götter verehren	14
collocāre	aufstellen, errichten	40
castra collocāre	ein Lager aufstellen, errichten	40
comes, comitis m.	der Gefährte, Begleiter	30
commemorāre	in Erinnerung rufen, erwähnen	31
committere, committō, commīsī, commissum	zusammenbringen, übergeben, anvertrauen	34, 37
bellum committere	einen Krieg beginnen	34
proelium committere	eine Schlacht beginnen	40
scelus committere	ein Verbrechen begehen	36
commovēre, commoveō, commōvī, commōtum	bewegen, antreiben, erregen, erschüttern	31, 37
comparāre (cum)	erwerben, (vor)bereiten; vergleichen (mit)	34
comperīre, comperiō, comperī, compertum	erfahren	19, P 20, 40
complēre, compleō, complēvī, complētum	anfüllen, erfüllen, vollenden	32, 41
complūrēs, complūrium	mehrere, ziemlich viele	22
comprehendere, comprehendō, comprehendī, comprehēnsum	erfassen, ergreifen, verhaften	39
condere, condō, condidī, conditum	gründen, erbauen; aufbewahren, verbergen	11, P 20, 39
oppidum condere	eine Stadt gründen	11
condiciō, condiciōnis f.	die Bedingung, Lage	28
condiciōnem pōnere	(jemandem) eine Bedingung stellen, auferlegen	28
sē conferre, conferō, contulī	sich (wohin) begeben	30
cōnficere, cōnficiō, cōnfēcī, cōnfectum	zustande bringen, vollenden; aufreiben	36, 38
bellum cōnficere	einen Krieg beenden	36
cōnfīrmāre	stärken, (be)festigen; (fest) versichern	40
conicere, coniciō, coniēcī, coniectum	schleudern, werfen; vermuten	41
coniungere, coniungō, coniūnxī, coniūnctum	verbinden, vereinigen	44
coniūnx, coniugis m./f.	der Ehemann/die Ehefrau	37
coniūrātiō, coniūrātiōnis f.	die Verschwörung	44

220

Anhang

conscrībere, conscrībō, conscrīpsī, conscrīptum	in eine Liste eintragen, verfassen	23, P 25, 37
copiās conscrībere	Truppen ausheben	23
conservāre	bewahren, erhalten; retten	31
cōnsīdere, cōnsīdō, cōnsēdī	sich niederlassen, sich setzen	26
cōnsilium, ī n.	der Rat, Plan, Beschluss	11
cōnsistere, cōnsistō, cōnstitī	sich hinstellen, haltmachen	28
cōnstat	es steht fest, es ist bekannt	19
cōnstituere, cōnstituō, cōnstituī, constitūtum	festsetzen, beschließen	27, 42
cōnsul, cōnsulis m.	der Konsul	22
cōnsulātus, cōnsulātūs m.	das Konsulat	32
cōnsulere, cōnsulō, cōnsuluī, cōnsultum (mit Akk.)	(jemanden) um Rat fragen	13, P 15, 43
contendere, contendō, contendī, contentum	sich anstrengen; eilen; kämpfen	11, P 20, 41
dē rēgnō contendere	um die Herrschaft kämpfen	11
contingere, contingit, contigit	gelingen, zuteil werden	40
contrā (mit Akk.)	gegen	24
convenīre, conveniō, convēnī, conventum	zusammenkommen; mit Akk.: (jemanden) treffen	7, P 15, 39
amīcōs convenīre	die Freunde treffen, mit den Freunden zusammenkommen	7
in forum convenīre	auf dem Forum zusammenkommen	18
convīva, ae m.	der Gast	4
convīvium, ī n.	das Gastmahl, Festessen	4
convocāre	zusammenrufen	29
cōpia, ae f.	die Menge (im Plural: Truppen)	6
cōpia equōrum	eine Menge Pferde	6
corpus, corporis n.	Körper	14
corrumpere, corrumpō, corrūpī, corruptum	verderben, bestechen	22, P 25, 43
creāre	verursachen, erschaffen, wählen	31
crēdere, crēdō, crēdidī, crēditum	glauben; (an)vertrauen	17, P 20, 39
crēscere, crēscō, crēvī	wachsen	22, P 25

221

Anhang

crīmen, crīminis n.	die Anklage, der Vorwurf; das Verbrechen	39
crīminī dare	(jemandem etwas) zum Vorwurf machen	39
crūdēlis, crūdēle	grausam	39
cum (Präp. mit Abl.)	mit, zusammen mit	10
cum (Subjunktion mit Indikativ)	immer wenn; sooft	32
cum (Subjunktion mit Indikativ)	(damals) als; (dann) wenn	23
cum (Subjunktion mit Indikativ)	als (plötzlich)	28
cum (Subjunktion mit Konjunktiv)	als, nachdem; weil; während (dagegen)	33
cupere, cupiō, cupīvī, cupītum	wünschen, begehren	11, P 15, 39
cupidus, a, um (mit Gen.)	(be)gierig (nach etwas)	45
cupidus proeliī	kampfeswütig	45
cūr?	warum?	1
cūra, ae f.	die Sorge	5
cūrāre	besorgen, sorgen für	40
currere, currō, cucurrī	eilen, laufen, rennen	17, P 20
currus, currūs m.	der Wagen	33
cursus, cursūs m.	der Lauf; die Bahn; die Laufbahn	32
dare, dō, dedī, datum	geben	7, 17, P 20, 37
facultātem dare	(jemandem) die Möglichkeit geben	43
dē (Präp. mit Abl.)	von; von ... herab; über	9
dea, ae f.	die Göttin	6
dēbere, dēbeō, dēbuī, dēbitum	müssen	3, P 15, 40
dēcernere, dēcernō, dēcrēvī, dēcrētum	entscheiden, beschließen	35, 41
dēcipere, dēcipiō, dēcēpī, dēceptum	täuschen, betrügen, hintergehen	42
dēdere, dēdō, dēdidī, dēditum	übergeben, ausliefern	43
sē dēdere	sich ergeben, kapitulieren	43
dēesse, dēsum, dēfuī	fehlen, nicht vorhanden sein	16
dēfendere, dēfendō, dēfendī, dēfēnsum	verteidigen	18, P 20, 42
dēferre, dēferō, dētulī, dēlātum	(hinab)tragen, -bringen, darbieten	34, 38
cōnsulātum dēferre	(jemandem) das Konsulat übertragen	34
dēficere, dēficiō, dēfēcī, dēfectum	abnehmen, fehlen; abfallen	42

Anhang

animō dēficere	den Mut sinken lassen, mutlos werden	42
deinde (Adv.)	dann, darauf; ferner	17
dēlectāre	erfreuen	36
dēlēre, dēleō, dēlēvī, dēlētum	vernichten, zerstören	10, P 15, 39
dēmōnstrāre	(auf)zeigen, darlegen	8
dēmum (Adv.)	endlich; erst	41
dēnique (Adv.)	schließlich, endlich	11
dēpōnere, dēpōnō, dēposuī, dēpositum	niederlegen, aufgeben	15, P 15, 41
dēscendere, dēscendō, dēscendī	herabsteigen	41
dēserere, dēserō, dēseruī, dēsertum	verlassen, im Stich lassen	30, 43
dēsīderāre	wünschen, verlangen; vermissen	18
dēsilīre, dēsiliō, dēsiluī	herabspringen, hinabspringen	33
dēspērāre	verzweifeln, die Hoffnung aufgeben	21
deus, ī m.	der Gott	6
dēvincere, dēvincō, dēvīcī, dēvictum	(völlig) besiegen	32, 43
dexter, dext(e)ra, dext(e)rum	rechts; günstig	9
dext(e)ram iungere	die (rechte) Hand geben	35
dīcere, dīcō, dīxī, dictum	sagen, sprechen; mit dopp. Akk.: (jemanden) ernennen zu	15, P 15, 31, 39
diēs, diēī m., f.	der Tag, f.: der Termin	29
difficilis, difficile	schwierig, schwer (zu tun)	44
dīmittere, dīmittō, dīmīsī	entsenden, entlassen, aufgeben	15, P 15
discēdere, discēdō, discessī, discessum	auseinandergehen, weggehen	31, 37
ē vītā discēdere	sterben	31
disciplīna, ae f.	die Disziplin, Ordnung	32
discipulus, ī m.	der Schüler	10
discordia, ae f.	die Zwietracht, Uneinigkeit	36
disserere, disserō, disseruī	sprechen über, erörtern	29
diū (Adv.)	lange	1
dīves, dīvitis	reich	45
dīvidere, dīvidō, dīvīsī, dīvīsum	trennen, teilen, verteilen	38
dīvīnus, a, um	göttlich	40

223

Anhang

dīvitiae, ārum f.	der Reichtum	24
docēre, doceō, docuī, doctum	lehren, unterrichten	38
dolēre, doleō, doluī	Schmerzen empfinden, traurig sein	26
dolor, dolōris m.	der Schmerz	12
dolus, ī m.	die List	12
dolum adhibēre	eine List anwenden	12
domī	zu Hause	35
domina, ae f.	die Herrin, Ehefrau	1
dominus, ī m.	der Herr, Hausherr	1
domum	nach Hause	33
domus, domūs f.	das Haus, Gebäude	33
donum, ī n.	das Geschenk	9
dormīre, dormiō, dormīvī	schlafen	2, P 15
dubitāre	zweifeln, zögern	35
dūcere, dūcō, dūxī, ductum	führen, ziehen; mit dopp. Akk.: (jemanden) halten für	15, P 15, 31, 37
dum (Subjunktion mit Ind. Präsens)	während	14
dux, ducis m.	der Führer	23
ē, ex (Präp. mit Abl.)	aus, aus … heraus	19
ecce!	siehe da! schau!	5
ēdūcere, ēdūcō, ēdūxī, ēductum	herausführen, herausziehen	33, 37
gladium ēdūcere	das Schwert zücken	33
effugere, effugiō, effūgī	entfliehen, entkommen	42
egēre, egeō, eguī (mit Abl.)	Mangel (an etwas) haben, etwas entbehren	14, P 15
egēre cibō	keine Nahrung haben	14
ego	ich	11
ēgregius, a, um	herausragend, hervorragend, ausgezeichnet	31
ēloquentia, ae f.	die Redekunst; die Beredsamkeit	8
ēloquentiae studēre	Redekunst studieren	25
emere, emō, ēmī, ēmptum	kaufen	16, P 20, 43
enim	denn, nämlich	3
epistula, ae f.	der Brief	5

Anhang

equidem	(ich) allerdings, zumindest	39
equus, ī m.	das Pferd	6
ergō (Adv.)	folglich, also	19
ēripere, ēripiō, ēripuī, ereptum	entreißen	12, P 15, 43
errāre	sich irren, herum irren	28
error, errōris m.	der Irrtum, die Irrfahrt	37
in errōrem indūcere	(jemanden) zu einem Fehler verleiten	37
esse, sum, fuī	sein	7, 13, P 15
est	er, sie, es ist	1
et	und	1
et ... et	sowohl ... als auch	32
etiam	auch; sogar	1
etsī	auch wenn, obwohl	33
excitāre	aufwecken, antreiben	10
īram deōrum excitāre	den Zorn der Götter erregen	27
exclāmāre	aufschreien; ausrufen	37
exemplum, ī n.	das Beispiel, Vorbild	31
exercitus, exercitūs m.	das Heer	32
exīre, exeō, exiī	herausgehen	20, P 20
exīstimāre	urteilen, meinen	35
expellere, expellō, expulī, expulsum	vertreiben, verbannen	40
explicāre	erklären, darlegen	2
expōnere, expōnō, exposuī, expositum	aussetzen, ausstellen	27, 41
expūgnāre	erobern	24
exspectāre	warten, (jemanden oder etwas) erwarten	1
fābula, ae f.	die Geschichte, Erzählung, Fabel	4
facere, faciō, fēcī, factum	machen, tun; mit dopp. Akk.: machen zu	20, P 20, 31, 38
bene facere, quod	gut daran tun, dass	42
faciēs, faciēī f.	das Gesicht, Aussehen, die Gestalt	29
facilis, facile	leicht, mühelos	42
factum, ī n.	die Tat; die Tatsache	31

225

Anhang

facultās, facultātis f.	die Fähigkeit; die Möglichkeit	43
fallere, fallō, fefellī	täuschen, betrügen	36
falsus, a, um	falsch	45
familia, ae f.	die Familie; die Hausgemeinschaft	1
familiāris, familiāris m.	der Familienangehörige, Vertraute	31
favēre, faveō, fāvī (mit Dat.)	(jemanden) begünstigen, (jemanden) fördern	34
amīcō favēre	dem Freund günstig gesinnt sein, den Freund begünstigen	34
fēmina, ae f.	die Frau	9
ferē (Adv.)	ungefähr, fast, beinahe	34
ferre, ferō, tulī, latum	tragen, bringen; ertragen; berichten	26, 38
lēgēs ferre	Gesetze beantragen	32
fessus, a, um	erschöpft, müde	7
fidēs, fideī f.	die Treue, das Vertrauen, der Glaube	29
fidem habēre (m. Dativ)	(jemandem) vertrauen	29
fīdus, a, um	treu, zuverlässig	7
fīlia, ae f.	die Tochter	1
fīlius, ī m.	der Sohn	1
fīnis, fīnis m.	das Ziel; das Ende; die Grenze, Pl.: das Gebiet	18
fīnem bellī facere	einen Krieg beenden	22
fīnitimus, a, um	benachbart; Substantiv: der Nachbar	12
flectere, flectō, flexī, flexum	biegen, beugen, umstimmen	15, P15, 42
animum Coriolānī flectere	Coriolan umstimmen	15
flēre, fleō, flēvī	weinen, beweinen	28, 41
flōs, flōris m.	die Blume, die Blüte	26
flūmen, flūminis n.	der Fluss	34
foedus, foederis n.	das Bündnis, der Vertrag	24
foedus facere	ein Bündnis schließen	44
fōrma, ae f.	die Form, die Gestalt, die Schönheit	26
fortasse (Adv.)	vielleicht	19
fortis, forte	tapfer, mutig	22
fortitūdō, fortitūdinis f.	die Tapferkeit, der Mut	32

Anhang

fortūna, ae f.	das Schicksal, Glück	16
forum, ī n.	der Marktplatz (das Forum)	3
frāter, frātris m.	der Bruder	14
frīgus, frīgoris n.	die Kälte, der Frost	37
frūmentum, ī n.	das Getreide	3
frūstrā (Adv.)	vergeblich, umsonst	29
fuga, ae f.	die Flucht	30
fugāre	in die Flucht schlagen, vertreiben	10
fugere, fugiō, fūgī (mit Akk.)	(vor jemandem) fliehen	15, P 15
futūrus, a, um	zukünftig	35
gaudere, gaudeō	sich freuen	1
gaudium, ī n.	die Freude	8
gens, gentis f. (Gen. Pl.: gentium)	das Geschlecht, der (Volks)Stamm	14
genus, generis n.	die Abstammung, Art; das Geschlecht	45
gerere, gerō, gessī, gestum	tragen, ausführen	14, 15, P 15, 40
bellum gerere	Krieg führen	14
gladius, ī m.	das Schwert	33
glōria, ae f.	der Ruhm, die Ehre	25
grātia, ae f.	die Anmut; das Ansehen; das Wohlwollen; der Dank	18
deīs grātiās agere	den Göttern Dank sagen, danken	18
gravis, grave	schwer	22
habēre, habeō, habuī, habitum	haben, halten; mit dopp. Akk.: (jemanden) halten für	14, P 15, 40
herī (Adv.)	gestern	17
hīc (Adv.)	hier	2
hic, haec, hoc	dieser, diese, dieses	31
hiems, hiemis f.	der Winter, die Kälte	37
hinc (Adv.)	von hier; daher; daraufhin	37
hodiē (Adv.)	heute	2
homō, hominis m.	der Mensch	13
honōs, honōris m.	die Ehre, das Ehrenamt	32
hōra, ae f.	die Stunde	12

227

Anhang

hortus, ī m.	der Garten	2
hostis, hostis m.	der Feind; der Landesfeind	18
hūc (Adv.)	hierher	28
iacēre, iaceō, iacuī	liegen	35
iam (Adv.)	schon, bereits	1
ibi (Adv.)	dort	2
īgnārus, a, um (mit Gen.)	ohne Kenntnis (von etwas); unwissend (in etwas)	45
īgnārus terrae	ohne Kenntnis des Landes	45
īgnis, īgnis m.	das Feuer	21
īgnōrāre	nicht kennen	6
nōn īgnōrāre	gut kennen, genau wissen	6
īgnōtus, a, um	unbekannt	19
ille, illa, illud	jener, jene, jenes	31
imāgō, imāginis f.	das Bild, Abbild; Ahnenbild	31
immortālis, immortāle	unsterblich	28
impedīre, impediō, impedīvī, impedītum	hindern, verhindern	30, 40
amīcum impedīre, nē (mit Konjunktiv)	den Freund daran hindern, dass	30
imperāre	befehlen, einen Befehl erteilen, (be)herrschen	4
imperātor, imperātōris m.	der Oberbefehlshaber, Feldherr; der Kaiser	18
imperium, ī n.	die Herrschaft, das Herrschaftsgebiet, Reich	8
impetus, impetūs m.	der Ansturm, Angriff; der Drang	32
implōrāre	anflehen	30
imprīmīs (Adv.)	vor allem, besonders	22
improbus, a, um	schlecht, dreist, unanständig	38
in (Präp. mit Abl.)	in an, auf (wo?)	9
in (Präp. mit Akk.)	nach (wohin?)	13
incendere, incendō, incendī, incēnsum	anzünden, entflammen	39
incendium, ī n.	der Brand, die Feuersbrunst	39
incipere, incipiō, coepī, coeptum	anfangen, beginnen	41
incitāre	antreiben, erregen	31
incolumis, incolume	wohlbehalten, unverletzt	42
incrēdibilis, incrēdibile	unglaublich	29

indūcere, indūcō, indūxī, inductum	hineinführen; verleiten, veranlassen	37
īnfēlīx, īnfēlīcis	unglücklich	37
īnferre, īnferō, īntulī, illātum	hineintragen	26, 38
īnfestus, a, um	feindlich, feindselig	11
ingenium, ī n.	die Begabung, das Talent	23
ingēns, ingentis	sehr groß, gewaltig, ungeheuer	22
inimīcitia, ae f.	die Feindschaft	24
inimīcus, ī m.	der Gegner, (persönliche) Feind	32
initium, ī n.	der Anfang; der Beginn	45
inīre, ineō, iniī	hineingehen, beginnen	20, P 20
cōnsilium inīre	einen Entschluss fassen	20
iniūria, ae f.	das Unrecht; die Ungerechtigkeit	8
inquit (eingeschoben)	sagt(e) er	21
īnsidiae, ārum f.	der Hinterhalt	16
īnsidiās parāre	einen Hinterhalt legen, eine Falle stellen	16
īnstāre, īnstō, īnstitī	bevorstehen, drohen	13, P 20
īnstruere, īnstruō, īnstrūxī, īnstrūctum	aufstellen; ausrüsten; unterrichten	40
aciem īnstruere	eine Schlachtreihe aufstellen	40
īnsula, ae f.	die Insel	26
intellegere, intellegō, intellēxī, intellēctum	erkennen, begreifen	19, P 20, 39
inter (Präp. mit Akk.)	zwischen, unter	23
interesse, intersum, interfuī (m. Dat.)	(an etwas) teilnehmen	16
interficere, interficiō, interfēcī, interfectum	töten	33, 38
intrā (Präp. mit Akk.)	innerhalb (von)	40
intrāre	eintreten, betreten	1
invenīre, veniō, invēnī, inventum	finden, erfinden	27, 39
invītāre	einladen	12
ipse, ipsa, ipsum	selbst	38
īra, ae f.	der Zorn, die Wut	15
īram plēbī movēre	beim Volk Zorn erregen	15
īrātus, a, um	zornig, erzürnt	11
īre, eō, iī	gehen	20

229

is, ea, id	dieser, diese, dieses; er, sie; es	18
iste, ista, istud	dieser (da)	38
ita (Adv.)	so	15
itaque	daher, deshalb	7
iter, itineris n.	die Reise, der Weg, Marsch	20
iterum (Adv.)	wiederum, zum zweiten Mal	31
iterum atque iterum (Adv.)	immer wieder	5
iubēre, iubeō, iussī, iussum (m. Akk)	(jemandem) befehlen	21, P 25, 37
iūcundus, a, um	erfreulich, angenehm	7
iungere, iungō, iūnxī, iūnctum	verbinden, vereinigen	35, 42
Iuppiter, Iovis, Iovī, Iovem, ā Iove	Jupiter	30
iūs, iūris n.	das Recht	14
iussū (Abl.)	auf Befehl	39
iūstitia, ae f.	die Gerechtigkeit	25
labor, labōris m.	die Arbeit, Anstrengung, Mühe	17
labōrāre	arbeiten, sich anstrengen	2
lacessere, lacessō, lacessīvī, lacessitum	reizen, herausfordern	11, P 15, 41
lacrima, ae f.	die Träne	15
laetus, a, um	froh, freudig, fröhlich; beglückend	17
laudāre	loben	4
lectus, ī m.	die Liege, das Bett; das Speisesofa	4
lēgātus, ī m.	der Gesandte; der Legat (Offizier)	15
legiō, legiōnis f.	die Legion	18
leō, leōnis m.	der Löwe	38
lēx, lēgis f.	das Gesetz	32
libellus, ī m.	das Schriftstück, Heft; das kleine Buch	5
libenter (Adv.)	gern	4
līber, lībera, līberum	frei	44
liber, librī m.	das Buch	38
līberāre	(von etwas) befreien	8
līberī, ōrum m.	die Kinder	10

Anhang

lībertās, ātis f.	die Freiheit	17
licentia, ae f.	die Zügellosigkeit, Ausgelassenheit; die Willkür	17
licet, licuit	es ist erlaubt	11, P 15
littera, ae f.	der Buchstabe; Plur.: das Schriftstück; das Schreiben	5
lītus, lītoris n.	die Küste, der Strand	26
loca, ōrum n.	die Orte; die Gegend	42
locus, ī m.	der Ort, Platz, die Stelle	11
longus, a, um	lang, ausgedehnt, weit	20
lūctus, ūs m.	die Trauer	37
lūdere, lūdō, lūsī, lūsum	spielen	17, P 20, 42
lūdus, ī m.	das Spiel; das Schauspiel; die Schule	6
lūdō praeesse	eine Schule leiten	16
sē lūdō dare	sich dem Spiel hingeben	17
lūx, lūcis f.	das Licht, Tageslicht	28
ante lūcem	vor Tagesanbruch	37
magister, magistrī m.	der Lehrer	10
magistrātus, magistrātūs m.	der Beamte; das Amt	32
māgnitūdō, māgnitūdinis f.	die Größe, Bedeutung	32
māgnus, a, um	groß	7
māiestās, māiestātis f.	die Erhabenheit, Würde, Größe	26
māiōrēs, māiōrum m.	die Vorfahren	25
mālle, mālō, māluī	lieber wollen, vorziehen	22, P 25
malus, a, um	böse, schlimm	13
mandāre	übergeben, anvertrauen	7
māne (Adv.)	in der Früh, morgens	4
manēre, maneō, mansī	bleiben, warten; erwarten	35
mare, maris n.	das Meer	19
māter, mātris f.	die Mutter	12
maximus, a, um	sehr groß, der Größte	32
mē miserum!	ich Armer!	28
medium, ī n.	die Mitte, der Mittelpunkt	8

231

Anhang

medius, a, um	mittlerer, in der Mitte	29
memor, memoris (mit Gen.)	sich erinnernd, in Erinnerung (an etwas)	45
este māiōrum memorēs!	denkt an eure Vorfahren!	45
mercātor, mercātōris m.	der Kaufmann, Händler	19
merx, mercis f. (Gen. Pl.: mercium)	die Ware	19
meus, a, um	mein	16
mīles, mīlitis m.	der Soldat	18
mīlitāris, mīlitāre	militärisch, soldatisch	43
mīrus, a, um	seltsam, sonderbar	13
miser, misera, miserum	elend, unglücklich	14
mittere, mittō, mīsī, missum	schicken	12, 15, P 15, 37
modo ... modo (Adv.)	bald ... bald	42
modus, ī m.	die Art, Weise	22
moenia, moenium n.	die (Stadt-)Mauern	40
monēre, moneō, monuī, monitum	ermahnen, erinnern	3, P 15, 40
mōns, montis m. (Gen. Pl.: montium)	der Berg	14
monumentum, ī n.	das Denkmal	3
mors, mortis f.	der Tod	15
sibi mortem dare	sich den Tod geben, Selbstmord begehen	42
mortuus, a, um	gestorben, tot	28
mōs, mōris m.	die Sitte, der Brauch, Pl.: der Charakter	25
amīcum mōrēs docēre	den Freund das richtige Verhalten lehren, den Freund im richtigen Verhalten unterweisen	38
movēre, moveō, mōvī, mōtum	bewegen, veranlassen	15, P 15, 37
mox (Adv.)	bald	4
mulier, mulieris f.	die Frau	12
multī, ae, a	viele, zahlreiche	7
multitūdō, multitūdinis f.	die Menge	18
multum (Adv.)	sehr, viel	17
mūrus, ī m.	die Mauer	10
mūtāre	(ver-)ändern, verwandeln	26
nam	denn; nämlich	2

Anhang

nārrāre	erzählen	5
nauta, ae m.	der Seemann, der Matrose	19
nāvigāre	mit dem Schiff fahren, segeln	16
nāvis, nāvis f. (Gen. Pl.: nāvium)	das Schiff	19
nāvēs solvere	die Anker lichten	29
-ne (Fragepartikel)	(wird nicht übersetzt)	34
nē ... quidem	nicht einmal	15
nē m. Konjunktiv	dass nicht	30
necessārius, a, um	notwendig	7
necesse est	es ist notwendig, nötig, unausweichlich	36
negāre	ablehnen; leugnen; sagen, dass nicht	21
neglegere, neglegō, neglēxī, neglēctum	vernachlässigen, unbeachtet lassen	24, P 25, 39
nēmō (Gen.: nūllīus, Dat.: nēminī)	niemand, keiner	26
nepōs, nepōtis m.	der Enkel; der Neffe	31
neque; nec	und nicht, auch nicht, aber nicht	20
nescīre, nesciō, nescīvī	nicht wissen, nicht verstehen	27
nēve (nach ut, nē)	und nicht	43
nihil	nichts	29
nisī	wenn nicht	25
nihil nisī	nichts außer; nur	36
nōbilis, nōbile	berühmt, vornehm, adelig	31
nōlle, nōlō, nōluī	nicht wollen	22, P 25
nōmen, nōminis n.	der Name	29
nōmināre	nennen, benennen; mit dopp. Akk.: (jemanden) bezeichnen als	27, 31
nōn	nicht	1
nōn iam (Adv.)	nicht mehr	14
nōn sōlum	nicht nur	4
nōn sōlum ... sed etiam	nicht nur ... sondern auch	9
nōnne (Fragepartikel)	nicht? denn nicht? etwa nicht?	34
nōnnūllī, ae, a	einige, manche	23
noster, nostra, nostrum	unser	12

Anhang

nōtus, a, um	bekannt	19
novus, a, um	neu, neuartig	11
nox, noctis f.	die Nacht	29
mediā nocte	mitten in der Nacht	29
nūbēs, nūbis f.	die Wolke	35
nūllus, a, um	kein, keiner	12
num (Fragepartikel)	direkte Frage: etwa? etwa gar? indirekte Frage: ob, ob nicht	34, 35
numquam	niemals	24
nunc (Adv.)	jetzt	6
nūntiāre	melden, benachrichtigen	13
nūntius, ī m.	der Bote, die Nachricht	6
nūntius deōrum	der Götterbote (Merkur)	6
nūper (Adv.)	vor kurzem, neulich	19
observāre	beobachten; auf etwas aufpassen	7
obtinēre, obtineō, obtinuī, obtentum	besitzen, verwalten	32, 40
occāsiō, occāsiōnis f.	die Gelegenheit	41
occidere, occidō, occidī	untergehen, umkommen	44
occīdere, occīdō, occīdī, occisum	niederhauen, töten	11, P 20, 39
occupāre	besetzen, in Besitz nehmen	10
occurrere, occurrō, occurrī	entgegeneilen, begegnen	17, P 20
ōdisse, ōdī	hassen	39
odium, ī n.	der Hass	24
odium in hostēs	Hass auf die Feinde	24
offerre, offerō, obtulī, oblātum	entgegen bringen, anbieten	26, 38
mortem offerre	(jemandem) den Tod bringen	27
oleum, ī n.	das (Oliven)öl	19
ōlim (Adv.)	einmal, einst	27
omittere, omittō, omīsī, omissum	aufgeben, beiseite lassen	24, P 25, 37
omnis, omne	jeder, ganz; Pl.: alle	22
oppidum, ī n.	die Stadt, befestigte Landstadt	11

Anhang

opportūnus, a, um	günstig, geeignet	41
opprimere, opprimō, oppressī, oppressum	unterdrücken, überfallen	36, 41
oppūgnāre	angreifen, bestürmen	21
ops, opis f.; Pl.: opēs, opum f.	die Kraft, Macht; Pl.: die Streitkräfte, der Reichtum, Einfluss	42
ōrāculum, ī n.	der Götterspruch, das Orakel; die Orakelstätte	27
ōrāculum adīre	ein Orakel aufsuchen	27
ōrāre	bitten, beten	30
ōrātiō, ōrātiōnis f.	die Rede	25
ōrātiōnem habēre	eine Rede halten	25
orbis, orbis m.	der Kreis, Kreislauf	45
orbis terrārum	der Erdkreis, die Welt	45
ōrdō, ōrdinis m.	die Reihe, Ordnung, der Stand	41
ōrnāre	schmücken	8
ōs, ōris n.	der Mund, das Gesicht	43
ostendere, ostendō, ostendī	zeigen, darlegen	31
ōtium, ī n.	die freie Zeit, Muße, Ruhe	7
ōtiō mē dō	ich gebe mich der Ruhe hin, ich genieße die freie Zeit	7
paene (Adv.)	fast, beinahe	32
palūs, palūdis f.	der Sumpf	42
parāre	vorbereiten, bereiten; (mit etw.) beginnen	4
parātus, a, um	bereit, vorbereitet, kampfbereit	10
parcere, parcō, pepercī (m. Dat.)	(jemanden) (ver)schonen; (etw.) sparen	41
hostibus parcere	die Feinde verschonen	41
parentēs, parentum m.	die Eltern	12
pārēre, pāreō, pāruī	gehorchen	3, 13, P 15
parere, pariō, peperī, partum	hervorbringen, gebären	27, 43
pars, partis f.	der Teil	38
partēs facere	(etwas) (auf)teilen	38
parvus, a, um	klein, gering	11
pāstor, pāstōris m.	der Hirte	27
pater, patris m.	der Vater	12

Anhang

patria, ae f.	die Vaterstadt, das Vaterland, die Heimat	14
patrōnus, ī m.	der Anwalt	8
paucī, ae, a	wenige	16
paulātim (Adv.)	allmählich	36
paulō post (Adv.)	etwas später, bald darauf	6
pauper, pauperis	arm	45
pāx, pācis f.	der Frieden	18
pecūnia, ae f.	das Geld, das Vermögen	8
per (Präp. mit Akk.)	durch (... hindurch)	9
perdere, perdō, perdidī, perditum	verderben, zugrunde richten; verlieren	17, P 20, 39
perferre, perferō, pertulī, perlātum	aushalten, ertragen; überbringen	26, 38
perīculum, ī n.	die Gefahr	9
perīculum est, nē (mit Konjunktiv)	es besteht die Gefahr, dass	30
perīre, pereō, periī	zugrunde gehen, umkommen	20, P 20
perniciēs, perniciēī f.	das Verderben, der Untergang	29
perpetuus, a, um	beständig, ununterbrochen	35
persuādēre, persuādeō, persuāsī, persuāsum (mit Dat.)	(mit ut: jemanden) überreden; (mit AcI: jemanden) überzeugen	42
Germānīs persuādēre, ut	die Germanen (dazu) überreden, dass	42
perterrēre, perterreō, perterruī, perterritum	sehr erschrecken, in Angst versetzen	37
pervenīre, perveniō, pervēnī, perventum	ankommen, (wohin) gelangen	10, P 15, 39
petere, petō, petīvī, petītum	erstreben, (er)bitten, eilen; angreifen	11, P 15, 40
Clōdium petere	Clodius angreifen	33
cōnsulātum (praetūram) petere	das Konsulat (die Prätur) anstreben, sich um das Konsulat (die Prätur) bewerben	32, 33
Ītaliam petere	nach Italien eilen	11
philosophia, ae f.	die Philosophie	25
philosophus, ī m.	der Philosoph	25
pietās, pietātis f.	das Pflichtbewusstsein, die Frömmigkeit	37
pīrāta, ae m.	der Seeräuber, Pirat	16
placēre, placeō, placuī	(jemandem) gefallen	4, 13, P 15

236

Anhang

Brūtō placet	es gefällt Brutus; Brutus beschließt	13
plēbēius, ī m.	der Plebejer	14
plēbs, plēbis f.	das (einfache) Volk	14
plēnus, a, um (mit Gen.)	voll (von etwas)	19
plēnus perīculōrum	voll von Gefahren, voller Gefahren	19
plūrimī, ae, a	die meisten, sehr viele	16
plūs (Adv.)	mehr	17
plūs vīnī	mehr Wein	17
poena, ae f.	die Strafe; die Buße	39
poēta, ae m.	der Dichter	10
pōnere, pōnō, posuī, positum	setzen, stellen, legen	28, 41
pōns, pontis m. (Gen. Plur.: pontium)	die Brücke	34
populus, ī m.	das Volk	18
porta, ae f.	die Tür, das Tor	2
poscere, poscō, poposcī	fordern, verlangen	34
posse, possum, potuī	können, imstande sein	16, P 20
possidēre, possideō, possēdī, possessum	besitzen	45
post (Präp. mit Akk.)	hinter, nach	9
posterī, ōrum m.	die Nachkommen	45
postquam (Subjunktion mit Perf.)	nachdem	13
postrēmō (Adv.)	schließlich, zuletzt	30
pōstulāre	fordern, verlangen	44
potēns, potentis	mächtig	22
potēntia, ae f.	die Macht, der Einfluss	34
potestās, potestātis f.	die Macht, Herrschaft	21
praeclārus, a, um	glänzend, herrlich	7
praeda, ae f.	die Beute	18
praedicāre	ausrufen; rühmen, preisen	43
praeesse, praesum, praefuī (m. Dat.)	(einer Sache) vorstehen, (etwas) leiten	16
praeferre, praeferō, praetulī, praelātum	vorziehen, lieber mögen (als etwas)	36, 38
praemium, ī n.	die Belohnung, der Preis	43
praesidium, ī n.	der Schutz, die Schutztruppe	11
praestāre, praestō, praestitī (mit Dat.)	(jemanden) übertreffen	45

Anhang

sē praestāre, praestō, praestitī	sich erweisen als	31
sē fortem praestāre	sich als tapfer erweisen	31
praetor, praetōris m.	der Prätor	32
precēs, um f. (Pluralwort)	die Bitten, das Gebet	15
premere, premō, pressī, pressum	pressen, bedrängen	40
pretium, ī n.	der Preis, Wert	43
prīmō (Adv.)	zuerst	44
prīmum (Adv.)	zuerst; erstens; zum ersten Mal	17
prīmus, a, um	der erste, der vorderste	23
prīnceps, prīncipis m.	der Erste, Führende; der Kaiser	36
prīncipātus, prīncipātūs m.	die erste Stelle, der Vorrang	44
prō (Präp. mit Abl.)	für, vor, an Stelle von	14
probāre	billigen, für gut befinden; prüfen, beweisen	39
prōcōnsul, prōcōnsulis m.	der Prokonsul, Statthalter	34
procul (Adv.)	in der Ferne, weit; von weitem	26
procul ā patriā	fern der Heimat	26
prōdere, prōdō, prōdidī, prōditum	überliefern; verraten	43
proelium, ī n.	die Schlacht, das Gefecht	23
prohibēre, prohibeō, prohibuī, prohibitum	(etwas von jemandem) abhalten, (jemanden an etwas) hindern	9, P 15, 40
properāre	eilen, sich beeilen	3
prōvidēre, prōvideō, prōvīdī, prōvīsum	vorhersehen; Vorsorge treffen	41
prōvincia, ae f.	die Provinz	18
prūdēns, prūdentis	klug, verständig	38
pūblicum, ī n.	die Öffentlichkeit, der staatliche Bereich	31
pūblicus, a, um	öffentlich, staatlich	31
puella, ae f.	das Mädchen	9
puer, puerī, m.	der Junge, das Kind	9
pūgna, ae f.	der Kampf	16
pūgnīs interesse	an Kämpfen teilnehmen	16
pūgnāre	kämpfen, streiten	10
pulcher, pulchra, pulchrum	schön	9

putāre	meinen, glauben; mit dopp. Akk.: (jemanden) halten für	16, 31
quaerere, quaerō, quaesīvī, quaesītum	suchen, erwerben wollen; fragen	30, 39
quam	als	25
quamquam (Subjunktion)	obwohl, obgleich	21
quandō?	wann?	18
quantus, a, um	wie groß, wie viel	28
quasi (Adv.)	gleichsam, (gleich)wie	39
-que (angehängt)	und	4
qui, quae, quod (adjektivisches Fragepronomen)	welcher, welche, welches	34
qui, quae, quod (Relativpronomen)	der, die, das; welcher, welche, welches	23
quia (Subjunktion)	weil	13
quid?	was?	2
quīdem (Adv.)	gewiss, sicherlich	16
quīdem ..., sed	zwar..., aber	16
quintus, a, um	fünfter, der Fünfte	32
quis?	wer?	23
quō?	wohin?	8
quod (Subjunktion)	weil, da	20
quōmodo	wie, auf welche Weise	16
quoque (nachgestellt)	auch	6
quot?	wie viele?	19
rapere, rapiō, rapuī, raptum	an sich reißen, rauben	45
raptāre	rauben, wegnehmen	12
recipere, recipiō, recēpī, receptum; sē recipere	zurücknehmen, aufnehmen; sich zurückziehen	40
recitāre	vorlesen, vortragen	4
recūsāre	zurückweisen	22
reddere, reddō, reddidī, redditum	zurückgeben; mit dopp. Akk.: (jemanden) machen zu	28, 39
redīre, redeō, rediī	zurückgehen, zurückkehren	20, P 20
referre, referō, rettulī, relātum	zurückbringen, berichten	26, 38

Anhang

regere, regō, rēxī, rēctum	lenken, leiten	11, P 15, 42
regiō, regiōnis f.	das Gebiet, die Gegend	34
rēgnum, ī n.	die Herrschaft, das Königreich	11
relinquere, relinquō, relīquī, relictum	verlassen, zurücklassen	14, P 15, 37
reperīre, reperiō, repperī, repertum	finden	5, P 20, 38
repetere, repetō, repetīvī, repetītum	wiederholen; zurückfordern	39
reprehendere, reprehendō, reprehendī, reprehēnsum	zurückhalten; kritisieren, tadeln	45
res, reī f.	die Sache, das Ding	29
rēs adversae f. (Plur.)	das Unglück	30
rēs pūblica, reī pūblicae f.	das Gemeinwesen, der Staat	31
rēs secundae f. (Plur.)	das Glück	30
respondēre, respondeō, respondī, respōnsum	antworten, erwidern	4, 17, P 20; 41
respōnsum, ī n.	die Antwort	43
restituere, restituō, restituī, restitūtum	wiederherstellen, zurückgeben	36, 42
retinēre, retineō, retinuī, retentum	zurückhalten, festhalten	43
rēx, rēgis m.	der König	12
rīdēre, rīdeō, rīsī, rīsum	(über etwas) lachen	2, P 15, 41
rīpa, rīpae f.	das Ufer	34
rogāre	fragen, bitten	3
Rōma, ae f.	Rom	8
Rōmānus, a, um	römisch	7
Rōmānus, ī m.	der Römer	6
rūmor, rumōris m.	das Gerücht, Gerede	39
rursus (Adv.)	wieder(um)	22
rūs, rūris n.	das Land, Landgut	20
rūsticus, a, um	ländlich, bäuerlich; Subst.: der Bauer	20
vīlla rūstica	das Landgut	20
sacer, sacra, sacrum	heilig, (einem Gott) geweiht	9
sacerdōs, sacerdōtis m./f.	der Priester, die Priesterin	13

Anhang

sacrificāre	opfern, ein Opfer bringen	9
sacrum, ī n.	das Opfer; das Heiligtum	39
sacra facere	Opfer darbringen, opfern	39
saeculum, ī n.	das Zeitalter, Jahrhundert	10
saepe (Adv.)	oft	5
salūs, salūtis f.	die Rettung, das Wohlergehen	21
dē salūte dēspērāre	die Hoffnung auf Rettung aufgeben	21
salūtem fugā petere	sein Heil in der Flucht suchen	30
salūtāre	grüßen, begrüßen	1
salvē!	Sei gegrüßt! Guten Tag!	1
salvēte!	Seid gegrüßt! Guten Tag!	4
salvus, a, um	gesund, wohlbehalten, unverletzt	42
sapientia, ae f.	die Weisheit	6
scelus, sceleris n.	das Verbrechen, der Frevel	36
scīre, sciō, scīvī (sciī)	(etwas) wissen, (jemanden) kennen	6, P 15
scrībere, scrībo, scrīpsī, scrīptum	schreiben	37
scūtum, ī n.	der Schild	40
secundus, a, um	zweiter; günstig	25
sēcūrus, a, um	sorglos, unbesorgt	42
sed	aber; sondern	5
sedēre, sedeō, sēdī	sitzen	21, P 25
sēdēs, sēdis f.	der Platz, Sitz; der Wohnsitz	44
semper (Adv.)	immer	2
senātor, senātōris m.	der Senator	21
senātus, senātūs m.	der Senat, die Ratsversammlung	32
senex, senis m.	der alte Mann, Greis	27
sententia, ae f.	die Meinung, Ansicht; der Satz	25
sentīre, sentiō, sēnsī, sēnsum	fühlen, meinen	26, 40
septimus, a, um	siebter, der Siebte	32
sermō, sermōnis m.	die Unterhaltung, das Gespräch	41
sermōnem cum amīcō habēre	sich mit dem Freund unterhalten	41
sermōnem trahere	ein Gespräch in die Länge ziehen	41
sērō (Adv.)	spät	17

241

Anhang

serva, ae f.	die Dienerin, Sklavin	1
servāre	schützen, retten, bewahren	6
servitūs, servitūtis f.	die Knechtschaft, Sklaverei	15
servus, ī m.	der Diener, Sklave	1
sī	wenn, falls	25
sīc (Adv.)	so, auf diese Weise	29
sīgnum, ī n.	das Zeichen	11
silva, ae f.	der Wald	38
simulacrum, ī n.	das Götterbild	6
sine (Präp. mit Abl.)	ohne	18
sinere, sinō, sīvī	lassen, zulassen	21, P 25
sinister, sinistra, sinistrum	links, ungünstig, unheilvoll	9
situs, a, um	gelegen, liegend	44
socius, ī m.	der Bundesgenosse, Verbündete	24
sōl, sōlis m.	die Sonne	20
sōlācium, ī n.	der Trost	37
sollicitāre	beunruhigen	5
solvere, solvō, solvī, solūtum	lösen	29, 42
somnium, ī n.	der Traum	35
spectāculum, ī n.	das Schauspiel	6
spectāre	anschauen, betrachten	3
spēs, speī f.	die Hoffnung	29
spēs victōriae	die Hoffnung auf den Sieg	29
statim (Adv.)	auf der Stelle, sofort	3
statua, ae f.	das Standbild, die Statue	3
studēre, studeō, studuī (mit Dat.)	sich (um etwas) bemühen, (nach etwas) streben; (etwas) studieren	25, P 25
novīs rēbus studēre	einen Umsturz vorbereiten; sich um eine Änderung der bestehenden Verhältnisse bemühen	44
stupēre, stupeō, stupuī	verblüfft sein, staunen	2, 13, P 15
subicere, subiciō, subiēcī, subiectum	unterwerfen	34, 42
subīre, subeō, subiī	herangehen, auf sich nehmen	20, P 20
labōrēs subīre	Arbeiten, Strapazen auf sich nehmen	20

242

Anhang

subitō (Adv.)	plötzlich	2
summus, a, um	der höchste, der oberste	9
superāre	übertreffen, überwinden, besiegen	10
superbia, ae f.	der Hochmut, Stolz	13
superesse, supersum, superfuī	übrig sein, überleben	16
supplicium, ī n.	die Todesstrafe; die Hinrichtung	39
suprā (Präp. m. Akk.)	oberhalb, über, über ... hinaus	35
surgere, surgō, surrēxī	sich erheben, aufstehen	18, P 20
sustinēre, sustineō, sustinuī	aushalten, ertragen	23, P 25
suus, a, um	sein, ihr	17
taberna, ae f.	der Laden, das Wirtshaus	3
tabula, ae f.	die Tafel, Schreibtafel	5
tacēre, taceō, tacuī	schweigen, still sein	2, P 15
tam (Adv.)	so	5
tamen (Adv.)	trotzdem, dennoch	21
tandem	endlich; schließlich	1
tangere, tangō, tetigī, tāctum	berühren	26, 38
tantus, a, um	so groß	12
taurus, ī m.	der Stier	18
tēlum, ī n.	das Geschoss, der Speer, die Waffe	33
tempestās, tempestātis f.	das Wetter; das Unwetter, der Sturm	19
templum, ī n.	der Tempel	3
temptāre	versuchen, prüfen; angreifen	35
tempus, temporis n.	die Zeit	14
tendere, tendō, tetendī, tentum	ausstrecken	21, P 25, 43
tenēre, teneō, tenuī	halten, festhalten	15, P 15
tergum, ī n.	der Rücken	33
ā tergō	von hinten	33
terra, ae f.	die Erde, das Land	13
terrēre, terreō, terruī, territum	erschrecken, in Schrecken versetzen	23, P 25, 37
theātrum, ī n.	das Theater	3

243

Anhang

thermae, ārum f.	die Badeanlage (die Thermen)	7
timēre, timeō, timuī	sich fürchten	19, P 20
timēre, nē (mit Konjunktiv)	fürchten, dass	30
timor, timōris m.	die Angst, Furcht	12
toga, ae f.	das Obergewand (die Toga)	7
tolerāre	ertragen, aushalten	42
tollere, tollō, sustulī, sublātum	aufheben, erheben, beseitigen	36, 41
tōtus, a, um (Gen.: tōtīus, Dat.: tōtī)	ganz	23
trādere, trādō, trādidī, trāditum	überliefern; übergeben	39
trahere, trahō, trāxī, tractum	ziehen, schleppen	21, P 25, 41
trānsferre, trānsferō, trānstulī, trānslātum	hinüberbringen	26, 38
transīre, transeō, transiī	hinübergehen, überschreiten	23
trēs, tria	drei	34
trīstis, trīste	traurig, finster, unfreundlich	28
triumphus, ī m.	der Triumph(zug)	18
tum (Adv.)	da, dann, damals	2
tunica, ae f.	das Untergewand (die Tunika)	7
turba, ae f.	die Menge, Schar	6
turpis, turpe	hässlich, schändlich	42
tūtus, a, um	sicher, geschützt	24
tūtus ab hostibus	sicher vor den Feinden	24
tuus, a, um	dein	16
ubi?	wo?	1
ultimus, a, um	der, die, das letzte	13
umerus, ī m.	die Schulter	30
undique (Adv.)	von allen Seiten, überall	41
ūnus, a, um (Gen.: ūnīus; Dat.: ūnī)	ein einziger, einer	20, 36
urbs, urbis f. (Gen. Pl.: urbium)	die Stadt	14
urgēre, urgeō, ursī	bedrängen	41
ūsque ad (Präp. mit Akk.)	bis zu	34
ūsus, usūs m.	der Gebrauch, die Verwendung; der Nutzen	32
ūsuī esse	von Nutzen sein, nützlich sein	32

Anhang

ut (mit Indikativ)	wie	6
ut (mit Konjunktiv)	dass; damit; sodass	30, 40
utrum ... an	ob ... oder	35
uxor, uxōris f.	die Ehefrau	12
uxōrem dūcere, dūcō, dūxī	heiraten	27
valdē (Adv.)	sehr	4
valēre, valeō, valuī	stark sein, mächtig sein, gelten	38
plūs valēre	stärker sein, mächtiger sein (als jemand)	38
varius, a, um	bunt; verschieden; vielfältig	7
vehemēns, vehementis	heftig, energisch, gewaltig	32
vel	oder	5
velle, volō, voluī	wollen	22, P 25
velut	wie; wie zum Beispiel	10
vendere, vendō, vendidī, venditum	verkaufen	15, P 20, 39
venīre, veniō, vēnī, ventum	kommen	1, P 15, 39
verbum, ī n.	das Wort	8
versus, versūs m.	der Vers, die Zeile	38
vertere, vertō, vertī, versum	wenden, drehen	28, 38
vērus, a, um	wahr; wahrhaftig	17
vester, vestra, vestrum	euer	12
vestis, vestis f.	die Kleidung, das Kleidungsstück, Kleid	33
vetus, veteris	alt	45
vexāre	quälen	5
via, ae f.	der Weg, die Straße	8
victōria, ae f.	der Sieg	18
vidēre, videō, vīdī, vīsum	sehen	3, P 15, 41
vīlla, ae f.	das Landhaus, die Villa	20
vincere, vincō, vīcī, victum	siegen, besiegen	18, P 20, 40
vīnum, ī n.	der Wein	3
vir, virī m.	der Mann	9
virgō, virginis f.	das junge Mädchen	26

Anhang

virtūs, virtūtis f.	die Tüchtigkeit, Tapferkeit, Tugend	14
vīs, vim, vī f.; Plur.: vīrēs, vīrium	die Kraft, Stärke; Plur. die Kräfte, Streitkräfte	27
vīsitāre	besuchen	6
vīta, ae f.	das Leben	16
vītam agere	das Leben verbringen; leben	16
vīvere, vīvō, vīxī	leben	12, P 15
vocāre	rufen, nennen; mit dopp. Akk.: (jemanden) bezeichnen als	2, 31
volāre	fliegen, eilen	35
vōx, vōcis f.	die Stimme, die Äußerung, der Laut	28
māgnā vōce	mit lauter Stimme	28
vulnus, vulneris n.	die Verletzung, die Wunde	43

Anhang

Bildquellenverzeichnis

© Archaeological Receipts Fund, Athens: S. 8 o., 30 o.l.; Museo archeologico regionale di Palermo/Giovanni Dall'Orto: S. 8 u.; Staatliche Antikensammlung, München/Foto: C. Koppermann: S. 9 o., 24 l.; © Antikenmuseum Basel u. Sammlung Ludwig. Foto: C. Niggli: s. 9 u., 30 u.r.; bpk / Herbert Kraft: S. 10 l.; picture-alliance / Simela Pantzartzi: S. 10 r.; bpk / Antikensammlung, SMB / Reinhard Saczewski: S. 12; bpk / Hermann Buresch: S. 14, 20 l., 30 o.r.; akg-images/Erich Lessing: S. 16, 63 o.; bpk / Antikensammlung, SMB / Johannes Laurentius: S. 18; © Gerhard Marcks: S. 20 r.; akg-images/Tristan Lafranchis: S. 22; picture-alliance / dpa: S. 24 r., 88 u.l., 113 M.l.; © Scala, Florenz: S. 28, 62 u.l.; ullstein bild – TopFoto: S. 30 u.l., 31; akg / Bildarchiv Steffens: S. 34 o.; © Werner Heinz: S. 34 u.; nach: Karl-Wilhelm Weeber, Luxus im alten Rom (2003): S. 35 o.; ullstein bild – AISA: S. 35 u.l.; akg-images: S. 35 u.r., 55, 57 o.l./r. 62 o., 63 u.l., 72 o.; akg-images / Electa: S. 36, 58; © Marie-Lan Nguyen: S. 40; akg / De Agostini Pict.Lib.: S. 41; picture-alliance / DUMONT Bildarchiv: S. 44; British Museum, London: S. 48 o., M., 90 (2), 113 o. (2); ullstein bild - The Granger Collection: S. 48 u.; Louvre, Cabinet des Dessins: S. 51 o.; Hirmer Verlag, München: S. 53; Jean-Claude Golvin, Metropolen der Antike (2005)/Peter Connolly: S. 57 u.; © Trustees of the British Museum: S. 62 u.r.; Römisches Museum, Augsburg: S. 63 u.r.; Vatikanische Museen, Rom: S. 64, 84 o.l.; Thomas Dold, Ettenheim: S. 66, 84 o.r.; © Ion Theodorescu-Sion: S. 68; picture-alliance / Bildagentur Hubert: S. 70; Museo del Prado, Madrid: S. 72; Der Abdruck erfolgt mit Genehmigung der Universitätsbibliothek Mannheim: S. 74; ullstein bild: S. 76; © Bibi Saint-Pol: S. 77, 84 u.l.; © Blauel/Gnamm – ARTOTHEK: S. 78; Staatliche Münzsammlung München: S. 80 o., 84 u.r.; © Wolfgang Deuter: S. 80 u.; Kunsthalle Bremen/Foto: Lars Lohrisch: S. 82; Lębork, Muzeum w Lęborku: S. 88 o.r.; vario images: S. 88 u.r.; picture-alliance / Bildagentur Huber: S. 89 o.l.; LVR-Archäologischer Park Xanten / LVR-RömerMuseum, Illustrator: Horst Stelter: S. 89 o.r.; © H & S Virtuelle Welten GmbH, Trier: S. 89 u.l., 113 M.r.; mediacolors Bildagentur & -produktion/Merten: S. 89 u.r.; Franz Josef Domke, Hannover: S. 93, 95 u., 104, Vorsatzkarten vorne/hinten; Deutsche Post AG: S. 95 o.; akg-images: S. 97; Manfred Eberlein, Prähistorische Staatssammlung, München: S. 99; Archäologische Staatssammlung, München: S. 102 (3); bpk/Antikensammlung, SMB/Ingrid Geske-Heiden: S. 103; www.colonia3d.de – Köln International School of Design: S. 107; Dießenbacher Informationsmedien: S. 108; picture alliance / Arco Images GmbH: S. 109, 113 u.; © Crown copyright: Royal Commission on the Ancient and Historical Monuments of Wales: S. 111; © Rainer Jahns: S. 112; R. Mayrock/Stadtarchäologie Kempten: S. 115 o.; B. Kata/Stadtarchäologie Kempten: S. 115 u.; weitere: Verlagsarchiv Schöningh

Sollte trotz aller Bemühungen um korrekte Urheberrechtsangaben ein Irrtum unterlaufen sein, bitten wir darum, sich mit dem Verlag in Verbindung zu setzen, damit wir eventuell notwendige Korrekturen vornehmen können.